父母教练 | Parenting
推动摇篮的手推动世界

弹性思考力

远离消极

提升孩子挫折容忍的心理指导课

Freeing Your Child from Negative Thinking

〔美〕塔玛·琼斯基 ◎ 著
孙金红 ◎ 译

长江出版传媒　长江少年儿童出版社

名家推荐

塔玛·琼斯基博士再一次写出了一本令人难以置信的有用且实用的书——《弹性思考力：远离消极，提升孩子挫折容忍的心理指导课》，这本书为父母或孩子的照顾者提供了明确的策略来帮助孩子，并就不同年纪的孩子细分出不同的应对方法。家有悲观、消极倾向孩子的父母都需要阅读这本书。父母在练习琼斯基博士提出的思维与行为策略时，将发现自己不仅是在面对孩子时，在生活的各个方面，也都会变得更加乐观。我强烈推荐这本好书。

——朱迪·贝克（Judith S. Beck, Ph.D.）
贝克认知行为治疗研究所主任、宾夕法尼亚大学临床心理学副教授、美国认知治疗研究院前院长

继为强迫症孩子的父母而著的优秀指南书之后，琼斯基博士再次提出了很多明确、可行而且实用的建议，同时也指出了应该如何明智、悉心地对待消极的孩子，她是这方面的大师。

她能给父母很多睿智但又非常容易理解的建议,能非常有效地解决现实存在的问题,她的才华让人印象非常深刻。

——杰弗里·施瓦兹(Jeffrey M.Schwartz)
著名认知神经学家、加州大学伯克利分校心理学教授,著有《致小伙帕特里克》《脑锁》和《心智和大脑:神经可塑性和精神力量》

很多年轻人现在总是被不自信、悲观和抑郁的情绪所累。他们的不自信和悲观往往会引起父母内心的困惑和忧虑,于是父母会想尽一切办法去寻找帮助孩子的最佳途径,帮助他们形成更乐观向上、适应性更强的品格。父母们可以从塔玛·琼斯基的《弹性思考力:远离消极,提升孩子挫折容忍的心理指导课》一书中受益良多。琼斯基博士很好地解释了消极思考的根源问题,但最重要的是,她提出了具体而且切合实际的策略并结合了对话实例,父母们可以学以致用,将孩子的消极思维倾向最小化。她对孩子以及父母的理解和同理心都渗透在书的每一页,有很高的可读性和实用性。如果任何年龄段孩子的父母想要帮助自己的孩子以更光明的眼光去看世界的话,那么他一定要反复读这本书。

——罗伯特·布鲁克斯(Robert Brooks)
哈佛大学医学院教授,著有《培养适应性强的孩子》《培养自律的孩子》

塔玛·琼斯基为父母们带来了一种灵活的方式去帮助孩

子们摆脱自卑和悲观的情绪——从轻微的消极情绪到临床抑郁症。她在认知行为治疗的科学基础上提出了包含深刻见解和创新意识的技巧，这在任何时候对我们任何人都有帮助，而不仅仅是父母和孩子们。下次我犯了错或者对什么事开始后悔的时候，我要翻开这本书，我知道看完之后我很快就会好起来。

——莫纳·舒尔博士（Myrna Shure）
著有《培养会思考的小孩》《培养孩子的问题解决能力》

塔玛·琼斯基把乐观主义、悲观主义、抑郁和适应力方面最前沿的研究提炼成了一部体贴入微的父母指南。她在书中提出了很多有趣又实用的建议，比如应该追求什么、应该做什么(不应该做什么)。这本书能让父母和孩子都轻松地赶走乌云。

——巴里·施瓦兹（Barry Schwartz）
斯沃斯莫尔学院心理学教授，著有《选择的悖论》

推荐序

许多年来，很多父母在享受着与孩子之间天伦之乐的同时，亦饱受很多烦恼和困惑，"为什么我的孩子总看到一件事情中坏的、糟糕的一面？""如何才能让孩子从失败中走出来？""如何帮助孩子建立自信、积极乐观的心态？""孩子的抗挫折能力如何提升？"……帮助孩子克服消极的思维和想法，养成积极乐观的心态，始终是世界各国、各种文化下的父母们一直苦苦追寻着的目标和方向，对父母们亦不啻是一场场严峻的考验。

《弹性思考力：远离消极，提升孩子挫折容忍的心理指导课》一书为上述各种问题的回答指明了一条独特且亮丽的大道。之所以独特，因其从"弹性"的角度入手谈孩子消极思维和消极情绪的转变，及新型思维框架的构建。"弹性"是一个内涵非常丰富的词语，英文原文为"flexible"，书中的意思是指每一个人在压力、逆境、创伤之下仍能积极应对并良好适应的能力。弹性视角下的每个孩子，都具有改变消极思维与消极情绪的潜能，拥有应对各种困境的优点和才能，可以在父母的关爱和支持下战胜困难、直面挫折和应对挑战，看到自己长期以来未被发现的长处，调整、转化自身的消极、固定式思维方式，建立具有成长性质的新思维框架，并使自己的人生充满各种可能性。"从失败事件中进行学习"以及"在困境中找到孩子的优点"就是这一独特性的充分体现。

此外，该书还具有以下的突出特点：

第一，系统性。该书将孩子的消极思维与情绪的转化与父母的努力紧密地结合在一起，由此从家庭系统的角度强调了亲子之间的良性互动过程以及这种互动对孩子的重要影响。要帮助孩子远离消极，父母首先要有积极的教育理念和科学可行的教育方法，书中渗透于每一页的父母对孩子的深度理解和同理心，就是父母对孩子最好的爱和支持。当这种无条件的爱和接纳如清晨的阳光照耀进孩子的内心之后，任何抑郁、焦虑和消极的思维都会随之消失殆尽。这份光明不仅进入了孩子的内心，更使父母自身的内心世界也变得更加宽敞亮堂，达到双向促进、共同成长之良效。

第二，操作性。该书最大的特点之一就是给父母们提供了诸多灵活有用、操作性很强的方法和技巧，书中不仅有改变消极思维的九堂课，也有步骤清晰的帮助孩子改变消极思维的整体性方案，更有遍布全书的小游戏、小方法，便于父母们随处找到应对的方法和技巧。书中为父母们呈现了从学龄前幼儿到青少年的体现不同年龄段特点的应对方法，且语言生动活泼，将深刻的心理学知识融汇到可操作的应对方法和解决方案中，可读性强，最大程度上便于父母们学习、掌握和运用。

第三，前沿性。该书还有一个突出的特色就是将脑科学的最新前沿研究结果直接转化到儿童心理与教育之中，可以说，这是一本融合了传统的认知行为治疗、积极心理学和最新脑科学成果的应用类父母教育宝典。如果你想了解孩子消极思维形成的大脑机制以及如何更科学、有效地向孩子解释消极思维，阅读这本书吧！它会带着你深入浅出地洞悉消极思维形成和转化的大脑奥秘，从问题的核心本质和基本规律入手带领孩子进行改变，达到事半功倍之目的。

第四，跨文化性。此书虽是一本国外的著作，但书中的诸多方法具有跨文化的有效性，可供不同国籍、不同文化和种族的父母阅读并实践书中所提方法。作者亦非常注重在解读西方的理论和方法时融入东方的哲学思想，读者可从中读到老子的话语，感悟"知足常乐"等中国几千年的文化与智慧在促进亲子关系改变中的历史穿透力。

综上，虽每年出版的亲子教育类图书众多，但此书可谓其中精品。对父母而言，此书无异于雪中送炭，温暖又亲切；对心理咨询实务者来讲，此书可谓是"众里寻他千百度"；对学校和教育实践工作者，此书可充分展现其"柳暗花明又一村"的功能，与学校教育相辅相成，共同促进儿童青少年的健康快乐成长。书中所述内容和方法适用于从学龄前到大学阶段的孩子，读者群可涵盖父母、青少年、教育工作者以及各类助人者。

对于身处变化时代的父母而言，这是一个最好的时代，也是一个最坏的时代。但只要心怀深切的关爱、接纳和同理，采用科学有效的方法，以积极、乐观、灵活的心态对待各种困境和挫折，亲子之间的共同成长性模式终将建立，生命之花终将灿烂绽放！

北京师范大学心理学部教授、副部长　林丹华
2017 年农历新年于北京师范大学

目 录

- 3   名家推荐
- 6   推荐序
- 9   目录
- 13   引言 打开心灵的天窗

25 Part 1
改变孩子的想法

27 第一章
了解消极思维：天生容易过早放弃
- 29   从心里走出来
- 33   消极思维的原因及它与抑郁症的关系

48 第二章
改变孩子的思维：与消极思维的大脑对抗
- 48   培养双行道思维：问题不在于你怎么想，而在于你怎么做
- 53   学会弹性思考的九堂课

81 第三章
走过消极情绪的强风暴雨：接受、化解与修复
- 81   情绪：是阻拦，还是化解？
- 84   第一步：准备好成为孩子的情绪导师
- 87   第二步：要学习的功课
- 94   第三步：掌握情绪调节的工具
- 102   第四步：应对情绪风暴

108　**第四章**
　　让光芒照耀孩子的特殊才能：发现并运用孩子的长处
110　积极心理学：重点关注对孩子有效的方法

131　**第五章**
　　克服消极思维的整体方案：从"不"到"知"
131　改变你能改变的：从消极思维中解放自己
133　离开消极轨道：你还有其他地方可以去
135　在学习中放松：远距离学习与放松
136　建立框架：如何向孩子解释消极思维
142　整体方案

159　**Part 2**
　　当消极情绪遇上现实

161　**第六章**
　　当消极情绪长驻不走时：我的孩子需要专业的帮助吗？
162　什么程度的消极是正常的？
164　正常发育、消极情绪与危险信号
171　抑郁症的诊断
178　抑郁症的治疗

190　**第七章**
　　输赢、失败和嫉妒：慈爱地陪孩子走过生命中的坎坷
192　困难重重：思维消极的孩子最需要学习的一课
198　处理人生中麻烦的问题
222　当损失实实在在发生了的时候

227 **第八章**
父母的角色：教导孩子处理消极情绪但不被卷入其中

228 困境：要轻松以对，还是严阵以待？
231 父母对消极思维的反应和结果：跳进去、弹出来、稳住不动
240 减少消极思维的循环

247 **Part 3**
开启更多的可能性

249 **第九章**
培养弹性、保持开朗：从挫折中恢复，开发积极态度

251 振作起来：快速走出生活中的磕磕绊绊
262 把积极性带到他们身边

269 **第十章**
乐观每一天：为持续稳定的家庭生活播下快乐的种子

270 乐观的家庭是什么样的？

299 **第十一章**
点亮未来：让孩子行走在正确的轨道上

300 用心去寻找，就会找到
300 弹性思考：听见改变的声音，赶走绝对化
304 影响一生的乐观主义：让孩子和你都从消极思维中解脱
308 眼光要放长远

【引言】
打开心灵的天窗

近二十年来,我一直在关注来自焦虑儿童的声音——他们的焦虑来自一连串的问题,充满了"如果……会怎么样?"这样的问题,像是他们的未来之门在疯狂地开开关关:"如果这样了会怎么样?如果那样了会怎么样?如果出错了会怎么样?如果我搞砸了会怎么样?如果我失败了会怎么样?"他们总是有这样那样的问题,总是在预想最坏的情况。但是,随着时间一年年流逝,我开始听到另一种声音——这种声音来自被消极思维所困的孩子们。与那些企图阻止灾难发生的躁动不安的孩子们不同,有消极思维的孩子们既没有很多问题,也没有问题的答案,但是他们听上去不快乐:"这么做没有意义,我要放弃了,事情总是这样,从来没有好事会发生在我身上,所有事情都是一团糟。"或者很简单地说:"不行。"

他们不会大声嚷嚷"如果……会怎么样?"我听到的是他们最后沉默着关上了厚厚的天窗,所有的宝藏都锁在了里面,这些孩子不仅认为最坏的情况会发生,而且他们会接受最坏的结果。父母站在这个天窗前,试图找到入口。"你擅长的东西很多,这没什么大不了的",父母会这么安慰孩子。但是,孩子内心住着绝望和不可能,它们帮孩子紧紧守住了天窗,孩子内心的宝藏依然被锁在里面,无法触及、无从得知,孩子依然相信企图改变也终是徒劳。

当我告诉这些父母"你的孩子有抑郁情绪"时，他们会马上反驳"但是他并不抑郁"，这也是理所当然。我会向他们解释，他们的孩子已表现出抑郁认知三角的行为现象：否定自己、否定世界、否定未来，这是认知行为疗法之父阿朗·贝克（Aaron Beck）博士在二十世纪七十年代提出的。贝克博士将这个三角整理为三个阶段：我在棒球比赛中三振出局了，我讨厌我自己（情绪降低了）；打棒球蠢死了（情绪再度低落）；我什么事情也做不好（情绪极其低落并开始崩溃）。一个小时后，这个孩子会看开这件事，然后面带着欢快的笑容问："晚饭吃什么？"就像什么事都没发生过一样。而与此同时，使出浑身解数，希望将孩子从他自己挖好的坑里解救出来的父母会感到很困惑。他们只能抓抓脑袋叹口气，但是他们不会觉得真正解脱了，因为他们预感轻松的日子不会太久，抑郁三角会在那里等着下一次失望和大爆发的到来——消极思维的下一次进攻会再次击垮他们的孩子。

所以，尽管这些父母告诉我，孩子本身并不抑郁，但是很明显他们正在渐渐地走向抑郁。

所有父母都希望孩子勇敢、快乐，当孩子甚至在小小的失望或者暗示性批评面前就会崩溃、关闭自己或者彻底被击垮时，父母就会在关注孩子和怀疑孩子之间不断徘徊。会问自己，为什么看上去似乎不起眼的事情会变得如此紧要？更重要的是，该怎么做才不会毁了孩子的一生？如果我们回头看看脑海里过往的那些情景，我们会看到思维在铺路，神经网络中 A 点到 Z 点之间出现了捷径线路的连接，当一件事情在这些孩子身上并不顺利时，它就会成为永远的、不可逆转的失败，它会对所有一切都产生影响，而且孩子们会认为这都是自己的错：任何不妙的事情都不可能是暂时、偶尔、具体和可以解决的。在二十世纪八十年代，美国宾夕法尼亚大学的马丁·塞利格曼博士（Martin Seligman）将这种理解行为定义为悲观解释风格：消极事件被解释为永久性的（permanent）（不是暂时性的）、普遍化的（pervasive）（不仅仅在具体范围内有关联，而且会辐射到所有事情），而且是人格化的（personal）（都是自己的错），这三个特征简称为3P。他发现这种解释风格不会随着孩子的年龄增长而消逝，实际上反而会更加根深蒂固，孩子会在越来越广阔的事件范围和生活的方方面面中都用它来进行解释。最后，3P经过反反复复的演习和实践，最终成为了自发性的逻辑习惯，它难以消除而且会让孩子深信不疑，它成为了那个通往真正抑郁的入口。

随着时间一天天过去，这种高速的大脑连接变得更加有效率，就像其他习惯一样，即使孩子不想以这种方式去思考，即使他不相信内心的这些想法，但是他仍然会被这些念头说服，因为这是一次又一次最先出现在心中的答案。虽然还存在着其他看待事物的方式，孩子可以利用这些其他方式走上一个更有吸引力、更现实、更光明的道路，但是，孩子要么太灰心丧气了，以至于无法看到中转站，要么根本不知道自己能有其他选择。塞利格曼和他的同事发现了两件事：（1）可以教这些脆弱不堪的孩子们一些技巧去寻找另一条路，从而保护他们，避免他们发展出真正的抑郁；（2）把技巧教给孩子们之后，即使过了很多年，这些技巧训练的影响依然存在，学过这些技巧的孩子发展出真正的抑郁症的几率是没有学习过的孩子的一半。

我们如何才能改变一种已经成为了自发性模式的思维方式呢？大脑中同一件事重复的次数越多，就会对这件事越擅长。这是杰弗里·施瓦兹（Jeffrey M. Schwartz）和莎伦·贝格利（Sharon Begley）在他们的《心智和大脑：神经可塑性和精神力量》（The Mind and the Brain）一书中提出的"忙碌者生存"（the survival of the busiest）的概念。最常使用的那个神经回路往往占用更多的大脑资源。因此，如果我们的孩子每天都在悲观的道路上奔跑的话，他们都会成为短跑运动员，他们会毫不费力地得出那些无懈可击的，又具有破坏性的结论。同样的，如果我们开始在他们消极的解释地图中设立一些新的站点，这些站点会说"有些事情只是暂时的"或者"这只是一件事而已，并不代表所有事情"，那么他们会越来越容易转上思维的新路径。经过一段时间，他们会变得能够应付生活中的起伏，不再时常崩溃，最终他们会在路途中与那些新生的、健康而又实际的想法相遇，甚至可能会打败那些消极的念头。我们要的结果是：新答案、新路径和快乐的童年。

现在的问题是，父母在学习如何帮助孩子开辟新道路的时候可能会感到气馁。父母们对孩子消极思维的回应要么是拼命地安抚孩子，保证一切都会没事；要么是在所有安抚都无效后感到身心疲惫，想要举手投降说"我受够了！"然后觉得自己是糟透了的父母。父母本身的不安与不确定，孩子都知道，这让本来已经不平稳的船身摇晃得更加剧烈了。一方面，父母目睹自己的孩子如此痛苦，希望能改善这种状况；另一方面，和孩子讨论让他们倍感烦闷的事情，就像是把好端端的一天变成了抱怨大会一样，或者更糟糕的是，好像掉进了无底深渊，孩子在这个深渊里牢牢地抓住了他的消极情绪，他不仅没有准备放手，反而把父母也要拖下去了。

但无论如何，当孩子遭受痛苦时，父母总是第一个冲锋陷阵想要将孩子解救出来。在我的诊间，我看到许多勇敢的父母，在掌握了正确的工具后，训练他们恐惧而又焦虑的孩子，帮助孩子学着用不同的方式去思考，去学习，去识别并战胜脑海中那些忧虑的陷阱。同样的，如果家里的孩子生性消极或者很容易受到消极思维影响的话，父母可以学着如何在孩子滑进那个封闭的天窗时进行识别并做出有力的回应，同时也可以教孩子打开天窗，常常"看看"自己内心的宝藏，即使终究还是会遇到偶尔出现的失望或者失败。与其期望孩子不要遭遇人生的阻碍变动，不如将导航系统设定为要带领孩子走出困境，与孩子一起面对冲突纠结，迎难而上。

要帮助孩子不被消极思维困扰，关键在于将事情"具体化"，就是把一个令人感到压力巨大的、范围很广泛的问题具体化，或者将问题的范围缩小到一个关键激发点。孩子并不知道他们之所以感到巨大的压力是因为他们把看到的情况放大了一百倍。在这种情况下，即使是一根稀疏平常的头发，被放到显微镜下也会变得无法辨识了。父母要教会孩子调整观点，将问题缩回到实际的大小，去除那些视觉上的扭曲，就会看到和刚刚完全不同的景象。同样，也要教孩子培养"双轨"思维，教他们摘下消极眼镜，戴上"能看清楚东西的眼镜"，让他们去体验透过两种观点来看待同一个情境，发展改变观点的能力，自己选择成为改变观点的执行者。可以为他们的消极观点取一个名字，"灾难先生"或者"吹牛大王"，让他们和这些消极观点拉开一些距离，看到这些观点只是对当时状况可能产生的众多理解中的一种而已，并不是绝对唯一的，由此帮助孩子将消极想法的强制性及影响力降低至适当的范围。

人类历史上再没有任何一个时期比此刻更需要学习如何从消极思维中解脱出来。从下面的数据中，我们可以看到患抑郁症的孩子的数量非常惊人：

● 美国每年的抑郁症医疗支出及因此造成的生产力损失达四百三十七亿美元。

● 有10%~15%的儿童和青少年表现出抑郁症的某些症状。

● 三十三个儿童中就有一位被诊断为抑郁症。青少年群体患有抑郁症的比例则更高，约八分之一。

● 美国学龄前儿童抑郁症者人口数增长最迅速；超过一百万学龄前儿童经临床诊断为抑郁。

● 抑郁症患者中的自杀率为15%。

● 至2020年，抑郁将成为继心脏疾病之后的第二大杀手。研究显示，抑郁是促成致命心血管疾病的原因之一。

● 在十五岁至二十四岁的人群中，自杀是第三大死亡原因。更让人震惊的是，自杀也是五岁至十四岁群体中的第六大死亡原因。

数据令人担忧，但有一个好消息是：父母可以培养孩子学习其他的思维方式。籍由实践本书中建议的策略，家长不仅能将家里的抑郁症实习生转变成抑郁症预防专家，还可以让孩子学会在自己的心灵和外部世界中站稳脚跟，不被轻易打败。这些孩子将发展出有弹性的思维模式，不再看到障碍就放弃，而是知道障碍可以通过很多种方式去面对及克服。这就是在生活中追求生命的韧性、随机应变能力和幸福力的处方。

◆父母的角色

对有些孩子来说，快乐与否完全取决于所有事情是否按照自己的预期来进行，中途不能出现任何磕磕绊绊，只要有一点小差错，世界就会翻转过来。当父母看着孩子苦恼，看着孩子无止境地为他自己制造痛苦及负担，也跟着忧心。身为父母，我们也需要发展自己的双轨思维，要看到孩子的负担，也要看得见发生改变的可能性。

我们可以一直努力让生活更适应孩子的需要，让他们感觉好一些。我们可以全力以赴、小心翼翼地扫除生活上的地雷，让孩子过得顺利。但是，如果家里有思维消极的孩子，不管父母再怎么仔细排除障碍，意想不到的事情仍然会出现，然后就是那件事会毁了孩子的一整天。有些孩子天生对消极的事情嗅觉灵敏，就像是对困难或者不愉快的状态严重过敏一样，他们会注意到极其微小的细节，一有不对劲就陷入慌乱，不管我们怎么教他们"要乐观一点，要充满希望"也行不通。你的朋友和亲人可能会责怪你或告诫你应该用"严厉的爱"来对待那个古怪的被宠坏的孩子，可这完全搞错了重点。

这些消极思维的孩子也非常希望事情看起来不一样，他们也不想以这种消极的方式去思考、感受和表现，他们只是不知道除了用消极的观点来看待事物之外到底还能怎么做。

这本书的目的不是要将孩子从不快乐轨道空运到快乐轨道上去，而是让父母学习"以智取胜"。父母要非常深入地了解孩子消极思维的每一个面向，教孩子学会理性分析消极思维的轨道，让他愿意把自己由消极情境中吊出，来到一个愉悦的情境之中。

这本书的目的是教会父母成为孩子的引路人，引导孩子走出不开心或者充满挑战的那个时期。在困境出现时，就事论事地处理孩子强烈的情绪。训练你的耳朵对一些消极字眼变得敏感，如总是、从来不、没有人这样或每个人都这样等，让自己变得像工程师般精准，看出孩子是如何构建起一个谬误的结论的，然后用适当的工具来拆解有缺失的思维线路，并重建正确且符合实情的解释系统。与此同时，父母也将学会如何强化孩子积极的经验，让孩子看到自己在促成积极经验中所扮演的角色，下次有同样情况时，孩子就可以更有信心做到同样的事。

在这本书中，父母也会学到用不同的方式与孩子沟通。与其对孩子说"这样也不算坏嘛"或者"你为什么总是会想到最糟糕的？"不如重新给消极的事贴上标签，让孩子由防御自己的消极想法转变为与消极想法保持距离。例如，你可以跟自己年幼的孩子说："我敢说你的消极大脑在说今天的三振出局永远都会发生。"或许，你甚至可以让孩子唱出他的消极想法，就像猫王一样，这样就可以与消极思维保持距离了。

◆消极思维：抑郁症的种子

我们家刚搬进第一栋房子时，前院里长了一棵巨大的红豆杉树，它枝繁叶茂，占据了很大一块地方，从家里往外看的时候一定会先看到它，而且它完全挡住了玻璃走廊的视线，我们觉得必须把它砍掉。当我与我的公公谈到这棵大树的时候，我说："这么大的一棵树，想想看，它原本只是一棵小幼苗。"我的公公是一位备受尊崇的科学家，他笑了笑，耐心地跟我说："是啊，孩子，每件事都是从一株小幼苗开始的……"我想当初种它的那个人，原本只是想要它长成一丛能修剪的树篱，但很明显的，事情已经变得超出可以控制的范围了。

我在这里要强调的是，我们当父母的不必当"消极思维警察"，对孩子的每一次叹息、翻白眼或说出令人不舒服的话都做出反应，但我们必须机警地发现那些消极思维的小幼苗，在它变得不可控制之前及早处理。如果孩子的消极思维已经挡住了他们的视线，我们要教会他们如何修剪枝叶，让现实的光照进来。

◆请给我一张两个人的桌子：互动式的乐观主义

你的孩子准备好了吗？那你呢？如果你已了解并以身示范了书中的这些新观点和新策略，那么你就可以铺出一条通往成功的路，你的孩子也会比较愿意而不抗拒地和你一起走在这条路上。你可能一开始就很胜任，以教练的身份加入，或者你也需要更循序渐进地将这些概念引入到孩子的生活中。你或许开始看到在自己的思维和行动中也有消极思维的成分存在，比如，你可能警觉到自己对孩子说：

"你从来都不收拾你的房间！"然后马上修正成："等一下，这么说太广泛了。我真正想说的是你很少收拾自己的房间。"这时孩子会很开心，也许因为他感到你帮他澄清了事实，或因为他亲眼见证了父母在纠正自己，这种就像看到哈雷彗星般极其罕见而且令人惊讶的事也让他感到有兴趣。由此开始，他会慢慢了解到范围很大的整体性事件、具体事件和临时性事件到底有什么区别。

如果你在看这本书期间，发现自己已经在运用这些策略了，那就太好了！这就是我所说的互动式的乐观主义，是这本书的中心思想。你没办法真正改变一个人，但是你可以改变自己。所以，当你开始看到生活中许多未曾预料到的可能性从你的心田蹦出来，或者你听到自己的消极想法不再那么绝对的时候，别太惊讶。谁知道呢？你甚至可能开始像猫王一样把那些自我批评的想法唱出来。你会觉得生命变得轻盈，与他人的沟通变得更好。这时你和孩子讨论有关消极思维的问题时也有了更多依据，因为那是你的亲身体验。最后，你们将成为人生路上的好旅伴。

你会发现，在你很难过时，特别需要书中的这些道理和技巧来支持自己。当孩子经历了难过得要命的一天，你甚至想要替他去死，这时你需要换一种想法："这只是暂时的，有些事情他可以自己做到，我可以帮他。"或是在你解决孩子的问题而孩子的反应让你感到十分挫败，你甚至感到绝望，觉得孩子永远也学不会照顾自己时，你可以告诉自己："这种情况只是暂时的，现在只是一个很糟糕的时刻，明天又会有新的机会。"

◆ **本书如何组成**

第一部分"改变孩子的想法"带你由背景知识连结到应对策略。在第一章中，我们会探讨关于消极思维的成因及各种相关理论。第二章和第三章分别探讨思维和感觉在我们对事件的反应中扮演的角色，并提出许多应对策略来因应孩子的想法与感觉。第四章中我们讨论了如何辨识孩子长处的方法，孩子越了解自己的长处在哪儿，就越能够广泛地运用自己的才能，尤其在必要时刻利用自己的优势解决问题。前面这些章节都是为了引导你进入第五章，在这章中会整理所有的枝节，提出一个条理清晰的整体解决方案，以及如何将书中的概念介绍给学龄前至高中不同年龄段的孩子们。

第二部分，"当消极情绪遇上现实"，在第六章，我们将讨论如何诊断与治疗抑郁症，这里会详细说明如何将前面提出的"整体解决方案"更具体地运用在你和孩子遇到的不同情境中。第七章则专门探讨如何有效处理棘手问题，如输赢、失败与嫉妒等。第八章，我们将退后一步来看父母在扮演引路人和教练角色时会遇到的挑战，以及应该如何应对。第九章"培养弹性、保持开朗"，是给父母的备忘单，教你如何在孩子拒绝沟通时让沟通管道保持畅通，如何在日常生活中培养孩子的积极性。第十章将探讨日常生活中的乐观态度，并提出许多策略，来帮助父母改善和维护整个家庭乐观愉悦的氛围。最后，在结论这一章，我们将让你听听其他父母的心声，并一起看看孩子的转折点，知道孩子不仅能在那里得到缓冲，还会获得往前推进的力量，让我们一起来分享这些父母的欣慰与惊喜。

虽然书中的一些方法步骤都是针对某些具体年龄层的，但是整本书中的内容和建议都可以灵活地运用在学龄前至大学的所有年龄段上。

◆ 找到穿过阴郁丛林的路

最后，值得注意的是，作为父母的我们会努力为孩子清扫出一条容易走的道路，其实这也是我们潜意识的自我防备。我们生活在一个变动的时代，充满了焦虑、恐惧和对未来的不安全感。我们很容易抓住一个信念："只要我们用尽全力，我们就能让孩子开心起来"，来缓解我们的不安。但是如果孩子任何时候都很快乐，那就表示有些事可能不对劲，你可能错过了一些事情（或许是你努力过度）。所有的父母都希望给孩子最好的一切，然而，我们如何定义"给"和"最好的"这两件事将决定孩子一生的幸福和圆满。当我们给孩子一个机会，让他们看见自己可以通过努力、坚持不懈、承担风险、克服失望和困难而达成想要的结果，那就是将他们内在最好的部分激发了出来。当孩子有了自己的行动能力，有了掌控自我的能力，有了可以站稳脚跟的能力，他们就会得到最大的愉悦和满足。

在我执业这么多年中，我看到许多父母在掌握了如何穿越孩子消极思维的心灵地图的方法后，在改变孩子人生航线中发挥了非常积极的影响力。我希望本书中的文字、图画以及想法能够让你的旅程装备齐全，激发你的创造性和内在能力，让你的经验不仅是正确的，还能在与孩子共享的生命路途中创造圆满与积极的意义。

Part 1
改变孩子的想法

第一章
了解消极思维
天生容易过早放弃

孩子的声音：

我脑袋里冲我大吼大叫的那个声音尖酸刻薄，它告诉我，我很笨、我什么也做不成。我很想让这个声音消失，可是我不知道要怎么办。

肯定有什么对我来说非常非常重要的事能让我开心起来，可是根本没有什么事让我开心得起来。

父母的声音：

本来马克身边一切都好好的，然后突然一切都变得很可怕，中间没有任何过渡时间。

伊娃对她自己太严格了。我们不是很在乎成绩，真的没那么在乎，我们告诉她所有科目都得到 C 也没关系，但她还是把自己逼得很紧。她觉得自己不聪明。

科学家的声音：

脑神经学早就知道了大脑由出生到成人一直在变化，同样重要的是，这门科学的不断发展让我们更进一步了解到大脑是如何发生改变的。人类所从事的外部行动举止确实会扩展或者缩小大脑中相对应的区块。我们可以通过特定的行为，为脑部安静的回路注入更多动力，或降低噪声回路中的活动性。

——莎伦·贝格利

学习如何面对失望、阻碍和失败是所有孩子的待办事项里的日常任务，这是他们学习和成长的一个过程。有些孩子有适当的减震器帮助他们安然渡过那些坎坷，但是对于那些消极情绪嗅觉灵敏、又对坎坷十分敏感的孩子来说，他们很容易在中途彻底崩溃。他们会因为这些坎坷而感到非常难过，会深深地陷入悲伤的洞穴之中，然后住在这个洞穴中并把其他人也拉进来。如果除了受伤以外还遭到侮辱的话，他们不仅会就此消沉下去，还会整理出一套新的关于自己和自己为什么会消沉的理论出来。从此，世上再无巧合之事，也再无鸡毛蒜皮之事：我太笨了，是我自己活该；看吧，我告诉过你，根本不会有好事发生在我身上。而且，由于这些想法都不会有引言——"以下想法是来自你不靠谱的消极大脑"——所以他们相信自己所听到的，对每一个字都深信不疑。这时候无论多努力想解决这个问题，都只会让事情变得更糟。

◆ 从心里走出来

● 消极思维：事情如此糟糕，却感觉如此真实

消极思维是一种非常错误、夸张而且扎根很深的思维方式。回想一下，上次你犯了大错之后，你是怎么对自己说的？如果你的第一反应是"没事，我能搞定"，那你可以径自走到班级前面准备演讲。如果相反，你的第一反应更像是"我怎么这么笨！糟透了！所有事情都糟透了"，那么你要知道有很多人都和你一样。那些不耐烦的发泄和难听的话让我们大部分人都能把心中的怒火发泄出来，然后接着过日子。我们不会放下手里正在做的事情，开始聆听消极思维所说的话，并认真地做笔记："对，请再说一遍，我是个 b-e-n 笨 d-a-n 蛋。"我们不会给消极思维赋予这种权力。消极的感觉转瞬即逝，而逻辑却是长期存在的。

对于倾向于消极思维的孩子来说，上述的情况却是颠倒过来的，对他们而言，消极的感觉是永驻的，逻辑却是转瞬即逝的。虽然他们自始至终都没有做错什么，但他们的消极反应却不仅仅是一个临时停靠站，当一个消极反射出现，随之而来的将会是更多的听上去更合理的消极反射。举个例子，如果有一个恶霸要来揍他，他可能会说："哥们，等一等！"但当他面对自己的消极想法时，却不知道也可以做这样的选择。孩子一遍又一遍地听到脑海里那些消极的想法以及自责和偏见，就像听到不断重复播放的广告词，然后他就信以为真了。

有一些孩子只是偶尔被这些念头困住，也有一些孩子似乎成了

"糟糕了"岛上的永久性居民,他们只能在一切安好的短暂时刻得到解脱(然而一般情况下,即使在这种时候,父母也不能放松,因为他们在等另外一只鞋子掉下来,或者他们知道,只要一根断掉的鞋带就会让孩子彻底崩溃)。不论您的孩子是属于哪一种状况,是被困在一个消极的地方无法自拔,还是刚刚发生了这样的事,您都可以帮助他、保护他,让他远离这种让人变得脆弱的思维模式。如果孩子能发现那些消极的念头并非"事实",它们只是一种不由自主的第一反应而已,他们就可以养成更中立、更准确的处事态度,甚至能用更给人希望的第二反应来击败那些消极的念头,这时他们就能够摆脱消极思维了。

快乐公式

要知道,我们的生活永远比任何研究成果反映出来的问题都要复杂很多,所以没有哪一个因素甚至哪十个因素能定义或者预测我们的生活轨迹,这一点非常重要。马丁·塞利格曼在他的《真正的幸福》一书中强调了这一点。作者提供了很简单的公式:

$H = S + C + V$

我们长久的幸福感(H)是我们的设定点(S:遗传或者与生俱来的偏好)、我们身处的环境(C:我们是贫穷还是富有、身体是健康还是患疾、是被压制还是被优待)以及我们主动控制的想法和行动(V)的综合值函数。

美国加州大学的索尼娅·柳博米尔斯基(Sonia Lyubomirsky)及其同事肯·谢尔顿(Ken Sheldon)、大卫·谢德(David Schkade)

对这些因素进行了广泛的研究并确定了这些因素之间的关系：我们的幸福感40%是来自我们的主动控制，10%受周边环境的影响，还有50%则归于我们的设定点。乐观主义者看到这里会再次肯定，我们有很大希望和信心能够保护我们的孩子摆脱抑郁，并提升他们在生活中的幸福感。而质疑那40%是否会造成很大影响的人，想象一下40%来控制天气、股票市场或者政府决策是什么概念，这40%听上去就变得非常可靠了。

● **消极思维的模样：你的孩子是哪一型？**

路过者：一般来说大部分时间都很快乐，但偶尔会慌张的孩子。 即使是最快乐灿烂的孩子，有时也会在面对挫折时显得黯然失色。这些孩子可能很机灵、活泼并且在生活的方方面面都很积极，但现实生活中的一个变化球的投来，就可能让他们晕头转向站不稳。也许是因为这些孩子在大部分时候都能应付自如，所以在偶尔接不住变化球的时候就感觉特别尴尬、不安或者不适。而且，由于消极情绪对他们来说可能是非常陌生的，所以他们可能会更加抗拒学习如何处理这种情绪，只想要大人救援，帮他们让这些情绪赶快消失。父母这时候与其将孩子不舒服的状况或者感觉赶快移除，不如帮助孩子明白，他可以学习培养弹性思考的技巧，并自己渡过难关。

看到剩下半杯水的人：消极磁铁。 有消极倾向的孩子会发现情绪对他们的影响更为持久。这些孩子即使没有遇到困难也并不开心，他们自己会源源不断地对从眼前掠过的一切事物发表消极言论："那是早餐？恶心死了！""我今天得和凯西同车？我讨厌她。""我放学得去趟超市？为什么老是差遣我？"日复一日，他们被日常生活中的小事激怒，当更大的挑战降临时，他们很容易因为承载不起压力而像保险丝跳闸一样。所以父母要教会他们用比较中立的方式来看待日常生活中的小烦恼，那么当他们在日后遇到大麻烦时，就会有一些缓冲。

焦虑而消极的孩子。终日被"万一……会怎么样？"这种问题所钳制的孩子，通常会屈服于消极思维，他们会预想伤害、危险或失败的发生，为每一个能想象到的灾难做准备，当他们焦虑到精疲力尽，就会对自己安排生活的能力感到绝望进而放弃。对于这类型的孩子得先和他们讨论那些消极的想法，然后他们才能够应付这些想法的潜在来源——他们的焦虑。

高压锅式的完美主义者。或许你会觉得专制者比完美主义者还要仁慈一些，因为至少专制者还有要去睡觉的时候。完美主义者则没空休息，对每件事都要求完美，这样日子就会很难过。完美主义者很容易因为给自己造成的压力及随之而来的失望而感到恼火，他们一直在所谓的失败中打转，因为相较于失败，成功出现的几率太小了。典型的完美主义者每天都在头脑中对自己产生各种失望和压力，在试着消化这些情绪时他们会变得非常易怒。

不定时炸弹。生气是孩子表达消极情绪的一种方式。当孩子心里一直想着："我可以用一百个理由告诉你为什么这样行不通。"他们是想把消极情绪这个烫手的山芋丢给你，用极端激烈的方法来怪罪人。

内爆型。有些孩子会在学校里力图保持镇静，不让别人知道他们的想法和内心的问题，他们为此花费了大量的精力和时间，但是当放学铃声响起,他们踏进爸爸妈妈的汽车的那一刻,他们就准备好释放一切了。他们可能会一上车就要求"关上车窗!马上关!"他们的老师和同伴都不知道他们内心的消极想法。他们的消极思维与情绪来得无声无息,只会在暗地里作乱,在孩子内心里设下充满限制和挫败的监狱,用沮丧和绝望将孩子困在里面。

更让人心酸的是,不论父母在家里用了多少种方法,他们常常还是觉得自己"无法触及"思维消极的孩子。当孩子坚信"没有一件事是对的"的时候,父母感到无法了解自己孩子内心的想法,所以也无法给予安慰。这些孩子就像被洗脑了一般,相信他们头脑中的声音都是真实无误的。如果父母试图安慰他们或者与他们意见不合,只会进一步加剧他们的消极思维。

出于这个原因,和孩子讨论消极思维的内容,比如"虽然那次比赛你输了,但是你游泳很好啊",是不妥当的。正确的做法是把重点放在"谁在说话"上面。你可以将问题具体化,并给那个消极的声音取名为"小气鬼先生"或者"挑剔鬼"。或者保持距离,让被放人的消极思维等待"现实的考验",比如用两种说法来做对比:"这次比赛我输了,证明我游泳不好,所以我应该退出游泳队"和"虽然输了比赛,但是我游泳很好,我这次发挥非常好,只是我的对手发挥得比我还好,没道理要退出游泳队,因为他们需要我"。

◆ 消极思维的原因及它与抑郁症的关系

在前言中提出的有关抑郁症的统计数据,着实让人觉得十分担忧,也足以说明我们需要迫切地关注这个问题,而在现实中对抑郁症的治疗和预防研究上，我们却有很乐观的前景，目前已经有了明确的治疗方法可以用来预防或逆转抑郁症，让孩子可以更好地掌握自己的生活。

● **过度保护自我的大脑**

消极思维甚至是抑郁症有没有可能起着保护作用或者这是不是进化的结果？乍看之下，很难想象关闭心门、放弃、自我孤立以及其他伴随着抑郁的消极行为是一种演化的结果。但是进化心理学家们，如德国柏林洪堡大学的爱德华·哈根（Edward Hagen）博士认为，"抑郁症在某个时刻可能具有'罢工'的意义"，当一个人的应对系统压力过大，需要休息时，他一喊"我放弃了"，就会有别人上来接手。

想想焦虑症（抑郁症的近亲）的情形，焦虑看上去太像是一件好事，过度保护我们远离危险，所以我们开始害怕我们根本不必害怕的事情。每一种焦虑都包含一个"真相要点"：害怕狗或者蛇可能是因为不真实的害怕程度，但这并不是没有道理的，我们的目标是将风险程度缩回到正确的程度。同样，消极思维向我们发出信号说事情有些不妙，但是它大大放大了事情的影响和结果，我们会认为发动机已经坏了、修不好了，而不是认为发生了一些没有预料到的事或者是不幸的事情，或许我们需要做的只是放慢速度、重新评估我们的方向。

大脑中的消极倾向都有着好的意愿，希望保护我们免于失败，它要么在遇到小小的失望之后，大惊小怪地过早地向我们发出放弃的信号，要么无限延长了其他本应当是恰当的消极行为，使它们远远超出了合理或者有利的范围。我们要帮助孩子看到这些不合比例的反应，并将这些反应缩回到正常的比例，这样我们才能开始帮助他们摆脱困境。

● 是文化的影响吗？

"这是最好的时代，也是最坏的时代。"查尔斯·狄更斯的话非常恰当地描述了现在美国和其他发达国家的境地：经济上最富足，但在抑郁症和其他精神健康状况方面却最严重。当历史上的最高平均收入和最高的抑郁症发病率并列出现时，研究人员开始调查这二者之间是否存在相关性。我们的压力和寻找越来越多的物质保障的期望是不是为焦虑和抑郁症的增多铺平了道路？在充满竞争的文化氛围中，资本主义和广告的驱使让我们感到更加空虚和焦虑，然后我们用更多的物质去填补。游乐场设施的送货车上印的口号暗示了什么？"我家孩子想象力比你家孩子好"，哪怕是这样的小事也会把孩子们拉进激烈的竞争。

作为父母，在我们为经济压力和其他不确定性感到焦虑时，我们的孩子是否承担着由此产生的后果？看看心理学家玛德琳·莱文（Madeline Levin）的书名——《特权的代价：父母的压力和优越的物质条件如何造就了一代孤独而不快乐的孩子》（The Price of Privilege: How Parental Pressure and Material Advantage Are Creating a Generation of Disconnected and Unhappy Kids），她觉得正是这样。莱文在富足的马林县工作期间，她发现一些忧心忡忡又顾忌身份的父母"过度教育"自己的孩子，这些孩子迷失了自己的身份、失去了自己明确的目标，这种空虚感会导致情感淡漠和抑郁症。虽然书名中有所暗示，但这并不是在攻击父母，莱文明确表示她并不是在指责父母。她不无同情地指出，这些父母其实身处一个对自己也不利的社会系统中。她建议父母成为计划中的一部分，重新为生活重点排序，学习处理他们自己的焦虑和充满压力的生活。他们所需要的是倾听孩子内心的想法、和孩子交流，而不是用高档货填充孩子的心灵。遇到课业压力时，父母、孩子和老师都身处高压。还没到做家庭作业的时间，孩子就会感到压力而且这种反应出现的时间越来越早，甚至有些在考试前压力大到要呕吐，他们查看自己平均分的方式就像一些成年人查看股票市场的方式一样。而且，为了保持平均分，他们只选修自己学得好的课程。家庭和中学学校可能都承担着送孩子读大学的压力，大学为了帮那些"伸缩型学生"安排合适的课程也倍感压力，这些学生在高中就已经提前学习了大学水平的课程。谁来为孩子身上背负的这所有的压力买单？我们什么时候开始又从哪里开始着手呢？一位中学管理人员曾指出，在严格程度和成功指数成正比的等式里面，"谁都不想成为第一个打破这个怪圈的人"。

  要从这个竞争性的文化中挣脱出来可能需要一段很长的时间，但是孩子的成长是不能等待的。我们需要决定什么对我们的家庭来说是最重要的，什么因素会促成长久的满足感，然后开始把这些因素带到我们的生活中来。你可以提前看看第十章中有关保持乐观的方式，你会发现为成长而斗争的一些想法，但不会以孩子的幸福为代价。这种方式并不是要降低我们的标准或期望值，而是在这个有缺陷的教育体制提出要求并且将面临其蹂躏,而我们的孩子毫无准备的情况下,我们要非常严肃和谨慎地看待其中最紧要的是什么。

● 应激性事件的影响和日常生活的压力

尽管我们很努力保护孩子不受应激性事件的影响,但不幸的是,应激性事件是生活中不可避免的一部分。孩子们每天都会听闻各种创伤性事件的发生,比如犯罪、事故或者某人的亲人去世等,也有些孩子长期生活在压力之下,比如贫穷、危险的邻居或者疾病。约有 15%~20% 的孩子会在一生中遭遇严重的创伤性事件,其中只有四分之一会发展为创伤后应激障碍。由另外四分之三的孩子痊愈的事实,我们知道有其他方法可以缓解创伤带来的冲击。

前文提到了柳博米尔斯基博士的等式,外在环境对我们的整体幸福感的影响只有 10%。这其中的大好消息是,虽然我们无法控制每天发生在自己身上的事,但我们可以控制自己如何去解释由这些事情衍生出来的"故事",进而我们就掌握了这些事件对我们产生影响的钥匙,这也正是认知行为疗法的基本原则。可以理解的是,通常我们述说的"故事"都是把自己当成受害者,不过,随着时间一天天过去,加上自己的思考,我们可以更准确地,甚至更希望去改变那些"故事",其中的重点也会由我们曾经受到怎样的委屈转换成我们是如何克服了困难。

有趣的是,在中国的文字中,"危机"是两个词组合而成的——危险的"危"和机遇的"机",很多研究也发现,孩子会在困难和挫折中得到成长的机遇。不论是接受心脏手术、化疗、与慢性病患者生活在一起，还是经历自然灾害，比如卡特里娜飓风，孩子的应对能力都可能会得到拓展，同时，经历过个人挑战与磨难之后他们的弹性力也会随之增强。

适应新环境，灵活创造新方法，关注当下，保持希冀之心，把关注点放在当前仍有效的事情上，而不要放在当前已经无效的东西上，即使是在最轻松的日子里，这些也都是有用的技巧，而思维消极的孩子缺乏这些技巧。面对创伤时，所有孩子都会想问："为什么会发生在我身上？"思维倾向消极的孩子会把这个问题当成一个中心问题，所有思想都会围绕着这个问题转，他们会想"不好的事情总是会发生在我身上"，或者怪罪他人，他们不能改变自己去适应环境的变化和寻找新出路，而是可能困在自己"不能再做以前能做的事"这个损失里不能自拔，深陷在不可能性的洞穴里。不准确的理解会让孩子焦虑，会成为通向抑郁的路径。不过,如果能正确地思考、灵活地解决问题、管理消极情绪，就能让这条路径转向更健康的道路。

最开始的时候，一系列的压力源可能并不会被充分理解为创伤性事件，有些人甚至可能认为那是童年不可避免的小邪恶：同龄孩子相互捉弄、性骚扰以及明显的攻击性。这些行为被认为是非常容易引发抑郁的，哥伦拜恩和其他地方的惨剧发生后都发生过这种情形。虽然这本书中提出的行动计划对过度自信有所帮助，不过有关恃强凌弱行为的研究表明，成年人有技巧、有策略地干预同龄欺凌行为是有必要的。

即使是那些没有在生活中经历过残酷事件的孩子们也暴露在日常压力中，发短信、回短信、打理社交网站、电脑上的即时消息、时间排得太满的日程、早上 6 点钟的游泳练习或者沉重的书包等。孩子们不仅要承担自己的压力，还要承受父母繁忙的生活带来的影响。而且，他们没有什么选择的余地，也没有成年人的那些权利：开会时溜出去吃东西或者补觉。

在过去二十年中，孩子们的空闲时间大大减少。心理学家珍·特吉（Jean Twenge）在 2000 年的一份研究中指出，在二十世纪八十年代间，普通中小学生的压力比二十世纪五十年代间的精神病患者的压力更大。要做的事情更多了，但是用来做事的时间却少了，所以他们睡眠不足、营养不良，结果很多孩子都有情感负担过重的问题。受到压力之后更容易做出急躁的评价（"我的生活一团糟！"），而不是做出正确的评价（"我饿了，所以我不会做数学家庭作业！"）。

所以说，我们无法保护孩子不面对任何风险，但是我们可以控制家庭内部的压力氛围，并依靠自己建立一种稳定的家庭生活方式，即使有时候那就意味着要选择一种不太普遍的方式。我们要打好基础，即调整对睡眠、健康饮食、努力工作和游戏等事情的基本期望，为压力事件创造一个物质和情感缓冲区域，这样的话，我们的孩子就可以解决其他需求了。整本书中的练习，尤其是第十章"乐观每一天"，会帮助你为自己的孩子和家人建立一种能抵抗抑郁的、长久的生活方式。

● **家庭因素的影响**

父母罹患抑郁症：生命的早期任务之一就是与父母发展出信任的依恋关系。在这依恋关系中，基本的安全感由此滋长，"有人疼爱我，我想要的都得到了，会有人照顾我。"安全感的基本元素是婴儿在与父母的互动过程中积累起来的（孩子微笑时，你也微笑；孩子不开心时，你也不开心），这些带有情感的数据点积累在一起，为孩子的内心形成了一个安全港湾，成为孩子开始探索世界的起点，不论是投入爱他的人的怀抱、走进游乐场，还是找到他们的第一份工作。对于婴儿来说，父母就是整个世界，婴幼儿时期是一个敏感时期，容易受到父母的情绪影响。如果父母有抑郁症，孩子日后在童年后段容易发展出内化症状，出现焦虑症或抑郁症，因为一个人的内心情绪调节系统的框架就是在婴幼儿时期建立起来的。就像有其他疾病的父母一样，有抑郁症的父母因为自己内心的争斗而变得无法正常生活，他们被击垮了，不论身心都已经精疲力竭，通常也就忽略了孩子的需要。事实上，父母罹患抑郁症的孩子，在童年和青少年时期有61%会发展出心理问题。母亲有抑郁症的孩子有45%也会发展出抑郁症，母亲没有抑郁症而孩子患抑郁症的几率为11%。幸运的是，如果父母都接受了治疗，孩子的状况也会立即明显改善。

家庭矛盾与批评：在《忧郁的理性翻身》（Hand Me Down Blues）一书中，临床心理学家迈克尔·亚普科（Michael Yapko）指出，在"先天和后天形成的抑郁症"中，家庭都起着至关重要的作用。在不同的发育阶段，孩子可能会受到不同的影响。我们刚才看到，基本的信任感和自信会在婴儿时期产生，幼儿时期的孩子会发展出情绪调节能力。母亲抑郁的学龄前儿童会出现低水平积极情绪（积极的心态、社会联系和社会交往），但是不会出现高水平的消极情绪。随着年龄的增长，儿童会对家人的情绪更为敏感，而且自控能力会更好，他们可以察言观色，学会小心翼翼地游走在两个不同世界：在外面尽情地做自己，但在进家门之前先将微笑收起来，因为他知道"不能在家里讨论快乐的事"。亚普科指出，在氛围抑郁的家庭中，孩子们丢失的不仅仅是童年时期那些看似寻常的欢乐，比如好消息、报告好成绩、讲笑话或做好笑的事，而且孩子们会自行开始降低这些事情的价值或者责怪自己因为这些事情而高兴。

消极的家庭环境不会引发抑郁症，但是它可能会干扰孩子发展出应付不顺利事件的缓冲能力。研究人员已经发现在消极的家庭环境中存在着以下干扰性因素：突出的家庭矛盾、严厉的批评、薄弱的依恋关系、较低的责任感、很少回应孩子的情绪。有一点很重要，这些问题通过治疗都可以获得改善，家庭关系、孩子的内部应对能力都能得到提升，青少年期抑郁症的几率也会降低。

父母的教养风格：家庭教育风格中会伴随抑郁或消极吗？如果父母本身不快乐，或者消极、抑郁，就会创造出有害的环境，孩子会吸收并在感知世界、与世界互动时表现出相似的方式。例如，在工作上不愉快的父亲总是认为："不论你怎么做，这个世界都是不公平的，没有必要那么努力工作。"他会对孩子从事某件事情的积极性视而不见或泼冷水。完美主义的妈妈，对孩子努力得到的90分严词呵斥，责怪孩子没有得到100分。在这两个例子当中，孩子得到的信息是："你做什么都没用"或者"你没有拿到100分，就是失败"。有些孩子会自然地看淡这些信息，但是有些孩子则开始用同样的方式和自己对话。随着时间的推移，这种回应模式就会成为一种自发性思维习惯，消极起来毫不费力。作为父母，我们越能积极地处理自己的消极性并树立正确的回应模式，我们的孩子就越能自由地学习积极的方式。

即使一些父母并非有意挑剔或者悲观，他们也可能在不经意中促成抑郁或者消极思维。戴安娜·鲍姆林德（Diana Baumrind）对教养风格的研究超过五十多年，她发现了家庭教养行为中的两个关键维度。第一，**父母的响应力**（Parental Responsiveness）（即对孩子抱以同情、是否有求能应、倾听力、热情、支持力），要培养孩子的独立人格和情绪调节能力就需要根据孩子的需要不断做出调整。第二，**父母的要求力**（Parental Demandingness）（纪律、行为控制、期望），是指"家长通过要求孩子成熟，监督与教养孩子，愿意在孩子不服从时面对孩子的挑战，要求孩子融入家庭"。鲍姆林德还增加了第三个维度：**心理控制力**（Psychological Control），即在教养上家长如何干预孩子的行为调整或者家长应该干预到什么程度。比如，等待孩子道歉是"低度"心理控制，而引起孩子的内疚感或愧疚感从而让他有所行动就属于"高度"心理控制。可以想象一下，如果我们的目标是培养一个有自控能力又有责任感的孩子，强行介入的心理控制就会破坏这个目标。

下面的表概括了四种家教方式：

	纵容型	独裁型	放羊型	权威型
响应力	高	低	低	高
要求力	低	高	低	高
控制力	低	高	低	低

1. 纵容型/宽容型父母

这类父母重点关注的是孩子的需要是否得到了满足,他们很宽容,可能会放大孩子的需求,所以他们不要求孩子承担责任。结果是这类孩子更容易有很强的自尊心但同时又判断力不足,可能容易出现问题行为,在学校没办法表现良好。

2. 独裁型家长

这类家长要求很多,但对孩子的回应不足。规矩是不需要解释给孩子听的,孩子遵守规矩比孩子内心的感受更重要。结果是这类父母的孩子在家里比较顺从,在学校里表现也不错,但是他们患上抑郁症的风险比较高。他们社交技巧不好、自尊心较低,因为他们的情感需要没有得到满足。

3. 放羊型家长

这类家长不论是要求力,还是响应力都不高,总体来说,他们让孩子自己照顾自己。结果是这类孩子在各方面的表现都不佳,社交、学业和情感上都需要帮助。

4. 权威型家长

这类家长的孩子容易有较强的社交能力和适应能力,而且较少出现问题行为或者抑郁、焦虑现象。权威型家长要求高而且责任感强,但不控制、限制或者强行介入。他们对孩子悉心支持,同时也要求孩子遵守规则,而不只是"我说了算"。这类父母教养的重点在于帮助孩子学习成长,而不在于处罚。有了良好的示范,权威型家长的孩子能够在外界规则和自我需求之间找到平衡,而且仍然能够保持自己的个性和自主性。权威型教养方式就是这本书中调整消极思维孩子的教养模型来源。

● **遗传**

我们最重要的发现是经验和遗传一样重要，经验甚至比遗传更重要。

——美国儿童健康与人类发展研究所斯蒂芬·索米博士（Stephen suomi PH.D.）

长久以来，大家普遍认为抑郁症是具有家族遗传性的。许多研究显示如果家族中有一人患抑郁症，很有可能其他家族成员也患有抑郁症。有一项研究发现患抑郁症的青少年家里有其他成员患抑郁症的几率是非抑郁症青少年的五倍。一对同卵双胞胎中有一人患抑郁症，另外一人被诊断为抑郁症的几率是50%。随着科技的进步，研究人员发现很多不同的遗传因子通过相互作用会对基因产生影响，从而造成抑郁，并非只有单一的遗传因子会造成抑郁。

如果你的家族中有人患有抑郁症，你在书中学到的技巧可以帮助你预防自己的孩子发展成抑郁症，它们会起到非常重要的作用。

● **生物化学的影响**

抑郁症是由于体内化学不平衡的解释已得到了普遍认可，虽然这个解释没有错，但不够全面。比如说，有些抗抑郁药物如使用比较广泛的选择性5-羟色胺再吸收抑制剂（SSRIs），通过在人体系统中产生更多可用血清素（一种化学信使）来矫正脑部化学物质的不平衡。但是，有人脑部的血清素低可能是抑郁情绪行为的结果，而不是抑郁的起因。行为和神经传递素之间的关系是相互作用的，是双行道：血清素影响人的行为和心情，但是行为也会影响血清素水平。当我们心情低落时，我们体内可用的血清素可能会较少，但是当我们转换了心情或者改变了行为时，也会使大脑活动发生变化。换句话说，我们的生物化学系统既反映了我们遇事时如何响应，也决定了我们的响应方式。

通过转变行为来改变脑电图的这个过程就是神经生物学家所说的神经可塑性（Neuoplasticity）。正因为如此，所以我们对认知行为疗法有信心，用马丁·塞利格曼（Martin Seligman）的话说，"抑郁症是可以治好的"。

在《心智和大脑：神经可塑性和精神力量》一书中，加州大学洛杉矶分校的精神病专家杰弗里·施瓦兹（Jeffrey Schwartz）和医学报道记者莎伦·贝格利（Sharon Begley）提到了神经可塑性的重要作用：在对我们经常从事的活动进行响应时，大脑空间和资源的分配会发生动态变化。比如，一位盲人经常使用食指点字，一位电子游戏爱好者大量使用拇指，与那些不进行这些活动的人对比，盲人的食指和电子游戏爱好者的大拇指在大脑中相对应的区域更大。在临床领域，施瓦兹发现强迫症患者经过治疗以后，在正子造影（PET）中可以看出他们的前额叶皮质、丘脑和尾状核的区域发生了变化，这些患者的大脑看起来和没有强迫症的普通人一样（所以运转起来也一样）。重要的是，这些患者无论服用药物还是没有服用药物，他们脑部的这种变化程度是一样的。通过行为训练来改变行为和思维的做法确实能够改变大脑,而且最关键的是,它会继续改变几百万强迫症患者的生活质量。抑郁症治疗方面也发现了相似的结果:随着心情的好转,左前额叶皮质活动会增加,而大脑的左前额皮质负责的是积极情绪和解决问题。所以,当我们的孩子开始练习灵活性反应和弹性反应时,他们的大脑就会留意而且会创造新计划,向大脑中最支持这些活动的区域输送更多的"人员和物资"。

● 认知方式

我们的解释风格,也就是我们如何描述生活中发生的情况和事件的方式,无时无刻都在影响着我们。有研究发现消极思维和悲观解释风格,与抑郁症的发展和持续之间有着紧密的联系。我们可以想象到乐观主义解释风格或者复原解释风格会帮助一个人渡过重大创伤或者压力性事件,比如搬家、父亲或母亲身患重疾、车祸或者爱的人去世,幸好这样的事件在孩子的生活中极少发生。然而在每一天那些众多的小小的瞬间和社交中,解释风格既可能帮助孩子,也可能让孩子感到困扰。

如果孩子思维消极、情绪糟糕或者是感到抑郁,我们会感到挫败,我们可能不知道他的心情从何而来,但循着孩子归因风格的蛛丝马迹就会明白,孩子在处理生活的酸甜苦辣时积攒了一整天的消极点。一件和在餐厅拿到了坏掉的塑料叉子一样稀松平常的事,可能就会成为孩子确定"我身上不会有好事发生,什么事一到我身上都是最糟糕的"的唯一证据。而我们要帮助孩子的是:放下第一反应,选一把新叉子,或对"现在质量控制不如往昔"而笑一笑。

运用这些技巧保护孩子远离他们自己的错误理解,帮助孩子在生活的道路上前进,而不要让他们被横在眼前的壕沟挡住去路。

◆ **本章结语**

通往消极的路径有很多,包括认知方式、应激性事件和遗传的脆弱性。但是我们最终找到了合适的工具帮助我们走出这种响应方式的盒子去创造美好生活。现在让我们开始吧。

第二章
改变孩子的思维
与消极思维的大脑对抗

每次我说了什么让自己开心一点儿的话之后，我就觉得脑子里好像有个邪恶的看门狗叫个不停。我觉得好像我根本没有办法说服那只狗。

——一个十八岁的女孩

我们每天都要争吵。他说，今天所有事情都不好，而我坚持说不可能。我并不是想跟他吵架，但不知怎么地他就跟自己较上劲了。

——一个十四岁男孩的父亲

◆ 培养双行道思维：问题不在于你怎么想，而在于你怎么做

我们不是按照事情原本的样子看待它们，我们在按照我们自己的方式看待它们。

——阿娜伊斯·宁（Anaïs Nin）

第二章
改变孩子的思维：与消极思维的大脑对抗

> 世上之事物本无善恶之分，思想使然。
>
> ——威廉姆·莎士比亚（William Shakespeare）

说到灵活性，很多孩子似乎身上带有开关似的。玩电动游戏时，如果孩子遇到了大坏蛋或者走到了死胡同，他们的反应肯定能非常灵活。他们的弹性力是流动的，他们知道有选项，游戏的意义正在于此。"关掉游戏，要睡觉了"这句话你还来不及说完，他们就已经逃过龙爪、发现了宝藏、拯救了世界、改变了路线、向新的方向进发了好几次。然而，就是这样的孩子，他们在自己的生活中遇到了小小的过失，他们不会拿起自己的遥控器或者左右看看自己的选项。他们崩溃了，他们卡住了，"游戏结束了"。孩子在玩电脑游戏的时候会使用认知弹性，因为他们看见选项就在那里，多彩、动态、诱人，他们想要赢，在遇到障碍时不会害怕或者沮丧，他们就会变得坚定、能干，而且他们玩得越多，能力就越强。这向我们提出了挑战：如果我们希望孩子面对困难时不屈不挠，我们就要帮助他们找到选项，让这些选项更诱人，并帮助孩子明白，只要在走过他们思维里的幽暗地段时经得起那些挑战，他们就赢了。

就像鱼并不知道自己在水里，它们只是在游泳一样，思维倾向消极的孩子往往并不知道他们的思维是消极的，他们只是在思考而已。改变消极思维的第一步是知道消极思维什么时候出现。一旦孩子能识别"消极大脑"的声音，他们就会知道接下来的那些信息会引导他们走向一个他们不想去的阴暗地带。这时，他们可以选择召唤自己的"聪明大脑",对那个故事进行重新解读,将他们引向更光明的道路。这就是培养双行道思维的核心所在:你在用消极思维思考,但并不表示你就不能做出改变,你还可以选择怎么思考。消极思维应该被视为假设,是一种有待验证或者有待推翻的问题或者理论,而不是一种命令。尤其是当孩子明白消极思维是非常不可靠的(但出现速度却是非常快的)反应时,他们就不会那么容易乖乖地听它的话了。所以问题并不在于你怎么想,而在于你怎么做。就像我们没有办法控制谁会打电话过来一样,我们也无法控制消极思维的出现,但是我们可以决定自己是否要仔细听电话、要讲多久的电话以及我们会把谁设置在快速拨号的名单里面。

在这一章里,你会发现有很多的对策和练习,教你如何识别陷阱,创造其他有利选项并实现这些目标,从而帮助你的孩子走出死胡同和消极大脑中的思想空洞。在这里所用到的"换个方式思考"的那些技巧将会在第五章的整体方案中再次出现,你可以先记下自己喜欢或觉得孩子最容易接受的方法,当做快速参考或提醒之用。

● 注意那些消极的声音:不速之客

如果我们内心的声音说:"一切都好!你就是这么棒而且会越来越棒!你做的都很好!绝对没问题!"我们听了之后如果没有觉得很困扰,至少也会觉得有点儿怀疑,我们会想要在这些念头进来之前验一验它们的身份。然而当我们内心的声音告诉我们,"你失败了，一切都失控了，你没办法处理，你应该放弃"时，我们却对所有的反证都置之不理，将 VIP 的待遇给了这些声音。消极思维最具破坏力的地方就在于这些声音会悄无声息地走后门，偷偷攻占广播系统，操纵我们的情绪。正如心理学家威廉·克瑙斯（William Knaus）所说的："你从消极思维产生的结果就能看出它是消极的，因为你的感觉更差了。"我们错把"感觉不好"当成了确切的想法，殊不知"感觉不好"只是听闻了一些不愉快的事情的暂时反应，并不会永久改变现实世界。我们需要给思维的大门配备一名警卫，通过内部通信系统告诉自己："这是你的消极思维在说话，不要相信这个声音！"我们有自我保护的能力，我们有选择的自由，我们不必给自动产生的消极思维优待权。

进入这一章时，我们又讨论到消极思维，我们可以看到我们的目标并不是要停止这种思维、否认这种思维的存在或者是对抗这种思维。我们必须改变我们与它们的关系：虽然消极大脑是为了看见问题、缺陷和失望的存在而设计的，但是我们要让自己学会从不同的窗户看不同的风景。一个故事有很多不同的解读方式，这些想法只是其中的一种而已，只要选择一两种其他解读方式就能让你摆脱这种被困住的处境。

● 开始之前，你需要做什么

心态：让你的孩子对这个过程感兴趣。孩子对发现我们的小缺点很在行，比如我们偶尔会在黄灯的时候快速地跑过马路，所以他们只需要知道要在自己的思维里寻找什么就好。在这章中，家长们不仅会学习到如何发现孩子的异常，而且会学习如何帮助孩子擅于进行批判性思考并发现自己的异常。

不要把这些训练当成是在纠正孩子思维中的"错误"，而要客观。激发孩子的好奇心让他找出思维玩"小花招"的时候，并启发他的创造性，让他找到其他想法。有消极倾向的孩子本来就已经在自我批评了，所以家长必须明白，孩子正在学习使用他的"聪明大脑"机制，也就是常常不配合他的那部分。孩子无法控制自己首先看到什么，那是他的大脑已经形成的思维回路，但是当他知道了大脑是如何工作之后，他就可以改变那个故事下一步的走向，然后将自己从消极中解放出来。

材料：收集孩子的想法。为了下面的众多练习，你和你的孩子需要准备好一份清单，列出孩子的消极想法。有些孩子较为健谈，可以说出整个思维中很多的消极想法。而有些孩子可能对自己的想法并不是很了解或者不愿说出来。对于这些孩子来说，如果能做个"想法范例"的话，会对他有所帮助。你可以解释说这些范例可以让他了解自己对自己说的那些话，准备一个笔记本，连续花几个晚上或者随便找个时间，让你的孩子在笔记本上写下两三个想法。你可以帮助他找到重点："今天感觉最差和最好的时候你在想什么？""假设我们在你的脑袋里放了个话筒，那时候你的大脑是怎么说的？"一旦他形成了这种收听自己想法的习惯，你就可以只在需要的时候做这个练习了。

◆学会弹性思考的九堂课

【第一课】教孩子用脑的两侧去思考

大脑有两侧，负责对不同的输入信息进行回应。在我们害怕或者面对令人沮丧的状况时，我们的右前额叶皮层回路就开始工作了，反之，左脑则对更为积极的状况做出反应。有趣的是，大脑的这种偏侧性并不是人类身上特有的现象：狗看到"朋友"时会向右侧摇尾巴（因为这时是左侧大脑）；然而，如果危险靠近它时，它的尾巴就会在左侧（因为右侧大脑在工作）。你可以把这个现象告诉孩子，或者带孩子观察小狗。在人类身上也一样，安全的事物接近时，人的左前额叶皮层活跃，反之，右脑就忙起来了。当大脑中出现了焦虑或者消极的想法，我们就要想办法避开或者不要接近。我们的目标是打通通道、在困境之上建一座桥梁，帮助你的孩子从大脑的这一侧走到另外一侧。首先，你的孩子要知道如何"转换观点"或者"改变主意"；其次，他练习转换观点的次数越多，他的这种反应就会变得越来越主动；最后，随着时间的推移，他的大脑就会学着自己自动打开转换观点的开关。

弹性思考练习：帮助孩子学习区分消极思维和更准确的想法的方法有很多。对于比较年幼的孩子，你可以利用不同的动物毛绒玩具来显示其中的区别，比如，暴躁的小狗和快乐的小熊遇到了同样的状况：牛奶洒出来了，然后它们两个对此有截然不同的看法。或者你可以找出两副眼镜，自己画也可以，消极眼镜看所有事情都很糟糕，但是聪明眼镜会看到要如何解决问题。

图2.1 戴不同的眼镜看事情

对于大一点儿的孩子,你可以拿出一张纸,并在中间画一条线,在线的一侧写上"消极想法"或者"刻薄鬼大脑的想法",另一侧写上"我的好主意""聪明点子",或者其他孩子喜欢用的名称。你也可以让孩子画一幅画,像图 2.1 中一般,用思考的泡泡图写下两种不同的想法,并让他看到,他不必为了找到更理智的想法而"摒弃"消极的想法。当孩子看见这两种观点并存时,他就可以在两个版本中做出选择了。他可以谢谢消极思维那么努力地保护自己,然后用正面积极的想法来"教"过度保护自己的想法什么时候可以很快下结论,什么时候不适合。

【第二课】乐观与悲观：观察与解释

1. 观察：选择去看真实存在的

悲观的人在每个机会中看到困难，乐观的人在每个困难中看到机会。

——温斯顿·丘吉尔（Winston Churchill）

几年前，我那时四岁的小女儿瑞亚头撞到了餐桌上，必须送急诊，幸运的是她的伤口只需要缝一针。经过在忙碌的儿童急诊室数个小时的等待和处理后，我们离开医院的时候已经过了午夜十二点。我把瑞亚放进车里，帮她系上安全带，她舒了一口气说："嗯，挺好玩。"好玩？那可不是我身为妈妈的故事版本。我的版本是："这伤口会不会留下疤痕？家里的另一个女儿怎么样了？我应该更加小心一点儿的。我好累啊，明天怎么能有精神上班？"当我还处在身为父母的时空中翻腾挣扎的时候，瑞亚却安稳地定在当下，看什么是什么。佛学上说我们无法阻止事情的发生，但可以选择不用一种固定的角度看事情，所谓的苦难其实是有选择性的。那一晚，我把我的佛学初级班笔记丢在了家里，但是瑞亚却一直安住在其中。

我们都希望过那种"活在当下"的生活，但是我们同时也在为生活制造各种理论、编造各样故事，我们基本上一直生活在不间断的自我评论中。虽然我们可以任意地将同样的事实重塑于不同的故事版本中，但是有消极倾向的人马上就会将目标对准那些不太对劲的地方，而忽略没有问题的地方。毫无疑问，那内在不间断的自我评论是影响我们感受的最大因素。希腊哲学家埃皮克提图说："我们不会因为事情本身而烦恼,而是因为我们对事情的理解而烦恼。"对于思维消极的孩子来说,生活会越来越不如意,不是因为他们遭受了更多的苦难,而是因为他们的内心被消极的自我评论所占据。

自孩子开始上幼儿园起,心智发展不再停留于感知当下,而是会试着理解事情的前因后果。由此产生的理论就构成了他们在生活中产生各种见解的根基。两个孩子同在一家冰淇淋店,他们手中的冰淇淋都不幸地掉到了地上。两个人都有点儿难过,这可以理解。一个孩子哭着说:"它没放好,所以才掉到地上了,我要重新买一个。"这是一个乐观孩子的观点:事实已经如此,但问题还有解决的办法。而那个悲观的孩子会加上点别的东西:"为什么这种事情老发生在我身上?这家店老是做不好。所有事情都被毁了,今天是我这辈子最糟糕的一天。"悲观孩子的解释中加入了剧本以外的无关事由,将一个稀松平常的小意外归咎为有意图的、持续性的,而且以偏概全。同样的,父母也会以身示范这两种不同的处事态度。乐观的父母会说:"冰淇淋掉在地上的事时有发生,我们进去问问店员,看能不能补救一下。"悲观的父母则会说"你从来都不小心一点儿"或者"这家店好差劲!算了,我们回家吧。"

孩子藉由学习让自己的想法保持客观,看出想法中扭曲了的部分,并能灵活看到已经存在的而不是眼前没有的,然后成为一个有弹性且乐观的人。

弹性思考练习:做一些让孩子的思维在积极和消极之间反复切换的游戏,能够培养孩子在困境中进行弹性思考的能力。这种游戏也能创造很多乐趣,就像对故事做各种延伸。例如,在"幸运"和

"不幸"的游戏中,你和孩子在卡片上各写出五种比较棘手的情况,然后把卡片放在一个帽子里。每个人轮流抽取卡片,抽到卡片后说出"不幸"的情境(比如:很不幸的,我想看的那场电影票卖光了),另一个人要想出一个"幸运"的情境将前面的不幸的事扯平(但很幸运的是,我去看了另外一部电影),然后这样反复练习几次。"但不幸的是,只剩了前排的座位。""但幸运的是,我买到票了,而且我座位下面没有口香糖。""但不幸的是,扶手上面有粘粘的东西。""但幸运的是,现在不是夏天,我穿了长袖。""但不幸的是,我弟弟朝我打喷嚏了。""但幸运的是,我刚好带了手帕"等等。孩子会感到这个游戏很有趣,而且不会意识到自己是在做弹性思考的练习。

培养弹性思维的另外一个游戏叫"好事磁铁"。有时候对于孩子来说,在一些事件中发现好的情境就像大海捞针一样困难,这时候和孩子一起玩"好事磁铁"游戏会很有帮助。你和孩子可以画一块帮助你们发现好事的超级强力磁铁,假设几个不幸的事件,或者回顾一下孩子过去几天过得"糟糕"的时候,然后看看磁铁是否能帮忙吸出一些隐藏着的好的情境。最大的惊喜可能是过得糟糕的那一天已经在孩子的脑海里大大褪色了。帮助孩子练习加强磁铁的磁力,让他看到那些已经发生的"糟糕"的事情,其实后来都变成了没什么大不了的事情。

青少年也可以用同样的方法,如果觉得"好事磁铁"太小儿科,那我们还可以将磁铁换成"现实探测器"或者机场检查时用的扫描棒,等等。

当你听到孩子说所有的事情都一团糟的时候，你可以提醒孩子他脑袋里的探测器似乎一直在探测"问题"，"让我们看看有没有办法把探测器重新设定，来帮你找到好处。"我们必须注意的是不要责怪孩子这种无意识的消极思想。我们可以这样说："你脑袋里的想法总是在误导你，这对你太不公平了。"不批评，而是和孩子站在一边，孩子会更愿意听从我们的建议。

下次当孩子在困难时刻挣扎的时候，我们可以建议孩子："看起来有很多'不幸'的事都聚集在一起了，让我们来看看在这个情况下是否有'幸运'藏在里面呢？"

2. 解释的工具：构建框住我们或使我们自由的理论

从孩子的手中抢走消极思维所创造出的密不透风的解释，比从小宝宝手中把正在响的手机（来电人是你的老板）抢回来还要困难。这两种情况，都需要当事人放手，但是你知道不经过一番斗争他们是不可能轻易放手的。想让小宝宝松开你的手机，你就得拿些别的更有吸引力的东西给他，而不是一个个地掰开他的手指。同样，想要孩子不再继续消极思考，父母就得问对问题，让他去找到更有吸引力的方向，而不是为已经够苦恼的孩子一条一条地指出为什么他的认识是错误的。

我们在第一章中已经了解了悲观思考的三个解释特性：将生活中的困境解释为永久的（无法改变、无法修正的）、普遍的（不只是忘记了家庭作业，生活中所有的事情都糟透了）、人格化的（是我的错）。悲观主义的等式：永久的 + 普遍的 + 人格化的 = 不堪重负 +

绝望崩溃。下面的练习将帮助孩子学习一种新的公式，修正他们在生活中得出的每个错误结论，以一种具体的、明确的，并且可以解决问题的公式重新计算。

塞利格曼博士的方法是根据三个维度对思维进行评价，尽量能正确地对事情进行解释，因为乐观主义思维并不是将事实美化或者单纯地希望事情会变好。一个很容易着手的地方就是竖起耳朵来听那些很"极端"的词，比如"没有任何事""所有事""总是""从来不"……这些字眼通常是认知错误的典型危险信号。如果你能开始用"有些事"或者"有时候"来取代上述那些字眼，你就已经开始进行更准确的思考了。一旦你熟悉了这个概念，你可以和孩子开玩笑，你可以创造一个角色然后变一个声音说："现在由乔为您播报。我们现在有一些错误的指控，一些太仓促的结论，还有一些以偏概全的想法。我们需要的是真相和逻辑！"然后我们可以从悲观解释的三个面向来讨论，逐个找出应对的方法。

和"永久"玩游戏：下一站"有时岛"。习惯消极思维的孩子不喜欢生活中的灰色地带。所有的事情要么是全部都"是"，要么全部都"不是"。他们的词汇库里没有"可能""有时""现在"和"暂时"这些词汇。"有时我击球挺好的""有时我的朋友对我不错""有时我朗读得很好"之类的话不会从他们的口中说出。所以，帮助孩子看到生活中的那些"有时候"——在你的生活中，在孩子的生活中。你可以帮助年幼的孩子画一个或者做一个"有时候"混合器，当孩子告诉你事情"总是"很糟糕或者"从来都不"好的时候，你可以让他摇一摇混合器，拿那些"有时候"来提醒他，然后再看看事情会是什么样子。

保护自己避开困难是人类的天性。然而矛盾的是，我们有时候会期望最糟的事发生来保护自己，因为如果我们做好了最坏的打算，那么接下来不管发生什么都不会比我们预期的更糟了。这种悲观主义者的谨慎可以保证安全，也会带来不开心和错失良机。当你家里的青少年因为去年没有被选入足球队，而说他永远都不会再加入足球队，并认为踢足球是件很蠢的事情时，他实际上是在保护自己不会再次因为没被选中而倍受打击，但他同时也剥夺了自己学习了解事情可以渐入佳境的机会。这类思维可能短期内让他感觉比较好受，但如果不加尝试就放弃，就会产生无望的感觉，摧毁自信，局限了孩子的世界。如果他能够从另一个方面来看，把一个情况视为短暂的、有很多改善空间的，他就可以朝着积极正面的方向去努力。

弹性思考练习：玩"铅笔和钢笔"的游戏，来描绘一些性质和事件是可以变化的，还是永久不变的。写下十种不顺利的情境，再写下十种有正面结果的情境，和孩子来讨论这些情境。在你解释这些情境时，如果哪种情境是可以改变的，就用铅笔写下刚刚的解释；如果哪种情境是永远不可能改变的，就用钢笔写下来。比如，如果你错过了公共汽车，你说"我老是错过这趟公交车"或者"这趟车老是早来"。就可以用铅笔写下来，因为这种情况不是永远都在发生。如果孩子有次考试考得不错，孩子说："我是个好学生，我很努力。"（如果这件事是真的），就可以用钢笔写下来，因为就算偶尔考试有失误，也有持久的性质存在。悲观的孩子倾向于将成功归因于暂时性的因素，如"这次考试很简单""老师对我很好"，而不去归因于持久的因素，在这里很重要的是要让孩子练习对成功或失望的情境做出正确的归因。

帮孩子建立一个新词汇库，然后把下列词写下来，贴在冰箱上或者浴室的镜子上用来提醒孩子。

> 新词汇库建议：有时候、当下、现在、这次、还没有、偶尔、暂时

和普遍玩游戏：只是一件事，不是每件事！ 倾向于用"广泛的"来解释事情的孩子，看见一次困难后就把其后果散播到所做的所有事情当中，以偏概全。觉得一件事不顺利，所有事情都不会顺利。所有的事情都息息相关，事情与事情之间没有界限。所以，一次作业搞砸了，想象中的严重后果的连锁反应，会让他觉得一个学期都完了，他的未来，甚至他的一生都完了。

虽然这感觉像多米诺骨牌一样把生活中的事情都联系了起来，一张牌倒下，其他的牌全部都会倒塌，但这并不是真的：每张牌之间是有间隔的。鼓励孩子更正确地描述他的行为所带来的后果，你可以问他："有多少骨牌倒下了？间隔在哪里？骨牌倒到哪儿会停止？"这样一来，当一件事情不顺利时，你可以鼓励孩子描述得更具体一点："这项作业我搞砸了，但是我并没有搞砸我的课业、我的职业、我的前程和我的生活，我可能只是在这项作业上拿不到好的成绩。"

有一个"树干、树枝、树叶"的游戏,可以进一步说明"具体描述"的概念。和孩子一起画一棵大树,并在树的各个部位标注出"树干""树枝"和"树叶"。假设一个情境:孩子在一项作业中没达到他想要的结果,所以他生气地说:"我就是学不好,以后我再也不要在乎学习了。"这时可以让孩子看着画中的大树,并问他:"这棵树受到了多大的伤害?这项作业所占的部分像是一片树叶,还是整个树干?这棵树要倒下了吗?这项作业会毁掉你作为一名学生的身份吗?或者这项作业更像是一片树叶,是很多机会中的一个?有的机会会成功,有的不会,但是这棵树还是很健壮的啊!"当孩子下次再陷入过于以偏概全的思维中时,可以跟孩子开玩笑地说:"噢,你真的需要砍倒整棵树吗?是树干出了问题,还是仅仅是一片树叶出了问题呢?"还可以问问孩子,一位棒球运动员因为一次比赛失利就必须退出球队吗?或者一位老师因为一堂课讲得比较无聊就不再是好老师了吗?这些结论是否符合逻辑?借此练习帮助孩子学会找到问题的重点。

新词汇库建议:有些事、一件事、这一部分、这次作业、部分灾难、部分成功、成功的事、不成功的事

和"自我指责"玩游戏:不总是因为我。有消极思维倾向的孩子不仅常常会觉得天要塌了,他们还会觉得天塌下来会压在他们身上,因为老天爷在生他们的气。孩子将不利的情境人格化,表示孩

子认为事情发展不顺利，一定是有人引起的，而他们就是那个人。比如，有位老师一整天都没有笑容，有消极思维的孩子会说"她是在生我的气，她讨厌我"，而真正的原因其实是老师的丈夫刚刚动了手术。一个朋友晚上忘了如约打电话来，孩子会说："我的朋友不在乎我，他不想继续和我做朋友了。"当每件事情都被解读成"这个世界讨厌我"时，孩子当然会不开心。改变世界，还是改变思维？下面的练习，可以帮助孩子学会区分问题是与他有关，还是与他无关。

帮助孩子研究和检查当时的情况。孩子的第一反应通常是感觉"这都是我的错"，但是你可以鼓励他根据事实去寻找他的第二想法。

- 为什么这件事情没有按照我所希望的方向发展？
- 我做了什么事情导致它没有成功？
- 我认为哪一部分是因为我的原因？
- 哪一部分是别人或者别的事情造成的？
- 按照这样的方式，如果换了别人的话是不是也不会成功？

> 新词汇库建议：一部分与我相关、一部分是其他人的责任；我可以控制的部分、我控制不了的部分；与我相关的一些暂时的因素（不是永久的）；与我相关的一些具体的因素（不是普遍性的）。

把悲观解释的三个面向（永久的、普遍的、人格化的）放在一起：消极思维倾向于将问题无限放大，大到让人头晕目眩；正确的思维则是将问题"具体化"。一旦将具体问题明确指出，孩子就可以决定应该如何应对了。

【第三课】非消极思维的力量

把积极思维用作解决消极思维的方法，是一种很普遍的误解。在这种误解成为了一种直觉的同时，几十年来的认知研究给出了一个人们未曾想到的结果：区分抑郁人群与非抑郁人群的依据不是积极思维是否存在（两种人群都有这种思维），而是在于中立思维或者非消极思维的存在与否，这两种思维对抑郁情绪有缓解作用。想象一下，如果你正在参加一场跑步比赛，有五十个人给你喝倒彩，只有十个人给你加油。解决这个问题的办法并不是增加你的粉丝数量，而是让喝倒彩的声音尽量安静下来，让你看到事情还有发展的空间，这就能让你有动力跑得更好。中立思维是以事实为依据的："我很努力，我在尽力。"也是一种应对性或者战略性的思维："注意那个角落。""保持呼吸平稳。"

父母需要明白的很重要的一点是：消极思维的孩子的第一反射想法通常是不正确的、消极的。下面的练习可以帮助孩子从第一想法中解套，向更好的、更有逻辑的第二想法前进；或者干脆和第一想法脱离，让他中立，然后继续前进。两种方法都可以避免孩子被抑郁的情绪旋涡拉扯进去，并向着一个充满各种可能性的方向前进。

弹性思考练习

● 重新用不同的方法说。

"那棵西兰花好恶心！""查理是个笨蛋！"谁能想到这种不礼

貌的评论会是改变消极思维的好材料呢？与其用一般教训的口吻对孩子说"这么说太没礼貌了"（关于西兰花的），"这么说实在是很不好"（关于可怜的查理的），不如把这种说法看成是孩子练习他的"中立肌肉"的良机，引导孩子用一种不带偏见的方式重新表述："请你把刚刚说的话再说一遍。"这整个练习看起来是在培养孩子的礼貌，但更深一层是在带领孩子用不带偏见、批判与比较的眼光去观察人生。比如，上面的话可以重新用幽默的方式来表达："这种长得像树一样的深绿色蔬菜，吃起来真是天下第一苦，而且还非常硬。""查理很喜欢收集东西，但把收集到的东西整理好对他也是很大的挑战。"当孩子遇到针对他们的判断和批评时，引导孩子公正地观察周遭的事物至关重要。

小一点儿的孩子可能需要父母帮忙引导，比如"用妈妈或者爸爸的那种方式说。"对大一点儿的孩子你可以要求他像播报员一样来描述事情：确实描述行进中的动作，并且尽量不带有自己的看法。一旦孩子了解了这种技巧，就让他自己进行练习。如果他说："我好笨，我很失败，我是个废物。"那么就让他重新用更准确的措辞方式进行表达："我累了，我还在努力复习数学，我觉得很挫败，可能现在我不应该学习数学。"

● 非常感谢你，没错！

第二个将想法中立的策略就是接受消极想法，不要打压它。佛教心理学家塔拉·布拉奇（Tara Brach）在她的著作《全然接受这样的我》（Radical Acceptance）中提到，接受我们的愤怒、痛楚或者悲伤并不表示鼓励自己停留在这些情绪里。我们也不是说讨厌西兰花或讨厌查理是件好事，我们要说的是这是我现在觉得的，就这样没别的了。与其将消极想法当成让我们不愉快的东西，让消极情绪倍增，然后耗费精力让自己振作起来，或者很小心地将不舒服的感觉推走，我们不如只是说："是的，这就是我现在的感觉，没有什么对或不对。"正如佛教中说：如果我们内心对苦难的注解减少了，我们就可以将自己的精力放在处理苦难上面，而不是把精力花在纠结自己的感受上面。想象当我们说："我讨厌生病，简直不敢想象我竟然生病了。太可怕了！为什么会发生这种事情？"我们说这些话时花费了多少精力？但当我们说："是的，生病了好扫兴！我很难过不能去参加聚会了。"这才是我们拥抱生活体验的态度。为赶走消极情绪所做的努力并不会给我们任何回报，但是马上说"是的"可以让你有一种解脱感：你可以舒展眉头，不会再继续纠结。现在就可以试试看，微笑着说："是啊！"是不是能感觉到身体自然地呼吸放松了？想象一下，如果每天都有几个这样的短暂时刻，你的情绪会有多大的不同？下次你打破了玻璃杯、烧坏一餐饭或是忘记取干洗好的衣物时试试这个做法。想象自己甩掉愤怒、释放不安、微笑，然后对自己说："好吧！"布拉奇博士的说法可能听起来让人匪夷所思，但其结果却是很吸引人的。

【第四课】消极的想法如何导致消极行为

消极思维如同在一个人的情绪上安装了减音器，这已经够糟糕了，但是事情还不止于此，它还关上了门窗，把"情况是不可能发生改变"的想法关在了屋子里面。消极思维的孩子不会去积极地证明那些消极的念头是错误的，他们不会站起来与内心的指责对质，他们会选择放弃，让那些消极的想法在内心郁积。就像在慢镜头中看到熊熊燃烧的大楼一样，你会眼看着你那上幼儿园的孩子起初还试着画一头奶牛，变成了"我不会画奶牛"到"我什么都不会画"，再到"我讨厌画画，我不要再画了"。你还没有反应过来是怎么回事，他的眼泪已经掉下来了。然后你得赶快收拾起那些彩笔，免得被扔得满屋子都是。如果这时候有人对孩子说"奶牛是不太好画（具体问题），尤其是第一次画的时候（情况是暂时的）。我可以帮你练习，或者我们可以试试画点别儿的（行动）"，会比较有帮助。

有消极思维倾向的孩子认为只要遇到问题就应该放弃。比如今天有历史课的开卷考试，而他忘了带历史书，消极的想法就会在他的脑海里回荡，他被失败的念头和感觉所困住，无法前进，而认为自己不成功的想法则成为了一个自我实现的预言。有一个选择就在转角处："我好迷茫（暂时状况），今天忘了带书真是好倒霉（具体说明），我得去借本书看！（行动）"随着孩子的思维变得越来越正确，于是行动的大门打开了，他有了选择，而成功的机会也随之增加了。

弹性思考练习：大脑中的双轨小火车。要开始做这个练习，先让孩子选一个有点不顺的情境，但不要太不顺让他想起来就懊恼。孩子很喜欢看到父母也一样有困扰，可以用你自己当例子，让不顺利的情境看起来没有那么切身之痛，比如，"我忘记奶奶的生日了"或者"妈妈最喜欢的毛衣被我洗缩水了"。

如果你的孩子对课业成绩这件事的想法很消极，但对和朋友相处的问题可以想得很清楚,那就先用友谊方面的事情来练习头脑中的双轨火车。首先在情境部分填上要讨论的内容,然后顺着消极思维的轨道往下走,那是孩子习惯走的路线。问他遇到这种情况时,他的消极大脑会告诉他什么(想法),这时候他觉得怎么样(感觉),接下来他会怎么做(行动)。通常在消极轨道上的行为是"非行为",比如"我不会去看表演""我会待在自己的房间里""我不会打电话给任何人"。

等他走完了消极思维的轨道,让他将同样的情境在积极或中立的轨道上跑一遍。然后问他:"有什么不一样?哪个比较有帮助、更符合实际或更积极?你的教练大脑教了你什么?你感觉如何?接下来你会怎么做?"

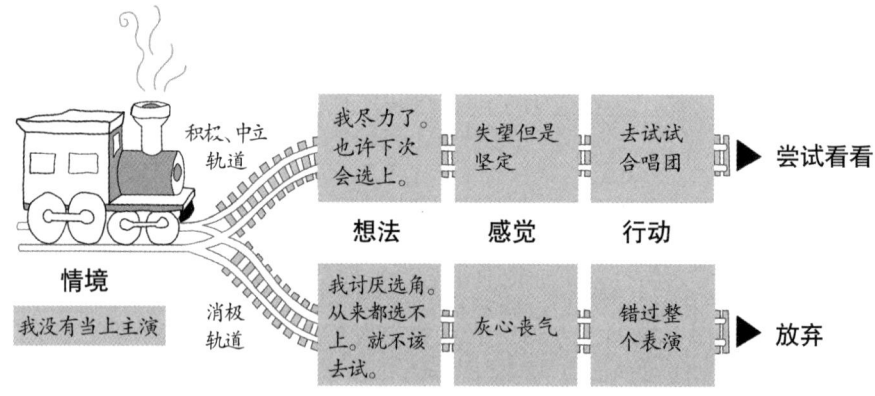

图2.2 大脑中的双轨火车

这个思考练习最重要的是让孩子看到两种不同的思考轨迹,他可以在两者之中选择。在图2.2的例子中,没能在戏剧表演中担当主演，可以有两种不同的结果。一种是错过整场表演，另一种是得到另外一种美妙的体验，而如何选择的权利是握在他自己手中的。问问孩子想要行驶在哪条轨道上。没被选上当主演很无奈，但他可以选择这件事情对他代表着什么意义，他接下来可以怎么做。不是让消极思维做决定，而是他自己决定。

你可以把双轨火车图画下来，也可以不画让孩子在脑中想象，并对孩子说："哇！你现在走在哪条轨道上？你知道它要开向哪里吗？看上去好像是消极轨道把你带走了。我在想另外一条轨道上会是怎样的风景呢？我们一起去看看，好吗？"

【第五课】解开情绪化推理：将事实与感觉分开

"我是世界上最差劲的父母！"我们有多少次曾这么想过？因为我们狠心地对家里的青少年说不可以去朋友家里过夜，即使他所有的好朋友都去了；因为我们粗心大意，即使天空乌云密布，我们还是让孩子没带伞就出门了；因为我们太忙，开会开得太晚，而错过了孩子一大半上台表演的时间。经过几百次这样的自我谴责，父母们开始意识到这种感觉其实很短暂，通常很快就会忘记。我们开始能分辨事实和感觉。但对孩子来说，当他们和我们一样，某一天过得不顺利时，他们的感觉会让事实变得模糊不清，就像被雨水淋湿的人行道上的粉笔画一样，一切都变得浑浊起来。孩子感觉到什么就认为是什么，他们用每一根消极思维的神经在感觉。六岁的孩子会觉得自己"很愚蠢"，因为他用不好的话骂了朋友，然后感觉很后悔。父母应该让孩子看清楚用脏话骂人和聪明与否无关,更重要的是,还有很多他可以用来弥补的办法。

　　父母们常常冲过来就对孩子说："不要这么说""不要这么想"或者"事情不是这样的"。但让我们回想一下自己在自我谴责的时候，别人的劝导有用吗？我们也不会听啊！这里要学习的一课是：常常我们感觉到的并不代表事实就是那样。感觉是暂时的，就像浪潮一样，会伴随着一些错误的讯息而来，也会很快退去，而你就像岸边的岩石，仍在那里并没有改变。孩子需要明白的是任何人听到内心的指责"这样不会成功的，这种事总是发生，我太蠢了"都会感觉自己糟透了，但是这仅仅是感觉而已，并不代表这些话是真实的。那只是他的想法暂时控制了他的感受而已，就像看恐怖片时一样。所以你与其努力纠正他的想法或感觉，不如真挚又自在地同理他的感受（记住，这并不表示你同意他说的感觉和想法是真实的），"我知道你现在感觉非常糟糕，在乎和关心别人的人都会在做了这样的事情之后觉得很糟糕，但是我们都会犯这样的错误。我犯这样错误的时候也觉得糟糕透了，但我并没有因此而变成一个坏人。这感觉就像被很强的静电电了一下，如果你不一直回味被电到的感觉，那种不舒服的感觉会很快走掉。"

　　另外一种有帮助的办法是，去思考一下现实的情况：你在哪里有失误？你想用什么办法来弥补？这类思考来自于你的聪明脑部分，所以当你把开关转换到聪明思考的那一部分的时候，感觉就会慢慢淡去。我们将会在第三章中看到更多关于经常被"电击"的孩子如何处理他们强大情绪的方法。

　　弹性思考练习：帮助孩子将他的感觉和事实区分开来，你可以问他："因为自己是个糟糕的人,你感觉你有多生气,如果生气的满分是一百分(或任何其他自我谴责)?"孩子很可能会说是 100 分,接着再问他,"你真的认为并相信自己是个糟糕的人吗?如果相信的程度为 100 分,你准备给自己打几分?"然后让孩子画两张圆饼图,把"感觉"和"认为"的百分比在两个不同的圆饼图中表示出来,并用颜色标示。给孩子一点儿空间,让他表达自己强烈的感觉,也让他看出感觉和想法之间的差别,让他去触动逻辑思维转换的开关。你不需要一再保证他并不是糟糕的人,事实已摆在眼前。

【第六课】发展趋势及异常

当事情不如预期般发生时,你是制定一个新规则,让所有的事情按照新规则进行,还是会在已有的规则上加上一条说明——"有时"事情会有例外?思维消极的孩子倾向于把例外的情况普遍化,而不是由全面的规则来看待整件事情。他们只需要一个失误、一个数据线索,就可以创造出一个消极的故事,但却需要很多正面的美好的案例才能看到积极的发展趋势。就像一个孩子说:"我看不到积极的发展趋势。如果有,那只是巧合。但是如果有一件不好的事情,只要有一件发生了,我就会非常确定我的名声被毁了。"不论是成绩全 A 的学生拿到了一个 B 就觉得自己失败了,还是一个运动员因为一场比赛的失利就打算退出球队,这些孩子需要学习的是如何区分"常态"和"例外"。

弹性思考练习:帮助孩子了解事情有例外并不表示他需要改变常规。和孩子一起列一张不顺利事件的清单,把那些令他尴尬或遭受挫折的事情写下来,如下面的例子,然后问他:"这些事情经常发生吗?"如果没有,让他想一些类似的不顺利的但是最后结果却比较好的事情。当搜集到足够多的资料后,和孩子一起画一张图表,让孩子看看哪些是事情发展的一般趋势(一般情况),哪些是异常(有时候会发生或只发生过一次)。

我在试唱时破音了。

我有两次忘记带作业。

我没有穿蓝色短裤,老师给了我一次"准备不充分"的警告。

小杰今天午餐时没有帮我占座位。

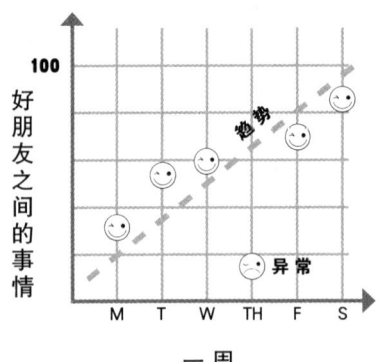

○ 星期一:萨特吃午餐的时候和我坐一起
○ 星期二:他把他的胡萝卜条分给我吃了
○ 星期三:集合的时候他帮我占了座位
○ 星期四:没有和我打招呼
○ 星期五:介绍他的表弟跟我认识
○ 星期六:约我出来吃冰淇淋

我的朋友喜欢我吗?喜欢,只是星期四休息了一天

图2.3 趋势和异常

【第七课】将问题打上消极大脑的标签

对孩子来说,消极思维来得如此突然,完全不在意料之中,它可以让人产生那么强烈的情绪,让孩子无法以一个旁观者的身份如

实地观察一件事情。父母要帮孩子退后几步,不要将孩子和消极思维混为一体,我们必须将问题"外化",并重新给它一个标签名称。首先我们来介绍叙事疗法创始人、澳大利亚心理学家迈克尔·怀特(Michael White)所说的:"将问题界定为问题,不是将孩子界定为问题。"对孩子说"你太消极了!"只会让孩子觉得他除了证明自己消极之外,没有别的路可走。父母不如将当下这个处境说成是"被消极大脑控制的时刻",这么说不仅让孩子和问题拉开了距离,有利于获取看事情的正确观点,也让孩子觉得父母是站在他这边的,正在与他一同对付那个制造麻烦的"否定先生"(Mr. No)。重新标签运用的是"找出源头"的策略,通过一些幽默的名称或好笑的口吻,如假装成牛仔、米老鼠,让消极思维的想法看起来没有那么严肃,这样可以大大改变这些想法带来的感受。重新标签的方法让消极思维的有效性降级,从而鼓励孩子不要相信它就是"真相",只是把它当成一种过度保护或信息错误的声音。你可以自己试试看,先用很严肃的声音说:"我有一大堆的事情要做,真惨!"然后再用很好笑的声音说一遍,你就会发现事情会有很不同的转变。父母也可以运用重新标签的策略说:"我看到放大镜了,哇,是不是它把不好的东西放大了。"或者说"小心,我觉得牛皮大王又想掌权了"。如果孩子的年纪更大一点的话,还可以说:"我觉得这个垃圾邮件的过滤器已经失效了,现在收进来的全是一些垃圾邮件。"在第五章你也会再次看到重新标签的技巧和方法,这些方法会让孩子觉得你一直在他身边、随时随地会给他提供帮助,而不是和他作对。

弹性思考练习:让孩子给他的消极思维大脑取一个名字,如悲伤先生、刻薄鼠、放大镜先生、扫兴的人、挑剔评论家，等等，孩子想用什么名字就用什么名字。跟他说："还记得那一次你不小心画到桌子上，然后你非常沮丧，还感觉自己很笨吗？你现在应该不会这么觉得了，对吗？你会怎么称呼那个当时在你脑中对你喋喋不休的声音？"接下来让孩子给那个声音构造出一个具体的角色，然后让他对着那个角色顶嘴，并把他内心想说的话都写下来，贴在他容易看到的地方，以此来提醒自己，比如，"你又不是我的老板""你让我感觉很不舒服了""我才不会听你的""你总是喜欢把事情都看得很糟，你得换一副眼镜了"。

【第八课】积极事件也需要正确对待

有消极思维的孩子不仅把糟糕的事情想得更糟，也会把好事想成坏事。他们看低所有的成就，也会曲解一切功劳。所以"我的科学实验成绩是 A"会被说成"没什么了不起的,我的老师给分很宽松"(不给自己功劳)，"这没什么，下一次的成绩可能会不好"(将成功看成转瞬即逝的或短暂性的)或者"我的语文考试成绩是 B，所以我不算是好学生"(特定化)。对待事情的积极乐观的公式是：将理由归于持续性原因（我考试都考得很好），个人原因（我是好学生，我知道如何学习），以及普遍性原因（我不仅语法很厉害，而且我的语文很好）。

弹性思考练习：用轻松有趣的态度，肯定地指出积极看待事情的重要性。让孩子写下一些他敬仰喜爱的人或事，他最喜欢的电影、运动员、最快乐的一天，然后用悲观的口吻和消极思维的三种特性来谈谈这些人和事。比如，孩子喜欢的电影，改编自 L. 弗兰克·鲍姆（L.Frank Baum）的畅销书《绿野仙踪》，练习用悲观的角度解释电影成功的原因，因为运气好，这是电影公司功劳，没什么大不了的，因为并不是鲍姆的书都被改编成了电影。

然后挑战孩子，让他用积极的、普遍性的、持续性的口吻来谈谈作者的成就，力求正确真实，不要夸张。让他常常练习将做得好的事由一个小点，不断往外扩展，让他看到事情普遍而有持续性的那些特质。

【第九课】找到思维方式上的谬误

你可以教大一点儿的孩子认识以下这些思维方式的谬误，并鼓励他们将这些视为一份说明书，用于纠正他们消极大脑的工作。

非黑即白的思维模式。倾向于非黑即白型思维的孩子，会漏掉黑白之间的灰色地带，事情不是绝对好就是绝对坏，不是完美就是失败。父母帮助这类型孩子的重点是要找出中间的灰色地带。如果孩子说："我游泳弱爆了。"那就画一个圆圈用来代表游泳这件事，然后让他给游泳中他比较擅长的部分上色，然后用不同的颜色将不擅长的部分上色，最后在中间地带，可能是他正在学习，可是还没熟练的部分涂上另外的颜色。和孩子讨论在每个部分中他的行为表现，在这个过程中帮助他找到一个对他自己更为客观的看法。对较大的孩子，帮助他在令他失望的事件中找到部分的成功。如下面的例子，帮他找出什么行得通，什么行不通，如果有下次，他可以有什么不同的应对方法。

以下例子的背景是棒球比赛输了。

第一反应：我做任何事都很糟，我不要再打棒球了。

父母的回应：你现在感觉很不好。你听到你自己说"所有事"了吗？我们花点儿时间来想想这次比赛里有什么事其实很不错的。

具体的想法：我的确有安打，但是后来那个家伙盗上三垒的时候我没接到球。我想我的打击是可以的，看来我主要需要加强守卫。

灾难化的思维模式。如果我们总是妄下结论，会由一件芝麻蒜皮的小事情衍生出灾难性的情节，这其实是在向未来借那些永远也不可能发生的麻烦。对症的方法就是放松下来，缩小不顺利的事态的范围，正视初始的问题，想出应对的策略。

例如，一个十几岁的小姑娘要去参加舞会，但是找不到一条牛仔短裙。

第一反应：大家肯定都会觉得我好差劲儿，穿着一条这么普通的裙子跳舞。没有人会邀请我一起跳舞，我就只能傻傻地站在一边。大家都会排斥我，以后不会有人和我一起吃午餐，坐校车时也不会有人愿意和我坐一起了。

父母的回应：我明白你因为没有牛仔短裙感到很失望。但是，你觉得你想象的那些事情真的会发生吗？还是你只是会有些不自在而已？也可能还会有别的女生也不穿牛仔短裙去啊！我们回到本来的问题上来，你现在需要的是找出一套合适的衣服穿去舞会。

重新考虑后的想法：没有牛仔短裙穿，我的确很不开心，但也许别人并不在乎这些呢，他们关注自己都来不及，哪会有时间来关注我呀！也许我可以找出一套我更喜欢的衣服穿呢。

读心术。"我知道你讨厌我,你冲我大吼大叫的!""她没有让我把我的作品放在黑板上面,我知道她一定觉得我很笨!"

你的孩子有第六感吗?还是他被思维理解中的认知错误给绊住了?虽然没有任何证明,但他百分百确信他知道别人为什么这么做,尤其是别人对他的感觉如何。和他争辩没有用,你可以让他进行角色扮演,扮演那个被他揣测了想法的人,然后采访那个人:

"你真的讨厌麦基吗?"

"不讨厌。"

"好,那你是怎么看他的?"

"我就是因为他没有整理自己的玩具觉得很生气而已。"

"好的,很高兴知道你的想法。"

弹性思考练习:

●**换鞋穿**。对较小的孩子来说,换鞋穿会很好玩。孩子可以想象或画一双他担心不喜欢他的人穿的鞋子,假装自己穿进去,换成那个人的声音,装成是那个人在说话。大部分时候只要一转换到"游戏"状态,就能够让孩子放松消极思维的控制。如果不行,那就帮助孩子把重点从他自己的看法转移到别人的看法上,这样能让他更正确地理解其他人的反应。

●**放大和缩小**。消极思维的孩子能将芝麻大小的不顺利的事情扭曲,让原来的小事放大到十分可怕又没办法克服的程度。消极思维也能够将孩子的成就感缩小,变得微不足道。当孩子说:"骄傲?我看不出有什么事情可以让我感到骄傲的。"父母这时可以说:"我知道你觉得是这样。但我不觉得是你看不到，我觉得是你那个消极思维的大脑让你看不到。你可以想象一下谁会很高兴看到你的成就，想想看他们眼中的你会是什么样子。"

下面的例子是同学的作文获了奖，他却没有。

第一反应：学习方面的事情我都不擅长，我会的别人都会。

父母的回应：没得到奖你觉得很失望，但是这就可以把你以前所取得的成绩都忽视了吗？失望只是暂时的，但你的成就仍然是你的，即使你觉得那些成就都被这件事冲淡了。这可能是个好机会，你可以回头欣赏一下你曾经非常喜欢或者觉得骄傲的作文。

重新考虑后的想法：我其实写作还不错，有篇文章还在学校的报纸上面发表了。我只是失望而已，不过这感觉真的很严重！

父母的回应：是啊！现在你觉得很严重，但是我想时间会冲淡这种感觉的。

弹性思考练习：

让孩子画出或者搭三面不同的镜子：缩小镜、放大镜和一面真正的镜子。画镜子的时候可以充分利用创造力，这些镜子可以画成古怪的、可怕的或者傻乎乎的。你也可以让孩子自己给这些镜子取个名字：倒霉镜、刻薄镜或者力量之镜。孩子可以选择写下三件他们感觉不好的事情，让他们写下照了扭曲放大镜后，对这三件事情的感觉，再让他们换到正常的镜子看。然后让他们选择三件理应觉得骄傲但却没有如此感觉的事情，让他们写下照了缩小镜后，对那三件事情的感觉，再让他们换到正常的镜子看。

对年纪小的孩子，父母要帮他区分，他整个人和他出错的问题是两码事。孩子可以先画一张自己的画像，然后用画笔在画像上标出出错的问题大小。如果他需要画好几张画才能完全给自己"定罪"，千万别讶异。如果他把全部的画像都标示成问题区域，你可以告诉他那是他感觉如此，事情并没有那么糟糕，鼓励孩子画一张你所看到的错误有多大。也可以开玩笑，用他手臂上的小雀斑来代表他的小失误。并且告诉他，那个小失误和手臂上的小雀斑可不一样，时间久了会越来越淡。如果孩子不喜欢画，可以用豆子、珠子或类似的材料来做出图像，显示问题的渺小程度。

◆本章重点

一旦你能辨认出消极思维的陷阱，你就可以帮孩子迅速爬出陷阱，而不是越陷越深。记住每次都用积极的思维去解释整个经验，在练习过双轨思考之后，让孩子坚信并大声清楚地说出他理性的选择。（虽然可能要练习好几次才会听起来很坚决。）

● **消极思维和消极情绪的危险信号**
- 夸张或过度放大一件不利事件的重要性。
- 对不是自己的过错过度自责。
- 以偏概全地认为发生过的事情一定会再次发生。
- 容易对自己感到气愤。

- 除非非常有把握能做得好,否则绝不会轻易尝试。
- 认为坏事经常发生,而好事总是轮不到自己。
- 没办法容忍错误、失望或失败。
- 一旦遇到困难就马上止步。

● **正确思考与积极情绪的公式**

- 找出真正的原因。
- 正确地看待事件,不要夸大。
- 不要以偏概全,因为发生一次并不代表总是会这样。
- 找出成功的部分,而不是只发现不成功的部分。
- 想想看这件事在未来一周、一个月或五年之后对你有何意义。

第三章
走过消极情绪的强风暴雨
接受、化解与修复

过去十年，科学家对于情绪在我们生活中扮演的角色有大量的发现。研究显示你的情绪觉知及如何处理情绪，比智商更能决定你的成功与各个面向的快乐，包括你的家庭关系。

——约翰·戈特曼（John Gottman）

我只是转过身一下，汉娜就情绪崩溃了。先前我没看出她不高兴。我很担心她情绪太脆弱，但我又不想当她的受气包。如果我想逃走，我怎么帮她？

——十二岁女孩的妈妈

◆ 情绪：是阻拦，还是化解？

有一个下午，我正在写这一章，当时思如泉涌，但是我六岁的女儿就那么突然崩溃了。她有一个新买的很棒的长发公主的电脑游戏，她非常喜欢。之前她已经玩了一个小时了，我提醒她不能继续玩了。这就是她崩溃的原因。你可能会以为我告诉她的是她以后永远都不能吃冰激凌了！她眼泪哗哗地流了一脸，还冲我嚷嚷说这不公平，又是跺脚又是挥拳头的，她真的很崩溃。这次是真的糟糕了。这时我嗓子发紧，但不是因为午饭后的胃灼热，是因为压力。我自己的内心也在崩溃的边缘，我在徘徊到底是要赶紧想办法哄她开心起来（不只是因为我极其需要赶紧回去工作），还是要她遵守规则（家里的规定是只能玩一个小时的电脑）。我陪她坐在台阶上，给了她一些建议，要她去做点别的事情，不要再闹了，但是她对我的每一个建议都郑重其事，又怒气冲冲地回答："不！"我突然茅塞顿开：我自己都没有听取自己的建议！我刚刚写完我们要如何帮助孩子明白他们的情绪是暂时的、可以解决的，然而我刚才处理的过程无非是在火上浇油。

突然，我意识到我不需要做任何事，只要任由她坐在那里，不去打扰她、也不用忙着帮她找到最近的出口，而是让她释放她的情绪，在这个过程中她会学到一个生活技能：接受事情并不总会朝着自己希望的方向发展这一事实。用正念大师乔恩·卡巴金（Jon Kabat-Zinn）的话说，我们两个都需要识别自己的情绪，把它们视为一场平静天空中出现的一场短暂的暴风雨。我越冷静，我就越可能成为那片天空，沉静、镇定，就像台风瑞亚过境一样。与其试着引导她避开自己当时的情绪，我的沉静倒能让瑞亚重新建立起自己的天空，那个她的怒气强风刚刚刮过的天空。

我说："瑞亚，你真的很生气，对不对？""是"她说。她第一次说"是。""你爱玩那个游戏,对吗?让你停下来不要玩了这很难,是吗?""是的。""你现在感觉好一点儿了吗?"她说:"不,还没有。""哦,还没有。"这听起来像是有戏。"好吧"我说,"你感觉好了告诉我好吗?""好的。"又一次肯定的答案!我继续在台阶上坐了一小会,她还在抽泣,然后我要她去拿一本书过来,这样我回去写作的时候她可以坐在我旁边的沙发上。

过了几分钟,她在客厅发现了一些乐器之后就自己去玩了。我们避免了两个风暴系统的碰撞,然后又都恢复了平静。

回想起来,我深深地感激那个情景。虽然强度不同,但是它和我的家人每周都上演的情景有很多相同的因素,它让我想起每当孩子有情绪时,我们很容易就化身"解决问题先生/太太"的角色,而我们又很难记起自己是孩子情绪的观察员和教练,而且要热情拥抱孩子的情绪,有了我们的支持,孩子才能学着自己解决情感中那些阴暗的曲曲折折。这样的训练我们可能要重新学习很多次,但是从长远来看,孩子会从我们的学习中受益匪浅。

在第二章我们讨论了消极思维的形态以及认知方式,在这章中我们将讨论消极思维呈现在脸上的那一面——情绪。具有消极思维倾向的孩子通常会陷入强烈的消极情绪中无法自拔,甚至将父母拖下水。在游泳池里,一般刚学游泳的孩子只会在浅水区游,不会游到深的那边去。但消极思维的孩子通常一头栽进强烈情绪的深处,在里面挣扎。父母看见他挣扎,总会毫不犹豫地跳进去救他,但我们救援的动作反而让孩子更加相信,他强烈的情绪很严重、很危险,并且没有办法控制,一定要马上从中脱身。但其实这些情绪是生活中很自然的一部分,孩子必须从中学习和成长。说不定他们挣扎几下,试过几个招式之后,就浮起来了。父母的目的是要培养孩子的韧性,教孩子不要怕水,和他们的感觉一起沉浮。现在穿上你的游泳装备,我们要下水去了。

◆ 第一步：准备好成为孩子的情绪导师

● 我们对情绪的感觉：为什么父母一定要做好准备？

作为父母,我们在有意或者无意间把处理情绪的习惯传给了孩子。在我们开始之前,最好清楚地知道孩子从我们身上学到了什么。下面列出的几点可以帮助你看出孩子由你身上学到了哪些态度。

消极情绪如愤怒、悲伤或挫败感是：

"我们学习得来的。"

"很丢脸！一定不要让别人看到！"

"太难过了,应该要避免。"

"我们都不喜欢的经验。"

"一种自我沉溺。"

"我们也无能为力的事情。"

"让我们知道我们内在世界状况的信号。"

"暂时不舒服,但是生活中必然的一部分。"

我们都不希望让一位害怕数学的老师来教孩子数学,所以四处寻找最好的老师来教孩子。这位老师需要热爱数学,可以点出数学的奥秘之处，教孩子很厉害的解题技巧。同样的，我们要成为孩子的情绪导师，也需要对情绪有相应的了解。如果我们对于如何管理自己的情绪都没有把握，宁愿不谈，那么我们在帮助高度情绪化的孩子处理情绪时将处在弱势。很幸运的是，要成为情绪导师我们需要做的只是复习功课，熟悉策略，将学到的功课用在日常生活中一些微小但重要的关键时刻。

● 我们为什么害怕情绪：我们想要它们停下来

我的侄女艾莉森现在已经上大学了。当年她三岁的时候，她的弟弟艾萨克出生了。从医院开车回家的路上，小艾莉森坐在她的儿童安全座椅里面，大家在聊天，爸爸问她有了小弟弟是什么感觉。她停顿了一下，然后非常坦诚地说："感觉像呕吐。"是因为错觉，还是因为她想到弟弟会分享她的玩具和父母的爱？这都不重要，重要的是她感觉很糟糕。

我们害怕情绪，尤其是强烈的情绪，因为情绪很复杂且混乱，令人不舒服又不可捉摸，好像有什么是非常不对劲。孩子在遭遇强烈情绪时会像快生病的时候一样，会有种恐慌的感觉："我怎么了？快帮我把这种不舒服的感觉赶走！"这时父母就像救火队一样，尽一切努力好让孩子觉得舒服些。但这样的奔忙给孩子传达的是怎样的信号呢？"我身体内正在发生的事情很危险！"这时父母也许可以换个方式，同理孩子的感受，安慰他，让他知道他正在经历的感觉是正常的，是可以理解和处理的。

● **目标：不是要消除情绪，是要消除对情绪的恐惧**

当孩子的消极情绪来临，父母不要用"事情出错了，得让孩子赶快摆脱"的心态来面对，而是需要向孩子示范，如何安全地接受这些情绪，这样孩子会收到非常重要的信息：无论这些情绪多么难解，多么让人难过，它们都是来自于我自己的正常的情绪。情绪涌现并非敌人来攻，更像是一份办公室互通的备忘录，我们不要中途拦截或将传送出来的信息夺走，这样反而会让孩子错失学习如何处理自身需要的机会。比如，当一个孩子说"大家都讨厌我"时，其实他内心真正想说的可能是"我必须多开口说话，我才不会被人给忽略了。"或者孩子说："我痛恨我自己，每件事都糟透了。"而他内心的真实想法是："我要原谅自己，口头报告被我给搞砸了。"所以父母的任务是加强孩子内在的沟通系统，而不是去模糊孩子接收到的内在信息。

若想要孩子能够将一个巨大无比的问题转换成可以掌握在手中的大小，唯一的办法就是让他们倾听自己的想法和感觉。第一个任务是把情绪中神秘和恐惧的成分拿掉，用就事论事的方法和孩子一起处理情绪。就像处理一个跌倒所致的小伤口，父母镇静地告诉孩子："会好的。"一个好奇的小孩可能会问："要几天才会好？"但在第二十次跌出小伤口时，他就很熟悉处理的程序了，那就是去拿一个创可贴，贴上去，很快就不痛了。父母镇定地处理自己的小伤口也是很好的身教示范，孩子也会很容易接受父母的解释。父母以一种清晰、有说服力而且非常权威的方式进行信息传达，孩子就会明白应该期待的结果是什么。

同样的，我们会看到，我们的解释和示范能够帮助孩子安然渡过情绪的风浪："这是可以控制的，这是暂时的，这是正常的，我可以处理它，一切都会过去的。"一旦情绪的风暴过去，我们就可以开始和孩子谈谈刚才是什么让他们那么生气或伤心了。

● **孩子就像不同的车型：接受孩子天生气质和消极情绪**

孩子都有各自的天生气质，有些孩子将情绪写在脸上：他们心直口快，情感外露，并对此毫不隐藏。有些孩子的情绪则来去如烟，一下子就烟消云散了。我们都曾经在不同场合，如超市、生日聚会，甚至自己家里，看到不同气质类型的孩子。很重要的是，孩子的情绪风格并不是自己选择的，他们从来没有要选择当个很难缠或很好相处的孩子。他们天生如此，就像车子一出厂就有不同的设定一样。我们会接受一辆汽车预热慢、加速快、反应迅速或转弯平顺与否等特性，而不会因为这些把汽车送去修理厂或对车子生气。我们知道这是这辆汽车的特性，会调整我们的驾车行为去适应这些特性。如果我们用同样的态度面对孩子，就不会因为孩子天生的气质而责怪他，反之，我们会帮他尽其所能地了解与管理自己的情绪反应。

◆ 第二步：要学习的功课

在这一部分我们会讨论情绪系统的运作原则，了解后将会帮助你成为孩子情绪的向导，带领孩子看到他身在何处，他为什么在那里，还有最重要的是，如何由他所在的地方渡到情绪的彼岸。

● **情绪的真相：有起也有伏，再强烈的情绪都会过去**

人类的身体天生会对自己的神经系统所发出的信号非常敏感，因为我们有保护自己的本能反应。但过了一会儿后，当身体感官监测到一切正常，强烈的感觉信号将会减弱。你可以和孩子回忆一件他很生气的事情，他很可能已经忘记了那件事情，因为信号已经随着时间流逝减弱到很低的程度了。时间久了，他可能会对那件事有不同的感觉。下次他再情绪爆发时，你可以提醒他，再强的情绪都会过去。

● **情绪的另一真相：感觉总是先到**

"思考！思考！思考！"小熊维尼说。"有情绪的时候我无法思考。"九岁的奈特说。到底谁说了算？如果不能学会在情绪来临之前进行控制，即使是像奈特这样温柔、体贴、会关心他人的孩子，也会在情绪来的时候完全失控，然后在几分钟之后感到懊悔。小熊维尼采取了自上向下的方法，通过它的更高级的大脑功能来解决问题。奈特和我们其他人一样注定有时会在"尚不知道原因"的情况下对一些事情大惊小怪。大脑的构造就是让我们在了解事实真相之前先产生情绪。

神经生物学家约瑟夫·李窦（Joseph Le Doux）在他的著作《脑中有情》（The Emotional Brain）中解释：感觉的大脑比思考的大脑更早存在。遇到危急状况时，脑部第一个做出反应的是杏仁核，也就是控制"反抗或逃走"的区域,为了生存,它常在千分之一秒的时间里,对情况做出很迅速却不一定正确的评估。所以我们可能一下子暴怒,但几分钟后这个神经信息已经跨过五十级阶梯来到了领导层或者更高级的大脑功能处,整个情况看起来不再是生死存亡般紧急,愤怒的情绪也就不在了。如果父母可以把脑部在遇到紧急状况时是如何运作的,解释给较大的孩子或青少年听,他们能够领悟并会很感谢。因为他们将庆幸有强烈的情绪反应并不表示自己很奇怪,也会感谢你能够了解他们在情绪来了的时候无法控制自己的反应。

所以,如果父母就孩子的第一反应来处理,也跟着他们情绪升级,其实是把孩子从真正的问题上岔开了,情况将会更糟。与其如此,我们不如给孩子时间,让他们冷静下来,让更高层的思考大脑去想清楚,并辨认出问题的源头。

● 如何有效地渡过情绪起伏:监控与调节

前面所说的听起来好像是情绪主导了一切。但比较正确的说法是,刚开始是由情绪主导,但接下来我们可以做很多事去找到问题的源头。

监控:温度计与参考点,情绪有多强烈?你希望它是多强烈?

你和孩子的沟通中有一部分的重点在于,一步步引导孩子,让他度过自己的坏情绪。强烈的情绪通常占满了孩子的心,别人说什么他们是听不到的。为了帮助孩子的情绪慢慢降温,父母可以要孩子为他们正在经历的愤怒、悲伤或挫折在1~100里选个数字,也就是给他的情绪量个体温。这个练习最有用的地方是它包含了对事情可能改变的预期。如果没有用数字，孩子可能没办法在情绪退烧时指出很细微的变化。所以，你现在可以问他："你的情绪温度是多少啊？"过十分钟后再问他一次。好消息是他可以发现自己的情绪温度下降了。

另一个方法是用参考点。你可以问孩子："这个感觉有多大？小、中、大或超大？你想要让这感觉变多大？"通过这样的问话，让孩子看到他的感觉是会改变的，他不一定要停留在一种感觉中。对小一点儿的孩子，你可以画一个有不同表情的脸的表格，从中立表情到很不高兴的表情，让他指出他的情绪变化。

调节：是什么让强烈的感觉更强烈？又是什么让感觉变好？

如果孩子正淹没在情绪之中，还要听你唠叨的话，就如同在对他脑部的杏仁核说："我们受到攻击了，再送些兵来吧！"所以，孩子生气的时候，要先让他冷静下来，而不是要他跟你解释他为什么闹脾气。有时候就算风平浪静，你和孩子随意提到了某件事就把他惹怒了，因为他又回到了那个情境下，觉得安全系统再次受到了攻击。这时候你可以说："我知道你很生气，看来你越说越气，那我们别说了，去做别的事情吧！"这里所说的"别的事情"千万不要选择思考活动，因为那会让已经过度使用的大脑更加疲惫。深呼吸或者身体活动，甚至是随手抓起身边的袜子当球丢，都可以打破紧张的局面。在做任何事之前，安全与平静的环境很重要。

感觉之后：一直没有解决的问题。

我们在前面说过，情绪是信息。当孩子平静下来之后，我们就可以开始破解情绪的密码，解决真正的问题了。

我们都知道解决问题的基本步骤是：找出问题所在、提出解决方案、选择最佳方案并付诸行动。当我们自己遇到问题时，我们一直用这种模式来处理。但当孩子遇到问题时，我们通常不会用这种方式来处理，相反，我们会作战。孩子的情绪已经崩溃，哭着说："学校每个人都讨厌我。"我们的反应通常是努力让他相信他是被爱的，我们要他放弃他的想法，采取我们奉上的方案。我们拿定主意后去干涉孩子的想法，就如同带着"保持现状"的方案去解决问题一样，我们的思考弹性和孩子一样半斤八两，好不到哪儿去。相反，如果我们越能镇定自如地面对孩子的情绪给我们带来的不舒服感，我们就越不需要急着把孩子从情境中赶出来。如果孩子感受到你在赶他，那就像给火堆扇风一样，越扇烟越大，原本的问题就更加看不清了。

> 解决问题的步骤
>
> 第一步：找出问题所在
>
> 第二步：提出解决方案
>
> 第三步：选择最佳方案并付诸行动

那我们能做什么呢？莫纳·舒尔（Myrna Shure）博士，人称"解决问题的心理学家"，在她的著作《培养会思考的孩子》（Raising a Thinking Child）中倡导我们放下觉得"对"的答案（特别是我们的问题不见得和孩子是相同的），倾听孩子的故事。不要急着听故事的结尾，你可以走我说的"风景路线"，避开人潮，慢慢陪孩子走，注意所有的小细节，让自己身历其境。重点不是要改变故事的发展路线，而是在关键时刻提出重要问题，提供不同的观点，让孩子自己可以重写故事。

当孩子在强烈的情绪中无法自拔的时候，中立又轻柔地提出看待问题的不同方法，让孩子在原本没有门的房间里看到一扇门，让他打开门自己走出去。

1. 找出问题所在

与其假设你已经知道问题所在，不如问孩子：

- 发生什么事了？
- 现在什么让你最生气？
- 你什么时候开始觉得生气的？
- 你那时候希望会发生什么？
- 你的想法是不是放大了不好的部分？是怎么放大的？
- 你的想法是不是缩小了好的部分？是怎么缩小的？
- 有没有其他什么事情是你希望发生的？

2. 提出解决方案

一旦知道问题所在，就可以着手找出解决问题的方法。年纪小的孩子可能需要你的帮忙，你可以先起个头说一个想法，再换他说一个，如此来回几次。大一些的孩子也许因为想要有自己做主的感觉，会主动参与，但一般来说他们不会愿意独自一个人肩负全部的思考。你可以用下面的问题来引导他：

- 你可以想到另外一个方法解决这个问题吗?
- 还有其他更多的方法吗?
- 如果这个方法行不通,会怎么样?
- 还有什么可以做的吗?

3. 选出最好的方案,付诸行动

和孩子就选出的方案演练一次,让他自己发现用这个方案会有什么结果,不要给孩子你的意见。如果你觉得孩子可能对一个状况判断有误,你可以说:

- 那是有可能的,你觉得还有其他可能的结果吗?
- 你已经准备好要这样做了吗?
- 还要做什么才会觉得准备好了?
- 你想和我演练一次吗?
- 你想要把它写下来吗?

4. 建立一个"麻烦来了"的暗号

和孩子一起巩固整个学习过程,找出你们之间可以互通的暗号。比如,下次事情开始升温时,你可以说:"耳朵冒烟。"(意思是:你太当真,有烟开始从你耳朵里面冒出来了!)这个暗号可以提醒他降温。或是你可以说:"那不是你真的想要的"或"先不要管它了"之类的提醒。

记住,真正的目标不是以最快速度找到最佳解法,你需要教孩子的是,如何在日常生活中化挫折为友,并学会照顾好自己的情绪。其他的事,就交给时间吧,时间会解决这个问题。

◆第三步：掌握情绪调节的工具

根据经验我们知道，当情绪开始激化的时候，我们可以做些什么帮助情绪平静下来。这个部分我们会探讨一些帮助孩子照顾自己的情绪，将情绪视为自己重要的一部分，并与之和平共处的明确策略。

● 同理心：接受情绪

"我不应该这么想，我讨厌自己这样的感觉！"不论是什么情绪，恐惧、愤怒、悲伤或尴尬，内部自我批判的声音就像在伤口上撒盐。如果我们能同理孩子的感受，他们知道自己是被接受的，他们就会对自己说："我这么感觉很正常，我现在确实很生气，那就是我所感觉到的。"让他们少一个要对抗的方面，停止火上浇油，不让手上真正需要解决的问题因自我谴责而变得模糊。父母不要急着跳进去解决问题，而是要对他的情绪给予同理心。你可能会有点儿惊讶，但是只要你给了孩子这样的支持可能，他就能借此自己找到解决问题的办法。

在你跟孩子说"我很生气，因为厨房现在一团乱！"或"听说奶奶生病了，我很难过。"之类的话时，你正是在示范如何去表达情绪。孩子不仅会了解到对各种状况产生情绪是正常的，还能学到在不同的情况下会有不同的情绪反应，以及如何去表达这些情绪的方法。

孩子总是竖着耳朵听我们说话，尤其是我们有事不想让他们知道时。如果你的孩子听到你说："我讨厌办公室那个比尔，他是个混蛋！"他会学习这种表达方式。如果你说："今天（暂时性）真糟我很生气，因为比尔没有准时把报告给我（特定性）。我明天一定要好好和他谈谈（补救行动）。"孩子学到的又是另一种表达方式。父母在孩子面前要尽量控制自己的情绪反应，避免将未经处理的排山倒海的情绪发泄出来，因为这不仅会吓到孩子，还会让他们很困惑。像上面这个例子中柔和的情绪表达对孩子的学习是非常必要的。

● **让精神重振的停顿：培养孩子的正念**

眼看着我们的孩子在情绪中被肆虐，我们可能会希望他们能平静下来，只要一小会儿就好，也希望他们能不要在那一刻爆发或者崩溃。《纽约时报》最近有一篇文章报道了"正念练习"，这种练习已经被作为一种技能引入到课堂中帮助孩子在校内保持冷静、自控并改善专注力。由于在学校生活中能有机会"冷静"一下，孩子们不仅很喜欢这样的机会，而且他们会在真正需要的时候利用这种方法。文章中引用了一位十一岁孩子的话："眼看这场棒球比赛就要输了，我当时真想把球棒扔了。好在正念练习帮助了我。"

正念练习的目的在于转换自身观察当下情境的观点，在内心找到一个宁静的点。为什么要找到那个点？因为那是我们内在的定位点，永远都存在的虚拟家园。当情绪出现时，我们可以感受到内部的镇静，而不是毫无控制的空乏。找到能让自己静下来的那个点，进而重新设立底线是很重要的练习，尤其有助于对温度急速上升的情绪予以拦截。一般来说，一旦我们开发出按下"暂停"键的能力，我们就有了除反射性反应之外的更多选择。教育工作者发现，有规律地做正念练习有助于保持平静与专注，同时，对焦虑儿童的初步研究表明幼童确实可以将这些看似简单的时刻整合起来，借此改善他们的思维状态。我们在这里先介绍一个你可以和孩子做的练习，让他体会如何和情绪拉开距离来正确观察事情。

正念练习一般来说都是以观想为主，将注意力专注在一个地方，将呼吸缓下来，过滤掉让人分心的事。下面的观想练习可以特别用于帮助孩子在产生强烈情绪的时候。对孩子说出下面这些话，让他来想象场景。孩子最好可以闭上眼睛，如果不行，让他将注意力放在一个物品上（但不能看着你）。等这个过程结束后，让他在纸上画下风暴前、风暴中、风暴后的情形。

● 想象你此刻体会的情绪（如愤怒、悲伤、生气、担心）是一场很大的暴风雨。你可以想象这场暴风雨是什么颜色吗？云层密布的天空是什么颜色？天空中有鸟在飞吗？你看那些云在移动，但是天空是静止的。你要用什么风把那些云吹走？你可以想象用轻轻的风把云给吹走吗？云走得快还是慢？现在天空看起来怎么样？云吹走以后天空是什么颜色？

● 你可以想象把你现在的感受搬上大舞台或电影银幕吗？你可以说说你看到的感受吗？你靠近舞台或银幕看，现在你的感受看起来像什么？很大吗？它是什么颜色？现在想象你往后退，退到观众席去，没有在表演区了。如果你在剧院后方选一个座位坐下，你觉得怎样？你的感受缩小了吗？你和你的感觉分开了，你觉得怎么样？你可以选择要不要再靠上前去，或只是坐在后排看。

● 你现在的感觉是什么颜色？（通常生气是红色，悲伤是棕色或黑色，但没有标准答案。）说说看你的感觉。你可以想象你画出这些颜色的画面吗?你可以看到那颜色在一个方框里面吗?那方框是什么颜色?你想要一个很精美的框,还是一个很简单的框?你现在可以把框放大,让画面也放大吗?你现在的画像大象一样大吗?还是像一栋房子,一架飞机,或一个鞋盒?(通常先放大再缩小比较容易)现在你可以把画缩小到你想要的大小吗?可以像你的手掌一样小。画面缩小以后,你想改一下画里的颜色吗?什么颜色会看起来舒服一点儿?(通常是蓝色或绿色)你想要涂这个颜色吗?还是你想在画上加上神奇的光?

注意我们是如何只用观想,让情绪在脑中变大或变小的。

现在你已经掌握了观想的基本概念,可以邀请孩子说说他们想象的影像。有时孩子将情绪形容成爬一座山,而那座山可以在他脑海中变大变小。有时孩子形容情绪像海浪,渐渐变小。当你下次和孩子讨论你当天的经历时,可以用孩子提出的影像说:"我今天堵在路上很长时间,差点儿错过和医生的约诊时间。当我差点儿抓狂的时候,我想到你说看着风筝轻轻飘过你最喜欢的粉红色海滩,让你的心情变得很平静,我的心也跟着平静下来了。"借用孩子观想的影像不仅在孩子心中加强了观想的作用,也让孩子因为能帮到你而感到骄傲。

积极投入活动。刚刚我们讨论在孩子情绪发作的时候如何帮他镇静自己。但是在他重新梳理好情绪之后,要让他做的是着手行动。当孩子投入新的活动时,新的感觉和新的刺激会发生,他就不会再像跳针的唱盘一样一直卡在一个地方,重复同一句歌词。当开始往前进,他也会觉得好多了。愤怒和悲伤之所以难挨,不全是因为情势使然，生理因素也是有关系的，当体内充满了大量足以跑赢一头熊的肾上腺素时，孩子是静不下来的。所以，在孩子心情平静时，让他写下他喜欢做的事，列在表格里，下次再遇到这种需要转换状态的情况时，可以让他在表里选一件愿意做的事。

这个方法是玛丽·弗里斯塔德（Mary Fristad）和吉尔·戈尔德贝里·阿诺德（Jill Goldberg Arnold）在他们的《养育情感性障碍的孩子》一书中推荐的。他们强调，要鼓励孩子在各类活动中多动脑筋，就是为了提高灵活性。不要让孩子单独进行这项训练，整个家庭都可以从这项训练中受益颇多，你只需要选个晚饭后的时间，几分钟就可以轻松完成。每个家庭成员拿一张纸，纸上列出下表中的题目，不过要留出几个空白栏：说不定孩子会写上他自己的类别。把自己的答案拿出来和大家分享，作为集体大脑风暴活动。这个训练没有正确答案，只有对自己适合的答案。

表3-1 孩子喜欢做的事

体能运动	休息放松	社会活动	创意活动
散步	看书	打电话给朋友	写日记
骑自行车	深呼吸	和爸妈说话	画画
遛狗	听音乐	和兄弟姐妹玩	玩黏土
跳舞	洗澡	……	烤面包或饼干
去公园走走	玩玩具		……
荡秋千	吃点心		
玩投球	……		
……			

深呼吸。当一个人正在气头上时我们跟他说"放松点儿",往往会让他更生气。然而当一个人体内肾上腺素激增、处于比较激动的状态时,与此截然相反的反应处理,比如放松身心,可以让系统进行重新调整并重置到基准线。所以,与其在孩子生气的时候劝他"放轻松",不如跟他一起做深呼吸,慢慢地吸到肚子里再全部呼出来。小一点儿的孩子可以想象把他最喜爱的气球吹起来,或把生日蛋糕上的蜡烛全部吹灭。大一点儿的孩子可以想象将他的一呼一吸调整到海浪进退的节奏。如果孩子不愿意和你一起深呼气,那你就自己开始深呼气,孩子也许可以从你那里借一点儿镇静来安抚自己。

转移注意力、幽默、惊喜。有时候孩子迷失在他们的情绪里出不来,特别是在他们刚刚大吵大闹过之后,他们会觉得冷静下来就是认输(当然,你从来都不是他们的敌人,也不必钻牛角尖)。这种时候可能就需要来点儿幽默,好给他们一个台阶下。如果你的孩子需要你帮助他从强烈的情绪中静下来,时机正好的时候夸张地打个喷嚏(真的打喷嚏也行),能意外吸引孩子的注意力并打破紧张的气氛,简直就是从天而降的改变心情、扭转局势的救星。

这种简单的转移注意力的方法,对年幼的孩子最有用,因为他们的情绪比较容易转变。滑稽的抗议也能让他们破涕为笑,假装哀求他们:"拜托拜托,请不要生气了!我们需要你。我们的斑马宝贝因为你在生气都变得不会唱歌了,你听,唱得多难听啊!"对于年纪稍大一些的孩子,使用这一招的时候要注意合适的时机,语气声调也要适当,以免孩子觉得你过于浮夸的表现是对他的嘲弄。和幽默不同的是掺入同理心的嬉笑怒骂,无厘头式的搞笑有时能让青少年有共鸣，他们可能反而会觉得愉快起来。当你用夸张的语气说："我猜现在上演的戏码是'青春期真讨厌'，或者'现在是在挑战糟糕程度的吉尼斯世界纪录吗？'"孩子可能会因为你搞笑的语调而感到惊讶，也很欣慰你了解他的处境。如果你可以说中他们内心正在经历的感觉，他们就不用在情绪很糟的状态下，还要解释自己在想什么或感觉什么。

关于"发泄"这件事的忠告。几十年来，一般认为发泄情绪如捶打枕头或充气玩具，是管理情绪的一种健康方式。许多的书，包括我自己以前的著作，都鼓吹过这种做法。但近几年的研究发现，结果并非如此，那些发泄的行为增加了身体中肾上腺素的分泌。当孩子生气或受到威胁时，身体已经充满了肾上腺素，再让他们去疯狂地发泄，无异于火上浇油。与其让孩子无所拘束地发泄，采用改良或引导式的发泄会更有建设性的帮助。比如，让孩子用语言去反击那些引起他们生气的事情，你可以引导式地问孩子："坏蛋先生就在这儿，他让你这么生气，你有什么话对他说？"

寻找诱因。孩子如果高度情绪化，家长可以找找看引起孩子情绪的原因有哪些，事先做一些预防。比如，孩子从学校回来心情很糟，但你发现他在吃了点心后心情就变好了。如果同样的情形日复一日地重复发生，父母与其担心孩子在学校的情形，不如快快去准备一些健康的点心，或者更理想的是，给他准备一份点心，让他在放学回家的路上吃。同样的，如果孩子每次和你去超市购物都会发脾气（这次的原因不是肚子饿），也许是因为超市的各种刺激太多，那你就有必要将去超市购物的频率降到最低。如果是刺激不足，那就让孩子为"无聊时间"列出一张活动清单贴在冰箱上，或让他在车上准备一个玩具袋，让他可以度过等待大人忙碌的无聊时间。

常见诱因：

- 饥饿
- 疲倦
- 饮食不均衡
- 刺激过度：太多声音、活动或太多选择
- 刺激不足/无聊：从事活动的种类不足
- 太多闲散的时间（看电视、上网、玩电子游戏）
- 压力：自由活动的时间不足
- 太多令人惊讶、非预期的事情发生

注意观察孩子近几周或近几次情绪崩溃的情形，看是否能从中找出一些规律。比如，孩子好像常在星期三闹情绪，而星期二晚上有空手道的课，那引发情绪崩溃的原因可能就是身体的疲惫。解决的办法不是停止上空手道的课，而是不要在周三再给孩子额外的工作，并且要确保他在周三能提早上床睡觉。你可以和孩子说："我想因为昨晚有空手道的课程，你的身体现在很累，所以你觉得今天的数学作业比较难，是吗？"你也可以用搜集、记录的资料和孩子一起检视，主要做两件事：(1)让孩子自己试试看，能不能从中看出一些让他情绪爆发的规律；(2)拉长时间和距离再来看那些事情，除了发脾气之外，他能不能想出不同的方法来应对？需要注意的是，当你因为孩子发脾气而感到生气的时候，可不适合来做这件事。因为孩子很容易察觉出你的情绪，如果你让他觉得你是打算让他再为了这些事情而感到难过的话，他会把事情搞得更糟。

表3-2 孩子情绪崩溃的观察记录

日期时间	情况描述	孩子的反应行为	可能的诱因
星期六早上10点	在餐厅排长队等吃早餐	哭闹	肚子饿了？等太久才吃东西？
星期一下午4点	放学后去办事	在车里发脾气	放学后太饿太累？跑了很多地方，等太久？

◆第四步：应对情绪风暴

●如何在情绪最激化的时刻缓和降温

基本上，当孩子陷入消极思维的漩涡时，他正在遭受挑剔、欺负。这个挑剔他、欺负他的人不是别人，而是他自己的思考、控诉、错误观点与解释。如果你也在这个节骨眼上和孩子争论，他的崩溃指数会成倍增加，而你也会感受到他的冲天怒火。只要孩子的安全不会受到影响，你可以暂停讨论、离开、闭上眼睛几秒钟，让孩子静下来，但不用阻断他情绪的抒发。阻断情绪反而会增强它的力道，要让情绪能从源头上得以纾解。

和孩子说什么？

- 我想帮你，我们一起来解决这个问题（确保孩子知道你没有要怪他的意思）。

- 我们需要慢下来，和我一起来做深呼吸。

- 你能自己做主，你可以掌控你自己。
- 这暴风雨一会儿就会过去。
- 你可以决定这场暴风雨有多大。
- 我们静一静，让暴风雨的范围缩小一些。

做些什么？

- 离开几分钟。
- 深呼吸三次，让气息缓慢平均地由鼻子吸进，然后由嘴呼出。
- 从1数到10（数到5也可以）。
- 暂停一下，给自己一点儿时间考虑有什么选择，不要随着第一反应走。
- 记得所有正在发生的事都是短暂的，风暴可能在几分钟后就结束。
- 一定要让孩子知道你想帮他。试着跟孩子一起解决问题而不是责怪孩子："我知道你不喜欢现在的情况，我也是。我们一起解决，我想帮你。"
- 用平静、缓慢的话让情况缓和下来，说出当下发生的事就好："你真的很沮丧，你真的很辛苦，你也不想要事情像现在这样。"
- 将关注重点集中在当前的目标上：重建身心两方面的安全感。待你们两个人都能有清晰的思路之后再开始寻找造成眼下这个状况的原因。
- 如果你自己也很生气，跟孩子说话不要冲他大吼大叫。跟孩子说你已经快要失控大喊出来了，让孩子警觉接下来会发生什么。这种做法能帮你缓解压力，避免真的失控。如果你没办法和他一起解决问题，就跟孩子说你要先离开几分钟，等你能安静下来的时候再来和他说话。

不该做的事：

• 不要急着考虑如何解决问题或怎样处罚孩子。

• 不要在孩子恼怒或者生气的时候试图纠正、批评或威胁孩子。你会火上浇油。

• 不要在孩子盛怒的时候和他讲道理。

• 不要慌张，记住所有的事都会过去。

• 不要着急。你心跳加速是因为你在生气，不是因为真的有什么紧急情况需要你很快采取行动。谨慎行事会产生更多积极、长期的效应。

暴风雨之后。许多父母跟我说，在孩子的情绪暴风雨过后他们觉得松了一口气，既然孩子情绪恢复了，他们也不想再回头去讨论那件事。可是，就算事情刚刚过去一天，父母回到事发现场收拾残局，往往会学到很重要的事。重点是修复关系，而不是用慢动作将令人痛苦或尴尬的事再重播一次。这种危机后的重新讨论将运用孩子的能力，将先前的混乱转变成孩子可以掌握的经验。

孩子可能因为生气而踢了弟弟一脚，你可以用不带评判的口吻问他："你觉得发生了什么事？"不要问他："你为什么生气？"如果他的大脑能清楚地知道自己为什么踢人，他可能就不会这么做了。在你说出他哪里做错之前，给他机会自己说出自己哪里做错了，让他有一个"将功赎罪"的机会。然后顺着他的话说："对，我们不应该踢人。我们很生气时，除了踢人还可以做什么呢？"

对于青少年，我们可以说："对，我们不可以这样大发雷霆。如果每个人都这样，世界永远不会和平。你能想出其他方法吗？"给孩子道歉的机会，但是不要强迫他。强迫来的道歉比不道歉更糟。强迫孩子道歉不仅不能让你觉得自己是正确的或者让你感到安慰，还会让孩子感到羞辱，因为他被迫说了不是自己真心所想的话。道歉就像美酒，不能被赶制出来，需要时间沉淀和酝酿，倘若时间正好，它的味道就会非常香醇。

同时，你可以告诉孩子你是怎么想的，用这种方式暗示他向那个方向前进："那真是让我伤心透了。"让他知道你的感受，或者说："发这场脾气用掉了我好多的时间，你可以想个办法补救吗？"无论如何，不要急着找个惩处办法，重点在修补上。教养孩子的原则是教出有良好行为的好公民，不是直接宣判孩子是坏公民，我们不想看到孩子不受欢迎的行为，而强调不受欢迎的举止会起到反作用。如果有人损坏了东西，最好的处理方式是去修复它。即使是上幼儿园的孩子，父母也可以要他想个修补的办法。你不一定非得采纳他的建议，但这样做训练了他大脑中的"责任"神经元，孩子会变得越来越坚强，会为事情负责任。

● **当危机变成危险**

本章中所提供的指导重点在于降低家中出现危机的概率。如果年纪小的孩子无法控制自己的身体，那么采取一些静态的抑制，如紧紧将他抱住或用毯子将他裹起来，可以让他静下来，并重新获得安全感。如果大一些的孩子因为情绪失调、对立反抗性障碍（ODD）、注意力缺失过动（ADHD）而有肢体暴力倾向，就有必要和孩子的精神健康医生一起提前设计一个具体的安全感计划，这样在危机时刻就不必因为要考虑该怎么办而承受额外的压力了。

◆ **本章结语**

关于孩子的情绪处理，我们最重要的不是试着让孩子避开这些情绪，而是让它们成为安全、可认知甚至是有用的经历，以此帮助他渡过难关。回顾一下你在这章中学到了什么，在下表中选择一个策略练习一个星期，如多倾听少救援、和孩子一起练习深呼气、练习专注力、观想自己的情绪是天空而不是暴风雨。长期下来，这些练习会产生广泛的涟漪效应，透过你的示范，家人会看到情绪智商跳出书页之外活生生的样子。

表3-3 救援策略和弹性力养成策略的差异

救援策略	弹性力养成策略
告诉孩子他该有什么感觉： 不要这么想，你没事的。	同理孩子的感觉： 现在这感觉真糟，没关系，一开始都会这样。
压缩孩子的感觉： 没有那么糟，你会没事的。	一般化孩子的感觉： 在那种情况下换作谁都会生气的。

让感觉模糊化： 你不糟糕，你很棒。不要那样说你自己！	让感觉明确化： 你现在觉得自己很糟糕。现在你好像做什么都不对。有时候就是这样的，我有时也会有这种感觉。
强调事情的严重性： 你太生气了，如果你这么生气的话，我们没办法谈话。	将事情变成是可处理的： 你觉得事情有多严重？你想要它变多严重？等你准备好了我们再一起处理。
帮孩子解决问题： 我来处理这件事。我可以帮你写报告。我会打电话给学校。如果她这么说的话，你就不必和她做朋友了。	邀请孩子来解决问题： 你现在可以谈这个问题了吗？可以告诉我发生什么事情了吗？能不能换个角度看它？我们想想看要处理它的话，你有哪些选择？
驱动孩子向前： 来吧，我们去做点儿别的。你不能坐在这里一整天都去想这件事。	给孩子往前移动与否的选择： 我知道现在你感觉很难过，不过这种感觉过一会就会慢慢消失。如果我们能去忙点儿什么的话，它就消失得更快了。
阻断孩子的情绪： 够了！你不要再生气了！	鼓励孩子情绪转移： 如果我们一直在这情绪中，事情将更难解决。如果你现在没在生气，你会想做什么事呢？可以试试看吗？或者，需要先做什么你才会觉得可以走下一步？

第四章
让光芒照耀孩子的特殊才能
发现并运用孩子的长处

每个人都有勇气,但被自己背叛了,因为他在自身寻找别人的勇气。

——拉尔夫·沃尔多·爱默生(Ralph Waldo Emerson)

如果弹性力是由挫折中弹跳起来,那么能力就是那助跳的跳板。谈到能力,有消极思维倾向的孩子常感到自己一无是处。如果他们天生的特殊能力是找出事情消极的一面,那他们怎能看出自己的长处并引以为傲呢?从神经学的观点来看,这些孩子天生不擅长发现事物好的一面,但并不表示他们在自身能力上有任何欠缺。事实上,如果要他们来做自我批评、挑剔的测试,他们可是很厉害的。由于他们过多地注意到事物的缺失,所以对事物的美好缺乏识别力。简单地说,孩子的能力一直都在那里,只是在消极情绪的强力影响下,那些能力不能得以发展。要让孩子学着客观正确地看待自己的长处,要做的是不轻视、不低估、不忽视自己的长处,如实地看待自身的能力。

第二个让孩子看不到他们自身长处的障碍是,他们对能力是否发挥作用的错误观念。我们常听孩子说:"我不聪明,你看我要这么用功地学习。"孩子常常觉得那些通过努力而获得的成就都不算什么,误以为真正的成就是一蹴而就的。他们只看到显而易见的成果,如成绩、奖杯、奖牌,但却忽视了成果背后的努力,忘记了即使是一个很聪明的人还是需要努力,而且"努力"本身就充满了各种能力。在《心态致胜》(Mindset: The New Psychology of Success)一书中,作者卡罗尔·德韦克(Carol Dweck)提到有"固定心态"的孩子认为聪明才智和能力是与生俱来的有限资产,而具有"成长心态"的孩子则认为能力是随着阅历的丰富而增加的。对于具有成长心态的孩子来说,努力、失败和犯错并不表示他们能力有限,而是他们成长的养分,由此增加和扩充他们的经验和知识。

不幸的是,有的孩子认为了解和展示自己的特长从某种程度上来讲就是在自吹自擂、自高自大,或者被他们视为是奇怪的事情,这是让孩子看不到自己长处的第三个障碍。在这部很受青少年初期孩子欢迎的电影《街头美少女》(Bratz: The Movie)中,有段对话清楚地说明了孩子对自己长处的态度:

杰斯敏:时尚就像是你的超能力一样,你不应该把它隐藏起来。

杰德:拜托,你看看书上是怎么定义超能力的,它是一种你生命中令你称奇的东西,但是你得藏起来不让别人发现,这样别人才觉得你是正常的。

这种对能力的错误看待，让孩子们对于他们应该怎么做而感到困惑，尤其是青少年，他们在同伴中相互提醒："不要爱表现，那很奇怪。"但同时他们周围的成年人又总是强调这些特长在他们考大学时有多重要。

我们在帮助孩子辨认出自己的特长时，要很清楚地让他们知道："炫耀"特长是为了将别人的风采压下去，而"运用"特长才是为生命增添意义。

◆积极心理学：重点关注对孩子有效的方法

积极心理学是精神健康领域最先进的发展。心理学在这当中扮演的角色除了矫正心理问题之外，也负责找出一个人身上的优点。这个大前提对于有消极思维倾向的孩子来说再重要不过了。消极思维的孩子好像戴着变形的眼镜，造成他们看事情时倾向于放大过错，曲解自我形象。我们在帮助孩子消除曲解时，帮他们识别自己的特长也非常重要，这样可以平衡他们对自己消极看待的情况。当孩子结束了午餐、家庭作业和家务等一系列活动之后，他们情绪平稳、精神放松，这时候家长可以开心地和孩子谈谈他们的独特之处，但是想要在日常生活中赞赏他们的这些优点可能是个挑战。方便性和实际性是生活的最大原则，当我们时刻都在寻求以最快的解决方法来处理每件事时，我们就没有时间注意到孩子做事的方法与我们预期的有何不同，更别说欣赏他了。

但是当我们帮孩子找出自己的长处后，这些长处就会永远跟着他们。当遇到困难的时候,他们会知道自己手中也掌握了充足的资源,也就比较容易过关。他们可以成功运用每一天来创造令人满意的人生,和世界分享他们的天赋才能。

【策略一】建立并扩充描述特长的词汇库

传说爱斯基摩人有一百多个词汇来描述雪,而事实上,平时用到的大概七个左右。在描述孩子的能力时,我们可能会发现我们需要扩大、改善自己的词汇量,因为我们总是只想到一个词:聪明。我们可能会注意到,在日常对话中我们口中的"能力"常常等同于"智慧":"你拼写得了优,你好聪明!""你用积木搭了好高的一座塔,你好聪明!"所有事情都归于聪明。

谁会从我们扩充的描述特长的词汇库中受益?多样性能壮大一种文化,所以我们所有人都会受益。一个全优生取得的成绩大家都会赞赏,但他在维持自己全优身份的同时也会感到很大的压力,如果一次考试没有拿到全 A,他会觉得自己好学生的身份就全毁了。所以,我们要帮助孩子识别他在其他方面的天赋,扩大他的安全感和满足感。如果孩子的特长并不符合我们文化中最流行的价值观,那就需要用综合的眼光去看待孩子,这样才能打开他们识别特长的大门。

罗伯特·布鲁克斯(Robert Brooks)和萨姆·戈德斯坦(Sam Goldstein)在《培养适应性强的孩子》(Nursing Resilience in Our Children)一书中写道:"每一位学生都至少有一项可以在学校突显或展现的特长。"当我们用宽广的眼光来欣赏孩子,才能看到更多孩子的长处。对孩子而言,一定要有人欣赏,他才会相信自己的能力并感到满足。

如果我们的关注点仅限于某些领域的能力，其中一个后果就是让有其他才能的孩子不能得到认可，另外一个后果就是我们可能会错过一些人格品质，比如心灵手巧、创造力、忠诚、坚韧等，这些是将伴随孩子一生的品质，却都不会出现在孩子的成绩单上。戈德斯坦和布鲁克斯建议父母不妨问问自己："孩子有哪些特质让他们觉得最欣悦？"依此找出孩子的才能。

要认识孩子身上这些很重要但又不容易被确定的品质，还有一个办法就是填写马丁·塞利格曼和他的同事克里斯托弗·彼得森（Christopher Peterson）开发的调查表。这份调查表经过详尽的研究，由广至宗教与哲学的文献中搜集出人格特质，如好奇、坚韧、勇敢、真诚、善良、慷慨和自制。适用于青少年的调查表可以在 www.viastrengths.org 上找到。你可以和孩子特别腾出一个四十五分钟的时间，一起完成问卷。你会发现孩子最有特点的品质，以及是什么成就了现在的他。

无论你是通过问卷，还是在自己的观察中发现了孩子的特质，请将你的发现和孩子分享，看他是否同意。帮他选出两项他最强的能力，写在纸上、放在桌子上、冰箱上或做成海报贴在卧室，这样他每天清晨醒来一睁开眼就能看到自己的长处。接下来的几个星期，你可以鼓励他注意自己是怎样运用这些特长的。全家人都可以积极参与，各自制作一张个人特质表，你可能会发现甚至在晚餐期间或者开车出门聊天时，你们也会谈到每个人的长处。

有一位叫塞西莉亚的十四岁女孩因为转学到一所新的中学而且

考试成绩下滑，所以情绪低落。她沮丧地告诉我："我没什么才华，既然我没有任何长处，那我去学校还有什么意义呢？"实际上塞西莉亚在学校有很多长处，而且能和她竞争的只有两位同学。同时，她还有很多成绩单上显示不出来的其他特长：善于表达、敏感、忠诚、有创造性、独立，与她见面之后的短短几分钟，这些特点就跃然而出。我们一起完成了性格优势量表（VIA），她热爱学习、洞察力强、勇敢而且细心体贴等，在了解到自己有这么多长处之后她很兴奋，脸上闪耀着光芒，"我以前从没意识到我会有这么多不能在学校考试里体现出来的长处"。第二个星期，她告诉我，她有个朋友在压力非常大的时候向她寻求帮助，她很惊讶，朋友竟然非常了解她有较强的洞察力且细心体贴，而这个时候她也已经能够识别自己的这些长处了。我帮助塞西莉亚找出她身上各方面的长处后，她变得更加了解自己，同时这个做法也帮助整理了她看待这个世界时所使用的模式。她不再只是简单地把她所观察到的片段组织起来、把出了问题的那些点联系起来，她开始越来越多地识别出构成她生活的那些积极的、独特的能力。

【策略二】找到幕后的能力——你做的事情和你做事的方式

我们可以回顾一下孩子的成就（做的事），看他们是如何办到的（做事的方式），从中找到他们不易被看见的特质。举例来说，孩子的小号演奏得很好，是因为他的听觉敏锐还是因为他把事情排序、时间安排得当来练习？在他遇到不熟悉的段落时，是否坚持练习到熟练？他是否勇敢寻求帮助了？他是否能够欣赏音乐的美妙？他是否允许自己随着音乐的流淌放松身心,而不是担心自己的演奏是否完美?演奏成功是一回事,但由练习衍生出孩子人格中恒久的特质又是另一回事。这些特质对孩子不应该是秘密,而比较像使用手册中的技术参数,应该清楚明白地列出来。就算孩子自己还没找到适当的位置或时机来发挥他的特长,只要父母能够看到他的特长,等到那个时机出现的时候,你和孩子就能够把握得住。

这个原理在其他情况下也适用,不限于表演方面。如果孩子和朋友闹别扭了,没过多久又好了,父母就可以和孩子一起回想一下这件事情,可以问孩子:"你们是怎么和好的?发生了什么事?"当好的结果出现时,我们要让孩子知道为什么会有这样的结果,我们要让孩子看到,他为了解决困难而走过的每一步,这样他才能正视自己的努力,在下一次遇到类似情况时他才能重复这些步骤,知道自己有能力改变人生发展的方向。

【策略三】全家总动员——发现家庭队的特长

在所有的团队组织中,每位成员都各自有对团队的责任。但我们每天和自己的家人一起吃饭、一起用餐、一起休息,对整个家庭是如何运作的却感觉有点儿像个谜。要找出孩子的特长并加以发挥,有一个方法是:让一家人想象家庭如同一家企业,每个人都负责不同的部门。当每个家庭成员都参与到这个训练中来并交流自己的意见时,会出现非常有趣的对话和发现,有时甚至会发生在餐桌上。大家都在关注每个人最擅长的事情,此时你可能会发现有一个孩子是"搞笑部门"的头儿,因为他常讲老掉牙的笑话,而另外一个则

第四章
让光芒照耀孩子的特殊才能:发现并运用孩子的长处

是"爱心部门"的老大,因为她会关心所有人,而且从来不批评自己的朋友。那个知道怎样修理电脑和设置DVD影碟机的人,可以来掌管"信息技术部",组织部部长的名衔可能应该给那个不会落下文件而且能充当家庭日程表的人,因为他可以帮家人记住他们的重要约定。根据每位成员对家庭的贡献,做出分工表,各自选择喜欢的头衔,做成海报贴在冰箱上,写上"欢迎来到史密斯家……"然后在日常生活中用轻松的口吻指出大家的长处,比如"我们需要技术顾问的建议",通过行动来加强孩子个性中积极的部分。每隔一阵子进行一次家庭工作回顾,看孩子的哪些特长有改变,哪些还是持续明显,制作新的分工表。把旧的分工表放入相册中,当作家庭成长的记录。

另一项活动是让每个成员都在卡片上写下自己最欣赏的其他家人的品质。用一张卡片来写一个人,然后把所有的卡片混在一起,随便抽出一张来读,看谁能猜出卡片上描述的是谁。游戏结束后,每个人可以拿走描述自己的卡片,保存起来以供日后参考。即使兄弟姐妹们经常会发生争吵,但在彼此描述欣赏对方之处时会非常感动。

【策略四】从暂时的困难中找到持续的长处

如果你的孩子常年驻扎在消极之地,经常因为自己而感到郁闷,而你为了能让他感觉好一点,也觉得好像情感上一整天都在危险地带中越野,这会是什么样?这时还让你找出孩子的特质、优点,你可能会觉得:"开什么玩笑!我们俩能熬过今天我就已经很高兴了!"花点儿时间将你眼中孩子的真实本性和他的消极思维方式引发的困难和挑战分开来看。

　　拿出一张纸，在一面写下十件你最欣赏的孩子身上发生的事情。想想看那些让你骄傲的时刻，再想想是孩子的什么品质促成了这些时刻的发生。翻翻家里的相片簿，看看孩子不同阶段的相片。其中你最享受的是什么？孩子的朋友、家人、老师或者教练对他的评价如何？大家会被他的什么特质所吸引？在纸的另外一面写下孩子遇到的困难或者他身上出现的症状。在这项练习中，你可以透过孩子遇到的挑战来观察，把它们看成是孩子持久特质中泛起的短暂的涟漪，而不是永远的存在。把孩子的优点和品质记在心里，下次孩子陷入消极漩涡的时候，你就能在心里平静地看待他遇到的困难和挑战以及他的优点和品质了，你这么做也是在为孩子未来能够平静地看待"短暂的困难"和"持续的长处"而铺路。

　　你可以通过以下建议鼓励孩子制作一份自己的特长表：

●让年幼的孩子利用"各种各样的我"的照片做一幅拼贴画：他喜欢做的事和他擅长做的事。在你和孩子讨论这些事的时候，找找每件事情和孩子的各方面特质之间的联系。比如，如果孩子说："我喜欢动物。"在他告诉你他喜欢动物什么之后，你可以说："我发现你对动物很敏感，你很善良，而且你希望它们都能有主人领养。动物也喜欢你，因为你对它们很温柔。"

●对于年纪稍长的孩子来说，你可以让他回想一下他感到最幸福或者最骄傲的两三种情况："你想起了什么样的画面？""你会为这个画面加上什么样的说明？""你对自己有什么样的看法？"如果孩子说"那次野营时的独木舟之旅"之类的话，帮助他回顾一下是什么让那段时光变得不同？"我当时有点儿害怕，但是我做到了，我真的很骄傲。"这时你可以说："那是需要勇气的。"如果他说："我喜欢我们大家集体合作的方式。"那么你可以说："与他人交流、合作，这是你的优点之一。"你还可以问孩子："你想要怎么记住它呢？"你可以建议他把那时的照片贴在床头柜上，或者写上台词把它贴在他的房间里。

- 让孩子回想欣赏他的一位老师："老师给你的评语是什么？你为什么喜欢那个班？这说明你怎么样呢？"把总结出的词写下来。
- 问问孩子："你的朋友说他们最欣赏你什么地方呢？"

你可以就此打住。当孩子遇到的困难削弱了他的优点，导致他情绪比较激动时，可以让孩子重复上面的"正反面联系"。让他在纸的一面写下自己的特长，在另外一面写下他面临的困难，让他指出哪些是"暂时的"，哪些是"持久的"。

有时候要区分孩子是不是陷入困境中不太容易，因为父母和孩子的个性不同，长处特质也不同，看待的结果也不一样。比如身为母亲的玛丽安，本身性格活泼、擅长交际，而她的孩子娜塔莉却说话轻声细语、内向，并且有一定的社交恐惧和抑郁症。从一定程度上来说，玛丽安比她的女儿遇到的困难更大：娜塔莉知道，虽然她想在小伙伴身边让自己感觉更舒服一点儿，而她也确实在一点一点地进步，但是她自己一个人待着的时候也觉得非常舒服，而且她也需要独处的时间。这些安静下来的时间对她来说是神圣的，她会花上几个小时练习拉小提琴，会沉迷在音乐里，这是她生活中非常重要的一部分。而对于母亲玛丽安来说，娜塔莉安静下来的时间却是一种症状，是因为情绪过于抑郁而无法进行社交的一种信号。娜塔莉的妈妈越是因为娜塔莉和她的伙伴相处时间不够多而苦恼、觉得娜塔莉一定非常寂寞，娜塔莉就越是沮丧——妈妈不理解她。这些不全是抑郁在作怪！在我们把问题谈开的时候，我们发现被妈妈视为问题的一些行为实际上是娜塔莉的优点：她很会为自己安排时间、她对独处很满意、她对音乐很投入。然而这些并不在玛丽安的列表里面，她认为娜塔莉有那么多的独处时间是因为某些东西缺席了。但事实上，这应该是一些能让玛丽安感到骄傲的、重要的特质。

【策略五】在困境中找到孩子的优点

有焦虑情绪的孩子怀疑自己的勇气。他们什么都怕，常常自问："我怎么可能勇敢得起来呢？"我给他们的答案是：胆量不是来自安逸的生活，胆量来自克服自己的恐惧。有消极思维倾向的孩子的父母，可能也会怀疑自己的孩子是否有优点，因为他们也一样感到孩子有太多弱点：他们可能哭得更多、更容易生气、更容易受到事情的影响。这些孩子怎样才能感到自豪呢？我在第二章中已经讨论过，孩子容易将消极思维全面植入到他们对自己的整体感觉中来，并不是因为他这个人有问题。相反，这只是一种思维习惯，而最重要的是，这个习惯是可以改变的。优点往往是在困境中体现出来的，不论是在真正的创伤性事件中，还是在头脑中制造并放大扭曲的问题中，这是很重要的，不论孩子还是家长都要明白这一点。能够努力克服消极思维的孩子都是勇敢的、坚强的，他们在完成一项重要的神经系统政变，在为他们的健康、美满和幸福带来无限可能。

【策略六】注意你的心态

　　我是家里唯一的孩子，我的父母会对一切进行权衡、估量然后标价；对他们来说，无法权衡、估量和标价的东西是不存在的。

　　　　　　　　　　——查尔斯·狄更斯（Charles Dickens）《小杜丽》

　　我们都不想成为那样的父母。我们也都不希望我们的孩子像《小杜丽》中的这个角色一样感到自己被人权衡和估量。有时候父母会抱怨，年纪较大一些的孩子会把父母当作取款机，但父母又何尝不是把孩子当成了分数制造器来看待呢？如果我们仔细听自己和孩子的对话，我们可能会听到像荒诞的说唱歌曲一样："你都学了些什么？你到底学了些什么？为什么才拿到 B ？为什么不是 A ？"虽然用分数和排名来记录成绩的教育体制让人感到无奈，但我们还是希望自己的孩子能在生活中得到长久的幸福感和充实感。如果只关注孩子的成绩，我们一定会错失发现孩子独特专长的机会。我们应该关注什么才是"正确"的呢？正如我们之前所看到的，心理学家卡罗尔·德韦克用两个字回答了这个问题：努力。关注孩子所做出的努力，也就是他们为课业所付出的心力，而不是分数。德韦克认为，将分数作为孩子的价值单位不仅让我们忽视了孩子身上的其他优点，同时也会让孩子觉得除非他们的表现达到一定的标准，否者就是无能。为了避免显得无能，孩子会在感觉到有失败的风险的时候，宁愿不做任何努力。

回想一下前面的内容，德韦克提到了两种心态：一种是固定心态，觉得所有的能力是与生俱来的不会改变的；另一种是成长心态，觉得能力会随着努力和经验的增加而增长。孩子如果用固定心态来面对世界，他所感受到的压力会大到不可估量，他在前进的时候，就会有一种赌徒的心态，每走一步都把自己的所有当作筹码放在桌子上，他要小心评估风险，不能有闪失，认为失败了就是彻底的失败了，而不是另一个学习的机会。

有消极思维倾向的孩子会在"赌局"中赌上自己的全部，包括他的智慧、名誉和自我。他们经不起那么大的损失，所以总是想要退出或躲起来不被看到。更有甚者，他们误解聪明就是毫不费力地做成一件事，如果他们很努力去做一件事，就表明他们不聪明。相反的，成长心态能帮孩子轻松辨认出自己能力的强项，包括一些尚未完全成熟的能力。

我们并不想在不经意间迫使孩子（在他们自己和其他人面前）隐藏真正的自己，因为这和我们所了解的他们、我们所理解的成功以及我们所期待的他们的未来并不相称。如果孩子不得不假装成另外的样子、轻视自己的兴趣和才华，而且在他明明是热爱科学的时候还假装自己喜欢的是商业，那么他不仅会和自己产生距离，也无法从你的智慧和引导中受益，因为他不得不秘密地进行自己的计划。

心态的"可"与"不可"

● 不要强调孩子的"潜力"。这会让孩子倍感压力，因为他们目前的成就没有得到重视，而他们觉得自己的价值是有条件的，直到有一天他们能实现一些被期待的功能、成绩或者努力时他们的价值才能保留。

- 不要只注重结果,比如分数或者整体特征:"你得了优,你好聪明。"这样的做法在不经意间发出的信息是当孩子得了良的时候,他就不聪明了。如果告诉年幼的孩子:"你能读出那个单词,你好聪明。"他可能会害怕尝试其他单词,因为如果他读其他单词时遇到了困难,就证明他不聪明。

- 要注重过程:"你真的很用功""你很努力""你把那些信息很好地组织了起来""你在那篇论文中发挥了你的创造性""你真的抓住了那次机会,那次演讲让你能接受的东西多了起来"。如果孩子年幼,就重点关注他所作出的努力:"你真的在努力练习发音技巧""你真的打败这些新单词了""又学到一个新单词,太开心了"。

- 一定要注重孩子的努力和坚持:"这一章很难学,但是你真的坚持下来了。"

- 一定要注重学习本身:"你从这次测试里学到了什么?那这一章呢?""你觉得最有趣的是什么?"

- 一定要克制你自己对孩子未来的焦虑。只是观察孩子喜欢的和接触的是什么,但不要急着为未来制定目标。如果孩子烘焙不错而你的想法是:"好吧,他可以做个大厨。"尽量把想法放在自己心里。在当下把精力放在享受孩子的天赋上就好了,正是这些天赋造就了孩子的今天。

- 要对孩子前进的方向持开明态度。如果我们执着于为孩子寻找某一样东西,我们就会忽视对孩子来说很重要的东西。

● 一定要一直注意和观察孩子在当下表达自己能力的方式,这就需要你跟上他自己观察到的、发现的和感兴趣的东西。

【策略七】成功背后的努力

我没有失败。我只是发现了 10000 种行不通的方法。

——托马斯·阿尔瓦·爱迪生(Thomas Alva Edison)

我的家人喜欢说起我一年级刚入学一个礼拜就被老师请了家长的事情。当时的老师奥尔斯顿太太是一个非常懂得育人而且很有智慧的女人,因为我那时非常沮丧地认为,在老师教我们识字和计算之前我们就应该已经学会这些东西了。我是不是个子小又很容易紧张?不是。我看到家里比我大十岁之多的兄弟姐妹识字和计算起来毫不费力(好吧,至少我当时看上去是这样),但是我从来没见过我的兄弟姐妹为了达到当时的水平而痛苦或者努力过。当时六岁的我只是看到他们神奇地阅读那些厚厚的书籍,还要做大量复杂的数学难题,那在我看来跟天书差不多(如果我知道上面写了些什么的话),然后我以为这是每个聪明的人都能够做得到的事。幸运的是,我的老师很有耐心地向我解释了学习是怎么回事,让我理解了获得知识和努力之间的关系,让我终生从此理解中受益。

孩子的挫折感和消极情绪由两大因素而来:一是他们认为自己应该是怎样的(如果我不能做好这道几何题,那我就是很笨);二是他们认为这个世界应该是怎样的(如果我很乖,事情会顺着我的意愿；如果我很聪明，事情应该很容易）。他们牢固地抓住这两个假设当成事实，每当事情没有按照预期的发展，他们不会想："哎呀，估计错误！""胜败乃兵家常事""万事开头难""继续努力！"相反，他们的自我意识受到冲击，他们会做出结论："这次没成功，都是我的错。我好失败，我再也不要试了。"我们的文化中有太多的因素助长了"不费吹灰之力的成功才是王道"的假象，鼓励追求即时满足的快乐。这个时代的父母最需要教会孩子的是"一分耕耘一分收获"的道理，让孩子重视自己的能力和付出。

　　父母应该怎样做呢？答案很简单：让孩子看见我们也会遇到困难。让完美形象幕后的真实人物走出来，和孩子谈谈我们工作上遇到的挫折，我们正在尝试用什么方法来解决。这并不是说我们要把自己原始的、未经处理的情绪传输给孩子，或者让他们为我们的问题而背上负担。相反，一旦问题理清了、弄明白了，我们就可以以身作则让他们明白为什么事情"出了问题"，这并不意味着愚蠢或者失败，也不意味着当初不应该尝试。因为生活本就如此，而且这些问题都是可以解决的。

　　"困难"的出现也意味着在为"尝试和错误"织一张安全网。如果你在自己的四周画了一个很小的圆圈来定义你的成功，你不会想要跨出一步，因为你冒险的安全范围太小了。不要只是嘴上说"错误是生活的一部分"，而当亲近的人犯错时，又表现得不能原谅。让孩子看到你以身示范：人们犯了错之后可能会很生气，不过之后他们会克服困难、解决问题。

　　如果你需要更有利的证据来说明错误并不可怕，可以跟孩子说说历史上一些"著名的失败事件"。像前面引用爱迪生发明灯泡的例子便是其一。其他的例子如爱因斯坦一直到四岁才会讲话,七岁才会读书;华特·迪斯尼因为被指缺乏创意而被一家新闻报社开除;史努比的画者高中时投稿到毕业纪念册的每幅画稿都被退了稿,诸如此类。许多网站都有这种名人失败的故事,可以让孩子从这些故事中选出一个"今日英雄"来激励自己。(关于如何处理失败、失望和失去,详见第七章内容。)

【策略八】广泛的失败,还是具体的失误?自尊心缺乏到底是什么意思?

很多孩子第一次来我的办公室时,会一屁股坐在沙发上,然后一口气说出困扰他们的所有事情:"我害怕尝试""我一考试就紧张""我朋友很少"。然后他们会加上一句:"对了,我没有'自尊'。"当我听到这些话时,我会有一种不安的感觉,他们说的和做的自相矛盾:就在这些孩子说着自己没有自尊心的时候,他们也正处在一个表达自己需要、为自己辩护的过程中,这并非是一个觉得没有自我价值的人会去做的事。但更仔细深入一点聆听,我听见他们反复使用一个他们听到的广义的、普遍性的标签"缺乏自尊",错误地形容他们在非常具体的事件中出现的挫败感,比如做数学题遇到困难。这些孩子被"缺乏自尊"这个标签压得动弹不得,他们并没有把自己看成是一个整体,而是看成了遇到问题的一个或者多个具体的个体,将做数学题遇到困难等同于"缺乏自尊"。其实这并不是缺乏自尊的问题,而是将一个小小的具体问题错误地扩大到了整个人身上。

当父母在说孩子缺乏自尊的时候，其实是将一件短暂的事错误地贴上了永久的标签。孩子不需要美化自己，他只需要更正确地看待自己。帮助孩子从他们认为的大麻烦中走出来，去找到所面临的具体的、他自己能够处理的麻烦，而不是让孩子给自己打上这些永久的标签。如果一个孩子说："我没有自尊，我觉得我什么都干不了。"那么他需要有人帮助他明白：此时他这么想是因为他的沮丧或者失望情绪在作怪，这并不是整体事实。帮助你的孩子不要让"非黑即白"的错误想法阻碍他们的步伐。最好是等待他们情绪最尖锐的时刻过去之后再让他们决定什么事可以做、什么事不可以做。

【策略九】练习发挥孩子的长处

阻碍一个人获得专长的主要因素不是能力水平的有限性，而是直接引导、主动参与、角色示范和奖励措施等有目的的干预。

——罗伯特·斯滕伯格（Robert Sternberg）

罗伯特·斯滕伯格博士是一位在智力论方面令人敬重的学者，他提出了智力三元论，在传统的分析和解决问题的智力智商之外，增加了创造性智力（解决异常情况的能力）和应用性智力（响应和适应日常生活的能力）。对于斯滕伯格来说，智力与有目的的干预有关系。在这个定义的前提下，策略九的目的在于，让孩子有机会在适当的年龄阶段，运用他们的能力来体验自己为世界做着贡献。虽然并非父母有意为之，但是孩子常常感到他们生活中各个方面的权利都遭到了剥夺：要么是有解决问题的方式，但那并不是他们的方式；要么是因为他们习惯于简单地跟着指示走、关上了自己的创新思维开关。父母可以在生活中鼓励孩子发表意见、参与决策，比如从讨论晚餐吃什么到让他们根据自己的创意布置餐桌，不只是让孩子感觉自己重要，而是真的在家里有一席之地。这样的任务给了他们一个在家庭生活中真正发挥作用的机会。

如果家庭生活是孩子将来要去体验的那个大世界的缩影或者训练场的话，那显然我们要为孩子提供积极参与的机会，而不是让他们袖手旁观。感觉自己有能力的这个想法，即心理学家阿尔伯特·班杜拉指出的"自我效能"，是由熟练的经验支持的：着手做事并且明白自己能够完成这件事，不论是用积木搭塔、解决与朋友间的纠纷、写学期报告还是爬山。

家长得不断地为孩子设置合理的参数，但是应该给予孩子在参数内的最大自由。如果孩子想要先做社会科学作业，再做数学作业，那就给他自由，而不是按照你想的，要他先做数学作业。不要忽视这其中的大方向：他是真的想要做家庭作业，但是他希望按照自己的想法来做！你可以告诉他为什么你觉得应该先做数学作业，但是他可能需要自己学习这一点。让年幼的孩子自己挑衣服、忍受几天颜色搭配不协调的日子，这样孩子就会认识到他可以在合理范围内自己进行计划和执行。我们的大女儿梅瑞狄斯三岁的时候，她会选不成对的袜子来穿，并且坚持认为它们是成对的，"他们是邻居。"她是这么解释的。她的邻居袜子的理论不仅大大减少了我们为了购买成对袜子而出门的次数，更重要的是它让我们看到了她对自己的

第四章
让光芒照耀孩子的特殊才能：发现并运用孩子的长处

判断力的自信。如果我们在言语间、在我们的期待中不经意地教孩子等待我们的指示和同意，那么在他们没有经过我们同意就不主动做事的时候，我们就不能责怪他们。

所有用力过度的父母都知道，孩子并不缺乏亲身体验的机会。如果我们实行"用力过度的减力计划"的话，你会因为孩子能够做到的事情而吃惊。下次在孩子又提出新的要求而你就要失控的时候，呼气、吸气、微笑，然后让孩子找找看他的要求里有哪部分是他能自己做的。不会切苹果？没问题，他可以从冰箱里拿出来洗好给你。你女儿想要把新买的牛仔裤洗好明天穿？她可以把所有要洗的衣物都拿下来，或许还可以启动洗衣机。这是一个双赢的局面：你的孩子越来越自立，而你除了起到协助作用以外也能得到他的配合和帮助。

除了日常的家务以外，你可以让孩子参与家里更大的事情。要度假了但是没有时间对比酒店价格？想要在你家附近找免费的音乐会？我们知道大部分青春期的孩子对电脑的熟练程度，他们可以帮你搜索。让他们参与计划行程可以让整个行程更愉快。为了节日装饰感到压力山大？那就让你家里那个创意十足的小学生，甚至是学龄前儿童卷起袖子做个装饰计划。特别想听某一首歌，结果发现那张CD不在盒子里，你已经找烦了？让你那个善于组织的中学生孩子对问题进行评估，然后解决问题。这些例子可能都比较适合在家里使用，不过研究还发现，只需要让孩子选择他们喜欢的钢笔颜色，就可以让他们比不能自行选择的孩子写更多的字，你可以考虑一下这种方式。在合理的机会中让孩子知道他们说的话也有价值，显然这种做法能够让他们走向一条道路，引领他们在世界上留下自己的足迹。

【策略十】鼓励弹性力

如果我们想要培养能灵活思考的孩子，我们必须避免"竭尽所能地试图改变这个世界"的这种做法；相反，我们必须开始改变我们和孩子相处的方式。我们不能假设，如果孩子不用面对巨大的压力，那么他们在过渡到成年时期的时候就会一身轻松。

——罗伯特·布鲁克斯 (Robert Brooks) 和萨姆·戈德斯坦 (Sam Goldstein)

允许孩子有小小的挫折，可以保证他们有一天能够有足够的弹性力顺利地离开我们，比如家庭作业丢了、考试分数低的时候，我们不会出面为他们解决问题。在对孩子的保护和任其发展之间进行平衡，这样能够让孩子掌握相应的技巧，并有自信能够凭自己的能力去处理生活中不可避免的坎坷。因此，在我们能够做很多事情去保证孩子安全的同时，另外一件我们必须要做的、截然相反的事情就是什么也不要做。

在我的实际日常生活中，甚至在我自己家里，我看到鼓励孩子弹性力的难处在于，作为家长我们要有勇气任孩子站在困难面前，这并不是会感到自己过分或者无情的问题，而是在孩子的朋友不理他们了、女朋友跟他们分手了的时候，等待的那段时间和眼看着孩子痛苦的那种煎熬。规则一旦被打破就会产生相应的后果。不要想着阻止自己帮助孩子解决问题的念头，而是想着去"分担他的压力"。

首先看看你的孩子能够自己处理问题的哪一部分，然后帮助他解决或者替他解决问题的其他部分。

我们并不是要在所有困难面前对孩子坐视不管，因为死亡、疾病和受伤等困难确实在发生。尽管如此，我们可以慢慢地树立起自己的信念，相信我们的孩子能够克服困难，他们的生活并没有毁于一旦，而且在克服困难的过程中，孩子会显露出很多之前并没有被发现的长处，虽然这种事可能不会马上发生。

家庭活动：制作一张描述特长的同义词列表

有那么一年，一切事情对我们的女儿梅瑞迪斯来说都是很"烦人的"。好吧，也不是一切事情，但是如果有什么事情让她感到困扰的话，那就是"烦人的"。后来，我们告诉她，如果她能换一个不同的词来形容的话，我们很乐意听听看她发现了什么。那一年她的词汇量突飞猛进。要想帮助你的家人扩大描述特长的词汇量（除"聪明""强壮"或者"漂亮"以外），让每一位家庭成员在一张纸上写下十个正面的品质特点，把这个表放在附近，一旦有人使用了表示聪明或者有天赋的词，拿出这张表找出（或者加上）能够更好地形容这种品质的词汇。这个活动能让孩子加深对自己被描述的品质的理解，增进对特长的认识，而额外的收获是他的词汇量会增加。

◆ **本章结语**

　　在这一章里,我们看到了很多识别和运用孩子的特长的方式。现在我们要转向整体方案了,制作一张简表,列出孩子身上的两三个特长。我们会在下一章中用到它,我们要鼓励孩子通过他们的独特品质镜头来看看他们的消极思维,召唤他们自己的观点,比如说他们"成熟的"自己、"有耐心的"自己,或者"坚定的"自己,等等。

第五章
克服消极思维的整体方案
从"不"到"知"

每当蒂亚不高兴的时候,一开始我会听她说,而且真心想要帮助她。但当她越说越生气,并且没有一点儿好转的迹象时,我也会不由自主地开始生气。气过之后,我又会为自己的生气而觉得内疚,因为我觉得自己又给女儿增加了一个不开心的理由。为什么我想让事情好转,它却总是变得更糟糕了呢?

——一个十岁女孩的母亲

一个人的目的地从来都不是一个地方,而是一种看待事物的新方式。

——亨利·米勒(Henry Miller)

◆ 改变你能改变的:从消极思维中解放自己

一般情况下,注意缺陷多动障碍(小儿多动症,ADHD)这种状况是指孩子的大脑中缺乏让他们降低冲动速度的变速泵。如果用同样的比喻来说,具有消极思维习惯的小孩似乎在脑神经上配置了侦测洞穴(我们且称它为"消极思维之洞穴")的雷达,孩子一见到洞穴就掉进去,还会把洞穴个人化。乐观的孩子虽然对问题的出现也会不高兴,但是他们会找出问题、缩小问题的范围,然后扩大解决方案的范围。相反,悲观的孩子将问题扩大、加深,在问题上增加各种不相干的因素并缩小解决方案的范围。本来只是忘记了带酸奶而已,结果却变成"我的午餐被毁了,这真是糟糕了,这种事居然发生在我数学大考这天!我可能会不及格,我没有一件事能成功的(持续性的),我的一天就这样完了(扩大问题),我总是好倒霉(针对个人)"。消极事件不再是偶然失误、过失或者小小的失足,它变成了一块磁铁,把其他所有可能会发生的不幸与失望都吸引了过来。

父母的目标是帮助孩子弄清楚事件(那些发生在我们身上的事)和我们对那些事件的评价(我们遇到那些事情时内心的想法:它们为什么会发生、它们对我们以及我们的生活有什么意义)之间的区别。我们无法改变事情的发生,比如忘记带酸奶,但是我们可以改变对此事的态度。我们如何看待和处理一件事完全取决于我们自己。在和孩子相处的时候,我们的目的是帮助他们明白,一件事并不是只有一种特定的理解或者评价,他们可以选择他们想要的说法。当他们选择了"所有事都很糟糕,没有一件好事,生活好痛苦"的说法,那么他们在什么都还没做的时候就感到被打败了。当我们选择了"今天是个坏日子",或者更具体一点儿,"今天的化学考试简直要人命"

这类说法，那么它们会避开一次爆发，而且不会让问题扩大。

这一章，我们将把迄今为止所学到的内容综合在一起，先制定一个行动计划，在孩子被消极思维困住时使用。这样一来他就能跳出悲观主义轨道，利用很多更准确、更合适的，甚至让人更愉快的方式去理解自己的处境和他可以做的事。最开始的时候，你可能需要把整体方案的每一个步骤都记下来，这样才能保证自己在往正确的方向前进。随着时间的推移并根据孩子的需要，你会发现引导孩子走出消极思维的概念主要集中在两点：（1）理解他的看法，（2）帮他把问题缩小回原来的大小。

◆ 离开消极轨道：你还有其他地方可以去

在孩子伤心难过的时候，帮助他好起来是家长们的责任和挑战。解决的办法不是带孩子逃避让他难过的处境，而是消除孩子思维中的曲解，那个曲解是造成孩子难过的直接原因。每个情况都可以用很多不同的方式去解读，我们的目标是教会孩子不要跟着第一感觉（自动产生的）走，而是要自由地去考虑其他的理解方式（就像本章开始时亨利·米勒所说的一样）。我们怎样做才能让孩子走向那条路呢？我们可以列出一系列的步骤和孩子一起练习。要知道其实并不是身处消极漩涡的孩子不想开心，而是他们不知道除了不开心以外还能怎样。这些步骤将告诉孩子如何让他的思维从让他感到黑暗无光、绝望的境地转向现实的、可以解决的真实挑战。了解了身处"不"的世界（"没有什么事能成功，什么都不会变"）和"知"的世界（"这件事没成功，但我有其他选择可以改变它"）之间的区别之后，你的孩子会瞬间如释重负。训练大脑建立起新的关系，并学习寻找所有选择，随着时间的流逝，让孩子从悲观主义中走出来将成为水到渠成的事。

问题的关键在于识别曲解的消极念头和实际的正确想法之间的区别，它们就像同一部手机中不同的两个手机铃声一样。你的孩子需要训练自己的耳朵去分辨熟悉的消极思维的铃声，比如总是、从来不、什么都不，与可能性思维的铃声，比如有时、很快和及时。当孩子可以说："噢，那只是刻薄鬼（或者完美先生）来了。他总是在我很难过的时候出现，而且让我感觉更糟糕。我要把音量调小一点儿，这样我才能清晰地思考。"他就可以将他的消极思维的影响力控制住，不让它猖狂。

● **不要压制消极想法，而是要停止给这些想法更多的注意力**

有的孩子只要重新贴个标签就可以马上从消极思维转向准确的思维，并就此走上正轨。这就像是他们的消极大脑打断正在接听的电话时，聪明大脑被放在了"等待"的位置上，而给这些消极的声音重新贴上"太过分了"或者"悲观之声"的标签之后，孩子能够马上点击返回、对消极思维进行清理。但对于有些孩子来说，消极思维很难缠。这些孩子要更多地与这些思维互动，才能理解为什么可以不给它们权利，他们需要更多的证据来证明这一点。最终，所有孩子都能明白，他们的"第一反应"（消极的想法）是无意识的，它出现得很快，但是不准确，而且他们会培养出在对一种状况做出最终判断之前用"第二个念头"进行思考的基本习惯。

◆在学习中放松：远距离学习与放松

如果能采用"远距离学习"的方式那是最好了，在孩子想要把一个规则用在自己身上之前先利用别人的事例去教他。站在一个距离更远的位置来看待问题时（比如一个朋友因为踢足球的时候没能射门进球而生气，或者你自己在煮糊了晚餐的时候生气），孩子可以对别人的思维错误进行挑剔而不必对他自己的反应进行挑剔（而且你也不会挑剔他的反应）。当孩子明白很多人都有"灾难先生"的思维形式，而不是只有自己才会这样的时候，他们在自己身上使用这些方法时就会感觉更加轻松自如。

关于放松的问题：有时候，用沉重的语调来讨论沉重的问题是我们能想到的唯一方法；有时候，你的直觉会告诉你好像有点儿余地可以让事情看起来轻松一些。问题很沉重并不意味着解决方式也得很沉重。记住，你是要对这件事情放松，而不是对你的孩子放松。你并不是在轻视他的处境，你是在帮助他从不同的角度去看待他的处境。因此，你要在精心选择的时刻谨慎用词，同时一定要寻找机会，通过夸张和可笑的方式在孩子吵闹的时候增加点儿喜剧效果，缓解气氛。比如说，如果你处在青春期的孩子说："我是这个地球上最最怪的怪人。"那你可以说："没错，我觉得你的这种特性是从恐龙那里偷来的。"或者说"我好像今天早上已经在报纸上看到了，是在六点新闻版面，是吧？"如果是年幼的孩子说："我是个坏孩子，我犯了错！"你可以化身为一个想象出来的观众，然后温柔地说："好的，所有犯过错的人，请举起手来！好吧，我想现在我们都是坏孩子！"

虽然这种回应也有不起作用的时候，但在其他时候，它们不仅能打破你和孩子之间的僵局，更重要的是能打破孩子与他的消极思维之间的僵局。我们在第三章中看到，对孩子的同理心能帮助孩子找回自己，有时时机适当的幽默也有这种作用。

◆ 建立框架：如何向孩子解释消极思维

一开始谈到消极思维的时候，你可以向任何年龄的孩子解释说，当我们身边发生了一些事情的时候，比如一件让人失望的事或者一个坏消息，我们感觉像掉进了一个洞里面，这个洞越深，我们就要做越多的工作才能从里面爬出来。你必须用尽全力，你会很累而且你需要很长一段时间才能感觉好起来。让这个洞变得更深的是你心里的那些想法，你说"这不可能"或者"事情总是这样"之类的话越多，你就陷得越深。如果你能准确地思考、认识到发生的状况是暂时性的，而且事情不顺利是有具体原因的，那么你的思维就会成为一架帮助你从洞里爬出来的梯子。对于年纪较小的孩子，我们可以通过更具体的比喻，让他们更容易理解这个概念："它可以是一个很大的洞，有多大呢？像鲸鱼那么大吗？或者一个中等大小的洞，那是多大呢？一匹马那么大吗？或者是一个小小的洞，这又是多大呢？一只老鼠或者土拨鼠那么大吗？要想让这个洞变小的话，你可以对自己说什么呢？你希望它是多深呢？你想要别人陪你一起进去帮你爬出来吗？你是想要那只爱试试看的老虎，还是你的聪明大脑？"

另外，你还可以通过下面这个大脑捕捞网的漫画帮助孩子理解

为什么人会被"困在"消极思维里。你可以解释说:"每个人都有消极的想法,但是有些人的大脑被困在消极思维里的时间更久。他们

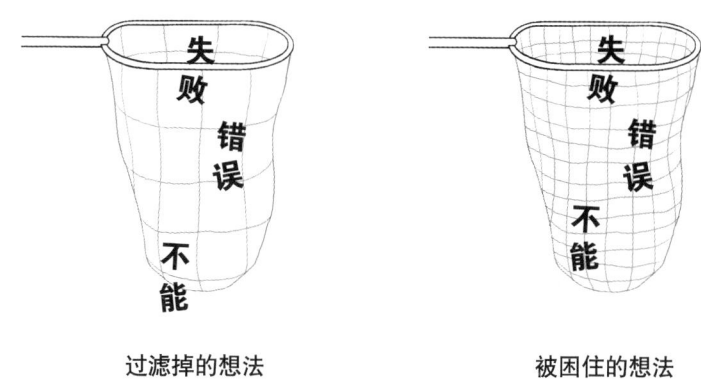

过滤掉的想法　　　　　　　被困住的想法

图5.1　大脑捕捞网

的大脑养成了把那些想法都困在一个网里面的习惯。不过,不能就因为这些想法被困在了网里面,你就必须一直保持这种想法。消极大脑捕捉失望、错误、意外、悔恨,还有旧闻,并且把它们都困在那个网里面。你对这些被困住的事情进行梳理时,质疑或恼怒得越多,这些想法在你的大脑中就保留得越多,因为它们似乎都挺重要。这些想法被困住并非因为他们真的更重要,而是因为为了这些想法而恼怒,使得它们在我们的思维中很难缠。其实,你可以甩一甩你的网,把所有想法都倒出来。"

● **如何引导年幼的孩子理解消极思维**

对于年幼的孩子,你可以用说故事的方式来解释消极思维的运

作。比如用一种有趣的动物编一个故事，务必在讲故事的过程中尽量与孩子多互动。

"松鼠喜欢收集什么呢？""坚果。""没错，松鼠收集坚果。有一天，一只松鼠，嗯，松鼠叫什么名字好呢？""果果？""好的，果果。这一天，果果感觉有点儿难过。你知道为什么吗？它收集坚果的时候遇上麻烦了。其实呢，它收集工作做得很好，但是它的两个朋友，名字叫，嗯，叫什么名字好呢？""蹦蹦和跳跳。""好的，蹦蹦和跳跳在数它们的坚果，它们有二十只坚果，而果果只有十只坚果。你觉得果果感觉怎么样？""难过。""没错，它感觉有点儿难过。它想要更多的坚果。但是你知道它是怎么看自己的吗？它的脑袋里有一位坏脾气先生，他说：'你是只坏松鼠。你找不到坚果。你永远也无法和蹦蹦、跳跳一样找到那么多的坚果。'它听坏脾气先生说的越多，你觉得它感觉会怎么样？""难过。""对呀。等一下，可怜的果果会变得非常难过，它不会再继续找坚果了。冬天就要来了，到时候它会挨饿。快点儿，我们一起来帮它吧。如果坏脾气先生很刻薄而且一直说话，聪明先生应该告诉它什么呢？它能给果果一些建议吗？聪明先生可以说：'你是只聪明的小松鼠。不用担心你的朋友。你的所有坚果都是你自己找到的。你是怎么做到的？因为你相信你灵敏的鼻子。你可以做到的，果果。利用你的鼻子再去找五只坚果吧。'你觉得如果它听了聪明先生的话，它会感觉怎么样？""感觉好一点儿。""是的！而且坏脾气先生下次再想偷偷溜进来的时候，你知道果果会怎么说？""再见，我不会听你的。我能收集到坚果！""非常好。我想果果到了冬天的时候不会挨饿了！"

另外一个解释消极思维的方法是用故事作类比。"我知道，你的玩具飞机丢了你很难过，那种难过的感觉就好像一辈子都不会改变了。那我们可以说这是一个难过的故事。先让我们放下这个难过的故事，看看另外一个故事吧。这个故事应该是什么样的呢？快乐的故事？好故事？真实的故事？它里面讲了什么？让我们来看看：温斯顿最喜欢的玩具在后院丢了，他很难过，然后他决定去买一个新的、玩点儿别的，还是找邻居帮忙找到他的玩具飞机？嗯，这个故事听起来非常有趣。我们应该继续看吗？你想要这么做吗？"

● **如何向学龄儿童解释消极思维**

失望、错误和尴尬，这些情绪会发生在我们每一个人身上。你还记得吗？有一天我跟你的体育老师打招呼，结果叫错了她的名字。所以，我们知道这些事情一直在发生，没有谁可以避免，但是有时候我们的大脑牢牢抓住那些错误不放，不让我们忘记它们。这并不是因为它们很重要，而是因为它们就像困在了网里面，就像应该丢垃圾的那个人忘记把垃圾丢出去了一样，所以它总是在我们周围。我们要把它们甩出去！如果它们总是在我们周围的话，就会发生另外一件事：它们会开始生长，这时我们就不只是对错误本身生气了，我们会因为那个错误而对另外十件我们以为会发生的不好的事情生气。或者，我们开始不断回忆过去我们搞砸事情的时候。所以你要记住，当你因为科学课的海报作业忘记写编号得了良而生气的时候，你会因此感到失望这是可以理解的，因为你真的很努力。但是这时一位狡猾的魔术师也跟来了，他把一次失望分成了两次、三次和四次。因此，现在你不只是因为科学课的分数这一件事而生气，你还会想到第二件事，你的老师非常生你的气；第三件事，你的科学课会不及格；第四件事，你会退学；还有第五件、第六件事，你会找不到工作、你会无家可归。事实上，那件事发生的时候你需要做的事情是看穿魔术师的把戏，把问题缩回到它原来的大小，因为原来的问题，也就是作业分数的问题，是一件你可以解决的事情，你知道自己可以从中学习。我们都是个平凡的人，我们都会犯错误。

● **如何向青少年解释消极思维**

我们每个人都会有感觉自己的大脑好像在为难我们一样的时候，仿佛它是我们自己最大的敌人。比如你忘了带表演时要用到的一个道具，你已经为此感到很难过了，然而你的大脑还开始说些不相干的话，让事情变得更糟糕，而且它的话概括面更广：你真是混蛋，你怎么能这么做，你把事情搞砸了，这都是你的错，你可能会考低分，你什么事情都做不对，如果你犯这么愚蠢的错误，那你以后永远都找不到好工作。有时，我们能够辨别我们的思维真的非常消极和过分，但有时，我们会相信消极思维告诉我们的话。这就像是不小心走错了房间，而我们没有意识到这是一个"一切都糟糕"的房间。我们认为咨询台的那个人知道自己在说什么，而且认为他有权威性。倘若那个房间做好了标记！如果守卫让开了，你就可以看见房间门上的指示牌写着："不可能性、悲观主义、无能为力及一败涂地办事处"。但是你根本不知道你就要走进去了,你只是在偶然间跌跌撞撞地闯了进去,那时的你并没有消极的思维习惯。你不必待在那里,因为门并没有上锁。你的本能应该会告诉你从那里出去,你在心里会以为这比较难,但是你可以向后转,说:"我不必(或者不想)待在这里。"走向另外一个房间吧,一个开着灯的房间。一旦你开始理解这一点,不管房间门上有没有指示牌,你都可以认出你什么时候是在那个房间,你可以决定让自己穿过走廊,走向——我不知道,我们应该怎么称呼它呢?"可能性办事处""乐观主义办事处"或者"真相办事处"?(鼓励你的孩子自己选一个名字。)

对于青春期的孩子,相较于其他比喻的说法,他们更喜欢聊聊电脑方面的知识,你可以用电脑术语来和他们解释:

我们生来就有保护自己的各种能力,大脑系统有不同部位专门用于准备布局、扫描麻烦、在危险靠近时发出警告。由于我们的生存能力取决于我们的适应能力和成长能力,所以大脑也配备了另外一个部门,专门负责探险、试验、学习新方法、变成熟。科学家们已经发现,有一些人习惯使用侦测问题的大脑(人脑右前侧),而有一些人则更倾向于使用探险的大脑(大脑的左前侧)。这并没有什么对错,这是由于基因造成的,重要的是,大脑是非常灵活的、是有弹性的,越常做的事越擅长。如果我们生来就倾向于使用侦测问题的脑,那么发现事情的错误对我们来说是轻易而举的。我们并没有想着要往消极的方向走,但当我们看到接下来的发展困难重重且找不到解决办法时,就会感到气馁。当然,有些事情并不会按照我们的意愿发展,但是这并不意味着我们必须放弃。而当消极大脑非常积极地想要保护我们，这时似乎放弃是唯一一种让自己看上去不像傻瓜的办法，不过这只是个暂停站。真的放弃会是个大错。而且，实际上在我们开始注意到我们的思维什么时候会"向右转向"消极的一侧，并且形成遇到事情时从大脑的另外一侧（也就是扫描可能性和解决问题的那一侧）来看待问题的习惯时，我们会发现这种习惯将变得越来越不假思索，而且非常简单。

> 整体方案
>
> **同理孩子**：随着他的情绪变化而变化，接受并表达出孩子的感受。
>
> **将问题具体化**：找出问题的真正所在，帮助孩子将问题缩小到当时的具体事件上面。
>
> **找出最佳方案**：帮助你的孩子从不同的角度去看待当时的状况，并选择其中让他的系统运作效率最高的那个角度。
>
> **采取行动**：鼓励你的孩子整理好思绪、动动脑筋、行动起来解决问题，不要老想着它。

◆ 整体方案

【步骤一】同理孩子，从他们的角度出发

尽管整体方案的最终目的是帮助孩子找到不同观点来看待他的

处境，但要注意不要在第一步就使用非常强硬的态度，一下子就亮出改变计划表。相反，要从孩子的角度出发：感受他想表达的情绪，用语言、拥抱或者其他动作去回应他的心情。或许你要做的只是蹲下来与他平视或者朝着他的方向向前一步而已。完全接受他的情绪并不代表你认同他的做法或者用和他一样的看法去看待问题，但是这种做法能够让他更愿意告诉你他的情绪到底有多糟糕。所以，当你的孩子说："我感觉自己像在监狱里似的"，这时你要克制自己的冲动，避免用大量语言表示出"你疯了吗？"的意思。不要企图改变他的想法。和他朝着同一个方向，然后你才能重新指引他找回自己。其中的关键在于让他知道他的感受是正常的，无需把它最小化。如果你表现得过于激动，他别无选择，只能气呼呼地让你理解他的意思。就像流行的车尾贴上说的："倘若你没有生气，那么你就是漠不关心。"你可以引入选择性的概念："你的想法让你的情绪非常糟糕，我想知道是不是有其他我们可以做的事情。"你不必强迫孩子回答或者说出正确答案。

同理的方式：

- 这种感觉真的很糟糕。
- 你现在真的很难过。
- 我知道这让你非常生气。
- 我知道这件事让你非常难过。

转换的策略：

- 我知道你也不希望有这种感觉。
- 我在想有没有其他观点去看待这件事。
- 现在事情看起来非常糟糕，我想帮助你。

- 这种感觉真的很难受，我想知道你还有没有其他选择。

【步骤二】重新贴标签并将问题具体化

重新贴标签：拿起电话前先搞清楚是谁打来的。倘若我们潜意识的消极想法到来前都有一个事先声明，说："你即将听到的信息是极度不可靠、非常扭曲而且极其不合情理的。"我们能减少很多的烦恼。我们就不会被引向布满可怕的不可能性、谴责和其他困难的荆棘路，相反，我们可能会让自己变得坚强、与它们保持距离或者做好准备不要对所有的想法都全盘相信。要重新贴标签，就要注意到孩子的想法和痛苦来临时熟悉的预警"铃声"：每件事、每次、总是。孩子很快就可以学会如何识别它，就像我们自己随时准备看是谁打来的电话一样，如果孩子知道是消极先生的来电，他们就会明白那些对话的走向，而且他们可以有准备地应付这些对话而不是措手不及。有趣的是，即使听长篇大论的消极想法会让人感觉很糟糕，但是随着时间一天天过去，当我们听到那同一个老掉牙的说辞的时候，我们会破天荒地预测到："没错，我知道我的消极思维会得出那种结论。"我们可以决定不去听，这个决定也让我们可以自由地选择用其他方式去解读。

重新贴标签这一方法最根本的优势在于它是"第三方"，可以缓和家长与孩子之间的紧张气氛。家长不应该对年幼的孩子说"你太消极了"或者"你的想法太悲观了"之类的话，而是说"'刻薄鬼'先生好像又来烦你了。你听到他怎么跟你说这些可怕的事情了吗？"或者对青少年说："你被消极阵雨淋到了，所有电路都会通向消极大脑。"或者说"听上去好像悲观主义者已经拿到话筒了。小组里面还有没有其他人能给点意见？"通过这种方法，你的孩子不会感觉到自己被逼入绝境、受到指责或者必须跟着大脑中出现的第一反应走。毕竟，不是他选择要那样想的，而且你们可以站在同一阵线一起批判消极大脑或者拿它开玩笑。

让幼儿重新贴标签的方式。为了区分"我不行"的攻击和孩子自己的想法，你可以利用动物玩偶扮演不同类型的消极思考。参考第二章中的素描练习，利用孩子的创造性对那些声音进行区分，并通过两个角色进行对话，比如"放大镜先生"和"正确答案同志"。

让学龄儿童重新贴标签的方式。我们知道大脑中有一部分会把问题夸大，让一切看起来似乎都错了。这并不是事实，这只是你的大脑反应过度了。有些事情可能是出了差错，但这是可以解决的。因为"放大镜先生"或者"爱放弃小姐"在那吵吵嚷嚷，才让你觉得解决问题是不可能的。为了不把你的消极大脑和你的其他方面混淆，比如你聪明、乐观、合理、能干的一面，你想要给你的消极大脑起个什么样的名字呢？我们可以讨论一下。你最信谁的话呢，是"爱放弃小姐"还是"你能行先生"呢？你想不想为你的这两个角色画张画呢？我们可以把画挂在墙上，还要帮它们起个昵称，这样的话，当你收到信息时，你就会知道那是谁告诉你的，而你就可以做好准备应付它了。

让青少年重新贴标签的方式。我们可以把自己的消极思维看成是头脑中自动弹出的窗口。我们并没有让它们出来，它们就这么弹出来了。但是我们很快就学会忽略它们，而且不会被天花乱坠的广告拉下水，我们不会真的相信只要点击那只会跳舞的猴子就可以得到免费的电脑。同样，当我们知道消极思维是无意识的、不可靠的大脑信息时，我们会吃一堑长一智，不会给予它们比其他消息源更多的信任。因此，不论你是把消极思维看成是弹出窗口、邮箱中的垃圾邮件，还是打电话到你家里的电话推销员，你确实对如何处理这些想法有选择权。它们"咄咄逼人"是因为它们想要兜售一些东西给你，但是它们真的不了解你和你的需要。它们只是每个人都会有的无意识的反应，它们没有任何权威和力量，只有你有。

【步骤三】具体化：是什么地方出错了？找出压死骆驼的最后一根稻草

不要试图解决孩子最开始告诉你的那个天大的问题："我讨厌我的生活，一切都很糟糕，我什么事情都做不对。"真正的问题其实要小很多。所以，教孩子把问题从宽泛笼统缩小到一个明确的具体想法或者事件，这才是他需要表达的，这样才能把问题解决。对年幼的孩子，你可以把这种方式设计成为了找到问题的源头而进行的"侦探工作"。对于年纪稍大的孩子，你可以解释说通常会有一件导火索事件让我们爆发，也就是压死骆驼的那最后一根稻草。找到问题的根源有助于我们找出解决的方法。

需要了解的具体问题：
- 你刚开始有这种感觉是什么时候？
- 让你的这种情绪最强烈的是什么事？
- 是生活中的所有事都让你有这种感觉，还是只有一部分事情？

- 你经常有这种感觉，还是只是有时候有？
- 你觉得为什么会发生这件事？它是你可以控制的事情吗，还是它与其他人或者事有关系？

让孩子试着把问题缩小到中心点：

- 你什么时候开始那么想的或者什么时候最容易那么想？（体育课上？）
- 说一件已经发生过的或者你认为会让你有这种感觉的事情。（不能爬绳）
- 用3P排除法（排除永久的、普遍的跟人格化的想法）找到具体问题。

让你的孩子看看下表中的第一反应和重新考虑后的想法，问问他对每一种情况的感觉如何，他更愿意听到的是哪一个。和孩子一起听听他自己的声音，这会是一个非常有力量的经验，让他知道在许多事情上他都是有选择的余地的。

表5–1

第一反应	重新考虑后的想法
持久性：我讨厌学校。我注定会失败。	暂时性：今天是个不好的日子。
普遍性：没有一件事能成功。	特定化：今天的体育课好难。
个人化：我真是个没用的人。	非个人化：我不擅长爬绳，至少现在还不擅长。

你和孩子可以利用下图中的"中立机"使他扭曲的第一反应成为更准确、中立的重新考虑后的想法。这张图是以立体声放大器为模型的,它强调我们的孩子有力量去改变他们的思维对自己的影响,甚至改变他们听取意见的方式,方法就是调节控制力。孩子的第一反应听上去都残酷无情、范围广泛、持久不散。通过消除把问题放大的诸多错误和曲解的方式来削弱消极思维天花乱坠的效应,这样孩子才能听清楚那些信息,才能判断出他们想要如何处理。因此,如果你的孩子在想:"我是最差劲的女生,因为老师对我非常生气。"她可以把语气调整到"冷静"、把问题的大小调整为"具体"、把问题的长度调整为"暂时",并把问题的原因调整为"都有责任"(是我太调皮了,可是,是老师先大吼大叫的)。孩子可以模仿这张画,也可以填上他自己的"中立机"按钮把它变成自己的。

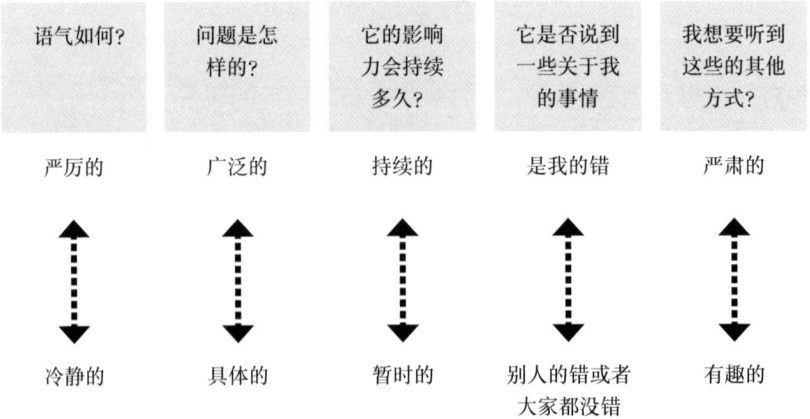

图5.2 中立机

当你的孩子需要敲门砖时。对问题重新贴标签并具体化，只要记住这两点就足以让孩子前进了。对于我们前面说过的那些需要很多"证据"才愿意把思考转向的孩子来说，他们需要迅速地看到更准确的画面。凯伦·瑞维琪（Karen Reivich）和安德鲁·夏提（Andrew Schatte）在他们的《挫折弹性力》（The Resilience Factor）一书中提到了可以帮助一个人快速、有效地回归现实的三种快速反应口号，用他们的话说就是"实时弹性力"（real-time resilience）。比如说遇到这种想法时：这是我有史以来最糟糕的一个假期：

●那不是真的，没有很糟糕，只是令人失望而已。

●以更准确的角度去看待它：这并不是我度假的第一选择，而且我真的好累，所以所有事情看上去都没那么美好。

●结果更有可能是：我要去睡一觉然后找点儿好玩的事情来做。而且我可以试试其他新的活动，这样可能会比较有趣。

孩子可以写下问题的答案，或者你可以充当一位记者，为孩子读完句子的开头然后把麦克风递给孩子，让他完成整个句子。孩子可以用自己的语言组织他的口号，把它们写在一张卡片上面然后把卡片放在他口袋里，以便他需要的时候拿出来参考。

家长也可以回头参考一下第二章的技巧，依此对情况进行"核实"并将大问题具体到手头发生的小问题上。比如：

●制作事实—感受的饼状图，帮助孩子了解到即使他感到非常烦恼但事实仍然对他有利。

●做树干、树枝和树叶的练习，将问题树叶与有问题树叶但仍然健康茁壮成长的树区分开来。

- 做向上看和向下看的练习，这是关于幸运和不幸策略的练习。让孩子首先向"下"看，对事件进行恶化（"我本来可能会在假期食物中毒、本来可能会下雨、或者我可能这个周末都待在家做家务"）。然后再向"上"看，看看情况是不是可以更好（"我本来可以带一个朋友一起去，就不会那么无聊了"）。这里的目标并不是让孩子在会产生自责情绪的时候去感激什么，而是让他们感受本来糟糕的事情如果更糟糕的时候会产生的那种强烈的情绪。

拿出一些卡片，并在每一张上面写上一个对策。把卡片全部放在一个帽子里面，每当孩子遇到困难的时候，你就从帽子里拿出一张卡片然后按照上面的计划让事情转向正面的方向。更好的情况是孩子自己从第二章和本章中选择自己最喜欢的五个技巧，然后你可以在他遇到困难的时候提醒他"拿出五大法宝"，再从其中选择要采用哪个对策。记住，如果我们做好了准备，那么我们会在面临危机的时候做得更好，所以要把这些对策卡多制作几份并放在容易拿到的地方。与其在危机时刻慌乱地摸索，不如将对策写下来。这些对策既给了孩子解决问题的步骤，也给了孩子能很快好起来的希望。

【步骤四】系统优化，为故事创造新版本

系统优化就是为了提高系统的运行效率、更合理地利用资源并节约能源，而对系统做出调整或者尝试其他设置的一种行为。如果一个孩子的思维处于消极模式，那么他的思维会陷入僵局、他的优点和能力会被搁置一旁，而他的能量、动力和希望都会消耗殆尽。

优化的步骤是要在孩子已经发现的具体问题上尝试不同的设置或者观点，比如"这次野营我一个朋友也没有"，我们要选择一个对孩子最有利、损害最少、最正确的解释，让孩子的思考可以朝新方向运转。就像一个班级由一个非常挑剔的孩子管理时老师要"换其他孩子上"一样，你可以鼓励孩子干预权威的合理位置，让"马克笔先生"或者"灾难先生"下岗，让孩子听到别的声音。

优化系统时可以提出的问题：

● 那是你感受这件事的一种方式，你还有别的看法吗？

● 这种解释你相信多少？其他不同的部分你是怎么想的？

● 这是"不是先生"的版本吗？我们看看其他人是怎么写这件事的。乐观的你和努力的你是怎么看的？"试试看先生"会怎么说呢？

● 让我们戴上另外一副眼镜来看这个状况吧。戴上你的聪明眼镜怎么样？

● 那个版本是要往哪个方向发展？它的结果会是怎样的？那对你来说是好的吗？理想的结果是怎样的？实际的结果是怎样的？

● 从悲观的角度看，你说的很有道理。但我们能不能换一个不同的"操作系统"试试？

放开紧握消极念头的手：用力量过招。如果你的孩子由于消极观念过于强烈而无法顺利转换，你可以通过很多种方式帮助他释放自己的能量。其中一种方式是让他"夺回政权"从而打破消极思维的专政。削弱消极政权的力量的另一种方式是戏谑，比如用搞笑而不是严肃的声音或者口吻说"我是个糟糕的人""我好差劲"或者"我好失败"等。

从消极大脑手里夺回政权。让你的孩子像被他的兄弟姐妹或者欺负他的人干涉了他的幸福一样理直气壮地生气，比如抢了他的文具或者利用其他方式控制了他的生活：

- 我才是自己的老大！我自己决定要怎么想！我不要听你的！
- "灾难先生"，你完蛋了！现在我说了算！
- 我要把堵住的想法甩出去！
- 我要按下"拒绝"按钮了！我拒绝接受你说的话！

利用不同的声音。想象一下达菲鸭在播报晚间新闻，或者海绵宝宝在给你开超速罚单，你会是什么感觉。用搞笑的口吻说一件严肃的事情，事情就没办法继续严肃了，因为消极的想法本来就不具备我们所赋予它的权威。用轻松诙谐的方法来处理原本比较沉重的事情，能让孩子瞬间从消极立场转换到另外一个新的有利位置上去。

- 用不同的声音说出那些想法，用不同的口吻或者模仿不同的角色说出那些想法。当你听见"山谷女郎"说出你对自己最糟糕的指责时："我的天哪，我简直太失败了，真让我恶心。"变化会在那一瞬间发生。
- 把那些想法唱出来。找一首儿歌把你的消极想法编到歌词里面，比如，"我是个糟糕的人；我是个最差劲的人；每天都犯好多错；这让我要爆炸了。"观点从夸张和幽默中迸发出来。尽管这个对策有点儿夸张，不过连青少年在折磨自己的时候想起这些幼稚的歌，也会面带微笑。

重写故事：解释越多，快乐就越多。既然孩子已经做好了准备，以下的练习会帮助他对自己的状况产生一系列的新观点。对于年幼的孩子，要利用他的想象力去做角色转换的游戏，用动物玩偶来代表不同的角色，比如，"坏脾气先生正在指使你，你准备好还击了吗？你想说什么？"对于年纪稍大一点的孩子，则通过图画、辩论、向想象出来的角色咨询等方式，由孩子自行决定哪种答案或者解释对他们来说是最有利的。

邀请"可能性工作组"登场。如果孩子对一件事情的看法牢牢锁定在某一种方式上，父母就要引入一些其他声音了。孩子可以想象不同的声音，比如他的好友、他的教练或者他心目中的英雄，看看他们对这个情境会有什么不同的看法。他甚至也可以由自身能力的长处中选择几个声音出来，"你那个很有决心的自我，会对这件事有什么说法？"或者他可以"咨询"他最喜欢的电影导演，听完他的消极独白之后导演会说："停！这根本不可信。"完成这个练习（或者只是认真思考思考也可以）能够缓解消极思维在孩子的大脑中造成的僵局，最终他会有很多不同的观点，从而产生很多不同的处理方法以供选择。

换副眼镜看问题：从全黑到全白。另外一种获得不同看法的方法是把"这里什么地方出错了"眼镜换成"这里什么地方做对了"眼镜。比如说，在孩子因为考试考砸了心情很糟糕的时候，你可以让他自己看看，他确实做得好的那些事或者什么情况是虽然并没有成功但对他是有利的。

延伸到两个极端。我们想要帮助孩子从总是设想最糟糕剧情的消极思维走向更实际的剧情（他们真正认为会发生的结果），在这个过程中，有时我们稍微绕点路到最佳剧情，再带他回到中间地带——比较符合实情的想法，会是很好的练习。我们可以做一张三栏表格，一栏是"最差剧情"，下一栏是"异常美好的剧情"，最后一栏是"比较实际的剧情"。在孩子写下消极的剧情（"我会去上学，然后考试会不及格"）之后，让孩子扩展到异常美好的剧情："外星人会来绑架我的老师，然后就不会有考试了。"接下来找到中间地带，或者说比较实际的剧情就比较容易了："我会去上学，可能考试还行吧。"不论是从哪个方向扩展到荒谬的剧情都能帮助孩子放松，能让他明白二者之间还有很多不同的观点。

往长远处想。如果今天就是世界末日，或者明天连回忆都留不下的话会是什么感觉？让孩子想想以下问题：现在它对你意味着什么？明天、下周、一个月以后、一年以后它对你意味着什么？如果你很快就会遗忘它，那么现在它能有多重要呢？

【步骤五】行动：成为你想看见的样子

有时候，你再怎么用脑子想也没办法让自己从牛角尖中钻出来，但是出乎意料的是，只要你停止思考，行动起来，就可以让自己成功走出牛角尖。脑神经学发现在脑神经的线路连接这件事上，行动比语言更有力。如果你一直在想一个问题，与其坐着不动，不如站起来去积极做点儿什么。就像把正在旋转的唱片上的唱针拿起来放到别的地方一样，做点儿积极的事情帮助你的大脑忙于一些让人心情愉悦的事情，直到你的神经系统从险兆事件的情绪中恢复过来。你并不需要忘记你之前在思考的事情，但你可能像发条玩具一样，挤到墙角无法前进，但车轮依然在转动：不论它转多少圈，它依然无法前进。它需要的是被人拿起来，朝一个新的方向前进。

有时候，孩子会在着手新的解决方案时做好准备、行动起来：打电话给一个他正在担心的朋友或者开始动手做他本以为不可能完成的课题。还有些时候，孩子只是需要一点儿积极的活动让他的大脑重新启动、摆脱消极模式。

这些"恢复"的方法不需要太多时间，有时只要玩两分钟的接球游戏就足以让孩子振作和清醒起来并做好准备重新开始。

大脑恢复法：

- 玩快速接球游戏，或者把成对的袜子滚成球等
- 用洗衣篮玩投篮的游戏
- 随着最喜欢的音乐唱歌或者跳舞
- 出门散步
- 和狗狗玩耍
- 玩"你说我做"的游戏
- 骑自行车

要注意的是，玩上述振奋心神的游戏与让自己从消极思考中跳脱出来完全是两码事。分散自己的注意力就像是在和你的消极思维玩躲猫猫游戏一样。即使你去做别的事情，假装那时它不在，它最终还是会找到你。这个整体方案的思路是先分解恶势力的力量，纠正并降低它的影响力，然后去做一些你认为更重要的事情。你并不

是在分散注意力，你要么接受、要么拒绝那些想法，不论是接受还是拒绝，你已经确定了话语权在自己的手里。你在头脑里已经很清楚这些想法只有在你授权给它们时才有权利，你可以决定让它们浮现、修改、更正或者用别的想法替换它们。

当消极思考在夜间来袭。很多家长问我："如果这些想法在睡觉时发生的话要怎么办？那时根本不适合跑来跑去玩接球游戏。"如果你已经按照上面所有的步骤做了，而且你的孩子也已经不再被他的消极思维压倒，但仍然觉得在睡前需要关上开关，那么有很多种思维练习可以试一试。对于年幼的孩子来说，你可以就他眼中美好的一天讲一个有趣的故事：这天是如何开始的？他们早餐吃了什么？他们想要做的五件事是什么？晚餐他们想吃什么？你也可以利用他最喜欢的王子或者公主编一个他或者她的冒险故事。让你的孩子提供一些关键的细节，比如故事发生的地点、主角遇到的困难、问题是如何解决的，等等。年纪稍大的孩子可以为他理想的一天或者假期做个计划，或者如果他要和哪个名人或者哪支摇滚乐队出去玩一天的话，他们会做什么。这些基本的想法只是给你的孩子一个起点，然后由他来充分发挥想象力去完成其余的部分。

另外一个放松练习是让孩子具体描述五件他要感恩的事，可以是进展顺利的时刻、那天的成就或者他在生命中要感谢的人。

强化孩子的新思维模式。你可以表扬孩子在消极思维的坑洞来临时他坚定了自己的立场，就算他失足掉进去，也可以把自己拉出来，或者更棒的是他能避免消极思维的发生。表扬时要具体："那次你真的想得很透彻。""那次斗争可真激烈，不过你真的坚持住了，没有让自己走得太远。""这次的情况很棘手，但是你没有让那些声音左右你。"

对年幼的孩子，你可以利用贴纸来强调他把话语权从"不行先生"那里夺回来的时候或者发现他们用词从"总是""从来不""一切"变成了"有时"和"有些事"的时候。对那些和消极思维作斗争的频率比较高的孩子来说，实际一点儿的强化剂可能会比较适合，比如特殊的活动或者小奖品。在这种情况下，孩子更急需形成新的行为表现，而且每天都有很多机会进行练习。父母的奖励在强化孩子的弹性反应、尝试新事物以及努力改变思维模式方面有增强效用。

要做的与不能做的：

- 一定要让孩子知道你接受他的消极思维和情绪。
- 一定要有耐心，要明白这是一个需要时间的过程。
- 即使你的孩子一开始的时候是消极的，但他在改变主意后仍然值得表扬。
- 一定要让孩子参与这个过程，让他告诉你他什么时候想要和你讨论这些话题、想要如何讨论。
- 一定要记住，每个人都会有情绪糟糕的时候，但那是暂时的！如果有一天你的孩子不想配合或者似乎把所有学过的都忘记了，没关系，明天又是新的一天！
- 任何时候都不要把想要努力配合的孩子排除在外。

◆ **本章结语**

　　上千个神经细胞从一次重新布线开始它们的旅程。一旦你心里明白有另外一个目的地,那么你向着那个新方向前进的几率就会大大增加。如果前额皮质中的新线路能健康发展,那么它会把孩子的思维从右脑的消极思考运送到左脑的弹性思考中去,这时神经系统的景观再设计就形成了。随着时间的发展,这些新的线路就会发展成一条条闪亮的通道,它们都闪烁着一条清楚的信息:"到这边来,这边是你可以解决的。"

Part 2

当消极情绪遇上现实
从容迈过生命中的坎坷

第六章
当消极情绪长驻不走时
我的孩子需要专业的帮助吗?

> 我知道难过是什么,它来了又走了。我抑郁的时候就感觉它永远都不会走了。
>
> ——一个十五岁的男孩

当阿里早上起床时说"我再也受不了了"的时候,我真的开始害怕了。我们知道学校的一些事情让他感到很焦虑:考试、女孩子、体育课。他对自己很严格,我们理解他,希望能够帮助他。每天晚上,我们都会和他谈谈,开导他,为他想办法克服焦虑。但后来事情的性质完全改变了,他变得不再有"斗志",这一点让我非常惶恐。我们在努力解决问题的时候,不论经历了什么我都可以承受,但是他放弃了。他说这些尝试根本没有意义,在明天甚至明天的明天会有更多的问题出现。那天早上,我知道我们需要改变方式去帮助他了。这就像我们眼睁睁地看着他从雷达上消失一样,我们绝不可能什么都不去做就让他从上面滑落。对我们来说，这只是一个巨大未知的开端而已，但有一件事是绝对很明了的：我们需要帮助。

——一个十三岁少年的母亲

◆什么程度的消极是正常的？

对家长来说，判断自己的孩子是否正常是很磨人的事儿。如果我们把孩子放在显微镜下仔细观察，找出他们一天当中的高低起伏，我们会看到很多的低谷，很难判断究竟多少是太多。然而像阿里的母亲说的一样，我们能本能地觉察出孩子身上出了问题，值得注意的是，这种本能和其他诊断标准一样重要。我们必须在几天或者几周的过程中（不单单是孩子每天最糟糕的时候）问我们自己的问题是：

•我们有没有沟通的渠道？我们是否能和孩子讨论出现的问题并一起努力解决？孩子是否一直在抗拒讨论这些问题？

•我的孩子是否在进步？他的痛苦是不是减少了？他是否在利用我们已经讨论过但我还没有开始实施的那些计划？他是否还想继续让自己好起来？他是否在更积极地过自己的生活？他看上去是否大部分时间都没有那么多烦恼了？

当我们发现孩子仍然在遭受痛苦，我们一直在使用的那些方法已经不再起作用，这时就需要重新评估我们的方案，并寻求专业人士的帮助。

挫折是每个人生活的一部分。因此，我们能够预料到孩子的成长道路，虽然积极或中立会是生活的主旋律，但是他们仍然不能够避免消极思维的产生。当消极思维占据了主导地位的时候，他们的人生旋律就会变得沉重、不和谐。在本章，我们会讨论不同年龄阶段的孩子在发展中会遇到的典型问题。当然，在某些情况下，消极想法的产生是预料之中的，但也是暂时性的。然而有的时候，孩子在消极思维的漩涡中难以自拔，就陷入了抑郁当中。

我们将看到的是，在每一个发育阶段，令人失望的事情发生之后，孩子可能在那天甚至几天之内情绪都很糟糕，这是正常的反应。当我们注意到孩子的行为或者个性方面发生了变化的时候，我们就应该去了解其中的原因。如果孩子开始做出一些让我们意料之外的事，会表现出毫无来由的烦躁或者孤僻，而且不再参加他们以往很喜欢的活动，这时的消极情绪就不是因为受到刺激而产生的反应了，而变成了他们的一种生活方式。下文我们将对各年龄阶段孩子的抑郁症状进行详细说明。如果以下现象或危险信号已经持续出现了两个星期，那就说明本书前面所列策略已无法帮助到孩子，这时候就应该寻求专业人士的帮助了。

抑郁症的危险信号：

- 情绪变化：容易放弃、易烦躁、易怒、对事情反应冷淡、没有动力或者情绪低落。
- 对以前喜欢的活动失去兴趣、拒绝参与平常参加的活动。
- 很容易哭，有时哭个不停。
- 很粘人或存在分离焦虑。
- 身体不适：头痛、胃痛。

- 对生活的态度发生变化：事情对他们来说都太累人、太无聊或太难。
- 持续性症状，连续出现至少两个星期。
- 这些症状影响孩子正常能力的发挥或者给孩子造成了巨大的困扰。

◆ 正常发育、消极情绪与危险信号

● 学龄前儿童

情绪波动：时时刻刻的挑战。对学龄前儿童来说，世界是属于他们的。几乎在你做任何事的时候他们都会想参与其中，不论是洗车、做饭，还是扫落叶，因为生活就是一场冒险，他们想要伸出自己胖乎乎的小手去探索一切。但是，不断遇到挫折也是一个普遍现象。在他无法够到一个很高的开关、拉上夹克的拉链，或者踢进一个足球的时候，他会突然大发脾气并表现出极大的痛苦，不过他们转换心情的速度也同样让人惊叹，也许就发生在拿到好吃的点心或者飞机从头顶飞过的那一瞬间。导致孩子情绪沮丧的另外一个原因是，他们无法了解规则或者预期他人的反应（学龄前儿童无法理解为什么他们提出了请求，而你还是不同意他们吃巧克力冰激凌）。然而，如果你的孩子表现出痛苦并持续很长时间，而且已经影响到了他参加其他活动，并有破坏性行为、身体易疲倦、父母不在身边时明显焦虑、爱哭、失去活力，就要考虑抑郁症的风险了。

学龄前儿童身上的正常消极情绪表现：

• 如果计划没能按照他们的想法进行或者他们觉得事情不公平的时候，他们很容易陷入沮丧情绪。

• 他们可能会哭闹、发怒或者表现出异常的沮丧，但这种反应都是暂时的。在某种程度上，这是由于他们很容易受到当下发生的事件的影响而造成的，因为他们对未来没有概念，所以受到眼前的打击特别大。

• 暂时的受挫不会影响他们享受其他事物。

• 他们很容易被劝阻或者很容易被其他活动分散注意力，甚至情绪会发生戏剧性的突然转变，坏情绪会持续几分钟，但是不会持续几个小时或者几天。

学龄前儿童可能患上抑郁的信号：

• 他们表现出悲伤，很难笑出来，目光低垂，他们描述其他人或事物时都是忧伤或者绝望的。

• 他们的活跃度发生了变化。他们可能会过度活跃（安静不下来，需要一直做点儿什么事、一直保持活动）或者不够活跃（昏昏沉沉、困倦疲惫）。

• 他们对以前喜欢的活动不再感兴趣了，对以前最爱做的事情也无动于衷。

• 他们更容易陷入沮丧情绪，而且明显更容易出现发怒或者反常的行为，如打人、咬人和尖叫等。

• 他们可能会表现出分离焦虑，以往能够自己独立做的事情，现在不愿意自己去做。

● 频繁出现身体不适的症状，让他们心烦气躁，比如头疼或者胃疼。

● **学龄儿童**

进入有很多想法的年纪。有别于学龄前，学龄儿童不再通过"全面的身体接触"体验生活，而是通过思考来学习。从前，他们通过身体探索自己的领地，抓住一切机会学习"外面的"世界如何运转。现在，他们花越来越多的时间转向内心世界的探索，对生命有了更多的想法。

这个年龄阶段孩子的思维有一个明显的特质，就是思考变得有延展性。他们会提前做计划，也会事后反思，思考本身成为了一种活动。表现出来的情况可能是孩子会做白日梦、变得焦虑、产生更多消极的想法，有的孩子甚至在夜晚因为无法停止思考而难以入睡。

随着思考分析能力的增强，灰心丧气的情绪也会随之而来。即使父母一再保证事情并没有那么糟糕，这个阶段的孩子也不一定会感到满意，他们要通过自己的思考来找到结论。想到第二天即将面临的挑战，他们可能会焦虑到无法入眠，因为他们已经可以通过思考预想接下来发生的事，并养成预期事情会出错的惯性思维。他们对自己的行为意识感越来越强，这时他们可能会夸张或者放大这些行为的影响，或者利用自己的思维能力去选择性地寻找可以佐证的事例："我在黑板上答错了一题，现在大家都觉得我很笨。"处于童年中期的大脑通常会非常"忙碌"，所以你可能要花更多的时间去处理这些错误想法造成的影响。但是这些想法通常都是暂时性的，并不会影响到孩子享受生活的能力。消极情绪可能会持续几个小时或者一天,但是极少超过一天。给孩子带来压力的问题或想法可能会一直保留在孩子的头脑中,而且他需要在冷静下来的时候回顾和处理它们,直到问题解决为止。但是容易抑郁的孩子无法放下他们的负担,他们会把自己的疑问和消极观点带入新的状况中。他们可能会变得毛躁或者孤僻,而且不想参加以前喜欢的活动。他们可能不会被同龄伙伴排斥,但是他们会认为自己很糟糕并假设别人也是这样认为的。当他们灰心丧气的情绪蔓延时,可能会失去做家庭作业和参与课外活动的动力。

学龄儿童身上的正常消极情绪表现:

● 想太多和过度分析导向错误的(以偏概全)结论。

● 随着社交意识的增强,孩子会开始有比较或因他人比自己优秀而产生焦虑。

● 前瞻性思考的能力可能会引发焦虑的预期和假设。

● 这些思维模式可能会在消极情境下反复出现,但是它们不会在所有的情境中出现,而且也不会影响孩子参与生活、享受生活的能力。

学龄儿童的抑郁信号:

● 消极的自我形象:"我好笨。""没有人喜欢我。""我很失败。"

● 悲伤、易怒;对未来感到挫败;没有耐心;容易陷入沮丧情绪;有时会出现敌意或攻击性行为。

● 不想上学。

● 频繁出现身体不适的状况,常光顾学校医务室。

- 体重下降或发育停滞；食欲不振，对要吃什么犹豫不决或对食物失去兴趣。
- 优柔寡断：之前可以处理的事现在变得困难，因为对自己的选择考虑太多，结果无法行动。
- 常常想要哭。
- 过度的焦虑：孩子会突然出现分离焦虑，或者对要去以前很喜欢去的朋友家感到紧张。
- 缺乏活力：无精打采、太疲倦不想活动、早上起床和上学困难。
- 睡眠习惯改变：早上醒不来、晚上睡不着、白天打瞌睡。

● 青少年

身份认同很重要。长久以来，青春期被认定为一个黑暗、易冲动的阶段，青少年要承受荷尔蒙对身体所带来的强烈影响，加之外表的改变以及越来越重要的社会地位，他们急于寻找自己的核心身份，还面临着大学与未来的抉择。然而，如果你曾经看到过一群青春期少女在一起过夜聊天，或者和一群少年一起运动或打游戏，那么你会知道冲动只不过是他们全身心投入事物过程中的小插曲。在拥有了更多的自由后，青春期的孩子在被迫回到平淡无趣的生活，面对繁杂的家务、家庭作业和蹩脚的家庭幽默时，他们更容易感到沮丧。他们享有的自由度越大，感受到的挫折也就越大，但这是他们必经的成长过程。他们会对家人变得严苛，学着自己做决定，建立自己的价值观。他们受父母的激励成长，但不是父母的翻版，如此才能离开父母，独自出发，成为世界上独一无二的自己。

第六章
当消极情绪长驻不走时：我的孩子需要专业的帮助吗？

青春期的少年们虽然没有像名人一样的收利，却承受着和名人一样的压力，他们得努力扮酷却要表现出天生就如此酷的样子。他们想要别人以为自己过着令人羡慕的生活，但事实上，他们只是整天聚在一起讨论别人在做什么：在镜子前花几个小时只不过为了让自己看上去像根本没有照过镜子。声称不在乎自己的打扮，但又一丝不苟地把自己打扮得恰到好处。这种"毫不费力"的心思消耗了他们所有的时间和精力。2007年的电影《朱诺》中就体现了青少年这样一种态度，十六岁的时尚女孩朱诺伶牙俐齿，她对她的男友说："你算是我遇到的最酷的人，你都不用努力。"这时，她真挚、谦卑的男友布利克无法接受她的恭维，于是向她坦白说："实际上我真的很努力。"他们真正认同的身份形成的过程，就是慢慢退去伪装与矫饰，找到自己最舒服的样子。

青春期的孩子很容易对事情的实际状况失去判断，只要考试分数不理想、和男朋友或者女朋友分手了、没有被选入乐团，都会让他们接受不了。在他们还未找到自己的身份认同之前，任何小差错都会影响他们对自己的看法。在经历了这样的失望或打击之后，孩子可能会在一两天内出现一些反常，如不想做家庭作业，想去打电子游戏、吃垃圾食品、看电视或者和朋友一直聊天。但是这种反常也成为让孩子逃脱压力、尽情享乐的动力。而抑郁的孩子不会去做让自己开心的事或者找朋友发泄，而是会隔离自己，不想接触任何人，用灰暗的想法或破坏性的事物把自己包裹起来。

青春期的正常消极情绪表现：

- 情绪极端，对承诺犹豫不决，对一些事情挑剔、怀疑，又可能会兴奋、投入（有时是不同时间发生的同一些事情）。

●拒绝听取父母的意见（至少会在短时间内这样）。

●把自己暂时性隔离在自己的空间，不愿与人交流。

●对未来感到压力巨大而非常沮丧。

●暂时性地质疑日常事务的重要性："学代数有什么意义？我这辈子什么时候会用到？"

青春期的抑郁信号：

●个性发生变化：易怒、态度恶劣、好斗、消极或者难过，这些情绪持续时间较长。

●有难过、绝望、无助的情绪。

●沉浸在自己的世界里，退缩，独处的时间越来越多。

●自理能力出现退化现象：不在意自己的外表，披头散发，可能连洗脸洗头都做不到。

●成绩下降；不参与课堂互动。

●对朋友、爱好、家人和运动都失去兴趣。

●放弃以前感兴趣的活动。

●精力变化：明显无精打采、懒散、反应缓慢，或者紧张、坐立不安、焦虑。

●睡眠习惯变化：一直睡觉，或者无法入眠。

●食欲变化：情绪性过量饮食或者食欲下降。

●有自残倾向，例如割伤自己、提到死亡和自杀的事。

◆ 抑郁症的诊断

在美国，9~17岁年龄组的孩子大约有5%被确诊为抑郁症。1999年美国卫生总署精神健康报告指出，美国有10%~15%的儿童和青少年有抑郁的部分症状。儿童期抑郁症会影响到孩子正常的生活和发育的各个方面。从理论上来讲，他们的参与能力和执行能力都会受损。回避社交增加他们的孤立感，家庭冲突可以是儿童抑郁症的原因或后果，而且他们的自杀率提高了。如果出现以下情形，则可能患上了抑郁症：

- 情绪低落持续时间很长（两个星期或以上）。
- 感到压力，并严重干扰到了日常生活。

● 情绪障碍诊断的类型

多种不同的诊断结果都包含抑郁症状，见下表。很重要的一点是，抑郁症可能和其他情绪障碍一起出现。例如注意力缺乏症与抑郁症，或者焦虑症、强迫症与抑郁症，等等。被确诊患有重大抑郁障碍的孩子中大约有三分之二也患有另外一种情绪障碍。一般情况（但并非绝对），如果孩子出现焦虑症等情绪障碍但没有得到有效的治疗，经过几个月的挣扎之后，会出现绝望无助的抑郁感觉。因为孩子总是焦虑担忧，这让他们感到精疲力竭。在这种情况下可能首先需要治疗抑郁症，让孩子能从他的思维模式中转换出来，并看到改善的可能。

表6-1

	成人	儿童	青春期
抑郁情绪	难过、沮丧、忧郁	易怒、有攻击性、爱哭、抱怨；可能会伴随分离焦虑或者到新环境时会感到焦虑	易怒、有攻击性、敏感、好斗、好争辩
兴趣下降	对一切都了无兴趣	冷淡、好奇心下降、反应缓慢、不喜玩耍、对以前喜欢的活动没有热情、易放弃	一切都很无聊、不重要、没有意义；放弃惯常活动；缺乏主动性；对任何事都没有期待
体重大幅下降	体重下降	发育停滞，不喜吃饭、食欲下降	体重改变；可能过量进食或者不吃饭，或者没有饥饿感
失眠或者嗜睡	入睡或者起床困难	睡眠紊乱，难以入睡、易醒或者在不该睡时犯困	无法入睡、整夜失眠、从学校一回家就睡
心因性的坐立不安或迟缓	异常活跃、无法安定下来，无法找到动力动起来，动作明显缓慢	像加速的发动机一样不停地动，或者像慢速发动机一样，反应慢、动作慢	来回踱步，动个不停；反应缓慢，静坐在沙发上或者躺在床上，在日常活动中动作缓慢

疲惫或者失去活力	感到非常疲惫，无法活动	总是躺着，装病	睡眠过多、无精打采
感到自己毫无价值	责怪自己，对自己具有侵蚀性的消极思想	常说"我笨""我讨厌我自己""我是个坏孩子"	有愧疚感，感觉好像把一切事情都做错了，大家都讨厌我，自尊心低落，对自己的看法消极："我很笨、我好丑、我讨厌自己、我不在乎自己"
思考能力下降或者无法集中精力	无法专心工作	面对选择会感到巨大的压力、无法做决定、无法好好坐定	无法专心做功课、效率低下、因为无法把书读进去或记住而沮丧
常想到死亡	常被关于死亡的想法困扰	询问关于死亡的事情，会说"我想去死"	想到死亡、有自杀的念头，会说"我想去死，活着没有意义"

抑郁症： 根据美国精神病学会的《精神疾病诊断与统计手册（第四版）》（DSM-IV），如果一个人身上出现以下症状中的五项并且连续两周内每天都如此的话，即可确诊为抑郁症。其中一定要包括第一项或第二项。而且这些症状必须相较于一般正常行为来进行评估，不是由于其他生理状况，如甲状腺低落会导致动作迟缓。

1. 一天中大部分时间都处于抑郁情绪当中，而且几乎是天天如此。不论是由孩子自己描述（比如感到难过或者空虚），还是他人观察到的（比如易哭）。注意：在儿童和青春期的孩子身上，可以表现为烦躁的频繁出现。

2. 孩子一天中在大部分时间都对所有活动或大部分活动的兴趣明显下降（孩子主动叙述或者他人观察得到）。

3. 在非减肥时期出现体重急剧下降或增长的情况（如，一个月内体重变化超过5%），或者几乎每天都食欲不振或食欲大增。注意：在孩子身上，未达到标准体重增长范围也应考虑在内。

4. 几乎每天都失眠或嗜睡。

5. 几乎每天都心因性的焦躁或动作迟缓（别人可以观察到，不只是孩子主述）。

6. 几乎每天都感到疲劳或者失去活力。

7. 几乎每天都感到自己毫无价值或者过度自责并具罪恶感。

8. 几乎每天都无法正常思考，或者无法集中精力，或者犹豫不定（不论是通过本人说出来的，还是通过他人的观察）。

9. 反复有死的念头（不只是对死亡的恐惧），对自杀有明确或不明确的计划。

低落性情感疾患。患有严重抑郁症的孩子的症状是非常明显的。但是低落性情感疾患则不那么明显，症状也较少，持续时间却很长。因为出现时间较长，对孩子的影响也是非常深远的。以下是《精神疾病诊断与统计手册（第四版）》（DSM-IV）对低落性情感疾患的诊断标准：

A. 一天当中的大部分时间都心情抑郁，症状持续时间比本人主观表达或者其他人观察到的要多至少两年（在儿童和青少年身上，情绪可表现为易怒，持续时间至少为一年）。

B. 心情抑郁时出现以下至少两个症状：

　　1. 食欲不振或暴饮暴食

　　2. 失眠或嗜睡

　　3. 疲劳或缺乏活力

　　4. 低自尊

　　5. 注意力不集中或者做决定时犹豫不决

　　6. 出现绝望情绪

C. 在受到症状困扰的两年间（儿童或青少年　年），A 或 B 的症状从未消失超过两个月以上。

甲状腺功能异常。甲状腺是位于颈部喉头下方的一个腺体，它通过分泌荷尔蒙来调节精力、生长发育和新陈代谢。甲状腺功能发生变化会影响心理状态，如导致焦虑或者抑郁。例如，患甲状腺亢进的人可能看上去比较亢奋，他们可能会表现出明显的焦虑、紧张、情绪不稳定、不耐烦、易怒、注意力涣散及过度活跃，可能会对噪音敏感，而且有可能出现悲伤、抑郁、睡眠与食欲不稳定的现象。

患甲状腺功能减退的人可能看上去比较淡漠。他们可能会对事物失去兴趣、失去动力，反应速度和其他心理活动变慢，记忆力变差，而且整个人的活力明显下降。由于甲状腺功能异常导致的症状与抑郁症有些相似，因此，精神病医生或者内科医生在确诊抑郁症之前通常会先测试甲状腺水平，以排除生理方面的原因。如果医生未按照惯例进行甲状腺水平的测试，家长可以提出要求。

● **自杀的念头：哪些情绪反应是正常的，哪些不是？**

哪怕只有一个孩子自杀了，都是令人难以承受的悲剧。然而自杀率的数据统计简直令人难以置信。自1950年以来，美国青少年自杀率已经翻了近四倍。1999年美国卫生总署精神健康报告指出，自杀是导致青少年死亡的第三大原因，而且在1980年至1996年这十六年间，白人青少年的自杀率上升了100%，同期美国黑人青少年的自杀率上升了105%。据美国心理学会（American Psychological Association）2001年的资料显示，青少年自杀已经成为了美国国家性的健康危机。

造成青少年自杀的众多风险因素包括长期的压力或者遭受精神障碍的折磨，比如抑郁症、躁郁症、酗酒，或有家族抑郁症病史、滥用药物或曾经自杀未遂，或受到有自杀念头的朋友的影响。当这些长期的风险因素遇上一次尖锐事件时，比如考试没考好、失恋、被当众羞辱、成为恶作剧或者被别人戏弄的对象、做了违法的事情等，脆弱的青少年没有把这些问题看成是可以解决或者暂时的，他们选择了一了百了的办法。如果你的孩子在几天或者几周内出现以下任何表现，或者你发现在短时间内孩子的行为发生了巨大的变化，你应该马上通过自杀咨询热线、儿科医生或者学校辅导员寻求专业咨询。

青少年的自杀风险信号：

· 写（诗、日记）或画关于死亡或者自杀的题材。

· 提及之前自杀或将来自杀的意图。

· 反复提起自己还是死了比较好，如果自己死了别人会比较开心之类的话。

· 反复表达绝望、自己毫无价值、孤独、异常内疚或后悔的情绪。

· 行为出现巨大转变：外貌、饮食或者睡眠习惯。

· 表现出极端的情绪波动：从非常忧郁到非常开心，没有任何解释。

· 学业成绩急剧下降，不在乎自己的责任。

· 参与高风险行为：嗑药、追求身体刺激的活动。

· 准备后事：计划把自己的物品、宠物等赠与他人。

· 不与朋友和家人交流，并退出以前参加的活动。

有时孩子在情绪受挫的时候，会脱口而出"想去死"这样的话。这样的话当然是父母们永远都不想听到的，但是，如果孩子在情绪受挫时有一次或偶尔说出这样的话，或许是在发出一种信号：孩子需要增强自信心和增加情绪调节技巧。另外，它们也可能在暗示孩子有患抑郁症的风险。家长要了解其中的来龙去脉：如果这是一次独立事件而且是在孩子被他自己无法处理的社交状况逼到死角的时候发生的，或者是与老师杠上了，那么实际上他要说的是："我不喜欢现在这样，我需要帮助！"在这种时候，你需要严肃对待，但不要惊慌失措。你的惊慌失措会吓到孩子，更无利于帮助他解决问题。相反，你要冷静下来运用第三章中提及的策略去找出孩子这么说的时候到底发生了什么。你可以问他："你是真的想要去死，还是你生气了，但不知道怎么办？"你听到的答案可能会是："我今天做了好多糟糕的事情。""今天体育课投篮没投中，我好尴尬。""休息的时候没有人听我说话，我真想死。"要让孩子弄清楚"想死"，意味着永远离开、不再回来，和"生气了想要当时的状况消失或者问题得到解决"之间是有差别的。教孩子学会在需要帮助时如何准确表达，和他玩游戏，用角色扮演或者表演的方式让孩子练习他的新台词："我需要帮助！"

孩子必须清楚地认识到他们说话时需要谨慎用词，因为如果他们说自己想要去死，医生、学校的辅导人员就需要和他们谈话，以确保他们是安全的。有些学校会要求孩子接受心理治疗师的评估，确保孩子不会出事后才让孩子回到学校上课。

◆ 抑郁症的治疗

如果你的孩子表现出前面所述的抑郁症症状，说明他需要专业的帮助了。下面介绍的是目前可采用的治疗方法。

● 认知行为疗法

认知行为疗法（CBT）起源于1950年，由心理学先驱阿尔伯特·艾利斯（Albert Ellis）与亚伦·贝克（Aaron Beck）提出。当时的主流观点是抑郁或者焦虑会改变我们的思维：在我们不再焦虑或者抑郁之前，我们的情绪是无法改变的。相反，认知行为疗法认为，人的扭曲的想法会造成抑郁情绪，而不是抑郁情绪使人的想法扭曲。这一观念的提出，为抑郁症患者打开了一道希望的大门。这在方法上来讲是一个令人欣喜的转变，它让那些抑郁症患者知道他们并非患上了一种被动的、无法摆脱的疾病。相反，他们可以通过改变想法，练习新的更健康、更准确的思维方式来直接影响他们的感受。认知行为疗法得到心理学界和寻求解脱的患者们的普遍认可。许多研究表明，认知行为疗法在很多障碍型精神疾病的治疗方面体现出了效果，在治疗青少年抑郁症方面的效果也很突出。最近和过去对认知行为疗法的分析已经证明它能成功地在短期内改变人的消极思维，而消极思维正是抑郁症的特征之一，不仅如此，它在防止儿童抑郁发作方面异常有效。当然，它在成年人的抑郁症治疗方面也有同样的效果。

在认知行为疗法中，儿童和青少年将学习到：

1. 心理教育：让孩子找到他们为什么会有当时的想法和情绪的"幕后主谋"，并科学地解释他们如何改变那些想法和情绪。

2. 认知重建：通过对逻辑性的质疑，帮助孩子辨认出与抑郁症有关的思考误区，学习并区分曲解的思维模式，从而树立正确的思维系统。

3. 放松与正念练习：说一个可以在情绪激动或冷静的时候扮演的角色；鼓励儿童与青少年做简单的"不插电"游戏，让他们的心能完全安静下来，帮助他们对自己如何思考和感受进行选择，而不是被一瞬间的第一反应控制和限制。

4. 行为能力的激发：从外而内进行训练。练习的目的在于激发习惯放弃或者没有动力的孩子的内在动机，让他们活跃起来。通过有指标性的活动，对抑郁造成的惰性进行反击，依此来刺激他们的动力和积极情绪。

5. 预防复发：定期和孩子复习关键策略、口号和观点，通过它们来稳定和克服消极思维。找出可能会诱发抑郁症复发的情境，建立防止复发的最佳心态："如果事情发生了，不要难过，要采取行动。"

认知行为疗法：积极治疗、共同协作。相较于一般的非指导性的治疗，认知行为疗法的过程和目标都非常清晰，是公开透明的。每次治疗期间，都会将学过的技巧和策略直接运用在那个星期内出现的想法、情绪和状况上，并对这些技巧和策略进行强化。孩子、治疗师及家长共同设计治疗期间要完成的训练，这些训练会帮助孩子在治疗时段以外调节情绪、强化技巧并扩大它们的使用范围。有时孩子害怕治疗期间的"家庭作业"会令他感到不快或者担心被打分，不过这里的目标是让"作业"对孩子来说是充满创造性、令他满意同时又能有效的。如果在共同协作的过程中孩子与其他成员处于平等的地位，认知行为疗法就能获得最好的效果：治疗师提出建议，鼓励孩子参与讨论，并根据自己的需要把这些建议进行个性化修改，父母也要参与共同协作。因为父母就是孩子的前线，如果治疗师能够让父母和孩子一起学习这些技巧的话，治疗效果会更加显著并且会更加持久。同时，父母能够了解如何理解抑郁症的语言、孩子难过时应该如何回答他的问题、如何鼓励孩子创造性地进行认知重建、在孩子被困住时如何帮助他整理自己的思绪并开始行动起来。如果你没有从治疗师那里得到任何反馈信息，你觉得自己很茫然，那么你要说出自己的感受，这不仅仅是因为你是消费者所以你有知情权，更重要的是，这对你的孩子有好处。

我去哪能找到合格的治疗师进行认知行为疗法？ 出于对时间与效果的综合考量，认知行为疗法越来越成为很多治疗师选择的治疗方法。心理医生、社会工作者以及经认证的辅导人员都可以接受认知行为疗法的培训。如果你需要一些参考，可以让你信任的儿科医生或学校的辅导员向你推荐。另外，很多专业机构都提供按照地理区域划分的合格治疗师名单。

为你的家庭找到适合的治疗师通常取决于以下两个因素，二者的重要性不相上下：首先是专业，其次是投缘。即使是最有声望的治疗师也可能和你的孩子合不来，这样的话，治疗就不会有效果。同样，最讨喜、热心的治疗师可能缺乏你所需要的专业技能，尽管治疗过程令人愉快，但是治疗效果却不尽如人意。家长在与心理治疗师进行面谈时，应该尽量多问开放性的问题。例如，不要问："你真的会用认知行为疗法，是吧？"而是问："给患抑郁症的孩子治疗时你会使用什么样的治疗方法？"不要问："你已经给很多孩子治疗过了，他们的病情已经好转了，是吗？"要问："你大概给多少个孩子进行过治疗，他们的进展如何？"以及其他涉及的重要问题，包括家长如何参与治疗，如果可能的话，学校如何参与。我遇到过很多家长，他们告诉我说在上一任治疗师进行治疗的时候，他们只是把孩子送去、再接走、付款，他们真的不知道治疗期间到底发生了什么，因为那是"隐私"。我坚信，如果对方认为隐私或许是孩子的特效药的话，那么让父母参与治疗过程能让他们了解孩子所经历的和孩子所需要的，这是影响孩子恢复健康的一个很重要的因素。孩子在他们的患病症状中直接或间接地包含了自己的父母。任何其他人都无法在孩子一天当中那些很重要的小小时刻带给孩子比父母更大的影响力，父母回答问题的方式既有可能增强孩子的信心，也有可能不经意间加深了孩子的消极倾向。

关于投缘：在你问一个治疗师关于他的经验和能力方面的问题时，你会对你和对方相处是否感到舒适有所了解。你是否能从他们那里学到方法？你是否能理解他们对问题的解释，还是答案过于专业？他们是否让你感到舒服自在？他们本人是否舒服自在？如果你与治疗师相处舒服自在，那么你的孩子也会有这种感觉。

与心理治疗师面谈时要问的范例问题：

- 你的治疗方向是什么？（而不是说："你是否会认知行为疗法？"让他告诉你答案。）
- 在治疗患抑郁症的儿童时你使用的是什么样的方法？
- 你是如何让孩子参与治疗的？
- 你看过多少个有这个问题的孩子？
- 父母是否参与治疗？以什么样的方式参与？
- 你与学校是否有联系？
- 遇到危机时最好用什么方法联系你？
- 通常情况下一个疗程是多久？

幼童是否能够参与认知行为治疗？ 父母甚至专业人士常常会怀疑，一个还不能确定把自己的想法陈述出来，或者不能仔细思考自己想法和感受的幼童，是否能顺利地参与认知行为治疗？目前越来越多的文献表示认知行为疗法对八岁以上的孩子是有效且适宜的。然而，根据我自己的实践和世界范围内的例证，临床医生确信他们的幼年患者，甚至是四五岁的幼童，都可以学会认知技巧和从他们的消极思维那里"夺回政权"的技巧，不过父母需要作为教练给予协助。幼童可能缺乏拼写的能力，但是他们丰富的创造力、想要快乐起来的愿望以及对自己的控制能力都大大弥补了这个缺点。当年幼的孩子有机会放松呼吸或者通过角色扮演让"坏先生"变友好一点儿的时候，他们是你可以找到的学习速度最快的人群之一。为了维持学习效果，父母确实有必要参与治疗过程，因此，如果你要带年幼的孩子进行治疗，务必保证为他找到一位能和父母紧密协作的治疗师。

● 是否考虑药物治疗？

父母都想要把最好的东西给孩子。有时，他们认为抑郁症是一种严重的疾病，所以认为它的治疗需要使用药物。其实，药物对抑郁症的孩子并不是必须的。你可以与孩子的心理治疗师或者儿科医生讨论一下是否有必要找精神病医生进行使用药物的咨询。虽然有些心理医生已经获得了开处方药的许可，但是大部分心理医生和所有社会工作者都无权开处方药。而精神病医生是接受过治疗精神障碍（如抑郁和焦虑）的专业训练的医师。任何药物，哪怕是非处方药的止疼片，都有利有弊。

药物之利。最近，一项称为青少年抑郁症治疗研究（TADS）的多地研究项目已经证实了使用药物的好处。这项研究由美国杜克大学的约翰·玛驰（John March）博士主持，由美国国家精神卫生研究所资助，研究是在全国另外十二家医疗机构中患严重抑郁症的青少年身上进行的，他们接受随机分配的百忧解、安慰剂（糖衣片假药）、认知行为疗法或者认知行为疗法结合百忧解。经过十二个星期的治疗，研究人员发现接受认知行为疗法结合氟西汀（百忧解）的青少年中有71%的人病情得到了改善，同时，病情有所改善的在只服用药物的组别中有60.6%、只接受认知行为疗法的组别中有43.2%，而接受安慰剂的组别中有34.8%。

在青少年的治疗效果中出现了一些有趣的差别。在药物治疗中出现了"速度效应"，药物在缓解抑郁症状方面似乎起效较快（十二个星期），而单独分别运用认知行为疗法和药物治疗二十四个星期和三十六个星期之后的治疗效果相当。在只接受药物治疗的青少年中间，有自杀倾向的比率略有上升，但是认知行为疗法似乎能降低这种风险。认知行为疗法与药物治疗结合的方式似乎比单独使用药物的安全性更高，而且这种方式看起来能达到最佳的利弊平衡效果。如果一位患抑郁症的青少年已经产生了自杀的念头，我强烈推荐在使用药物治疗的同时配合认知行为疗法。

总的来说，这项大型研究的结果就是利用药物治疗可能会加速康复，结合认知行为疗法的话效果会更持久，而且能对有自杀倾向的人群有额外的预防效果，同时能教会孩子管理抑郁情绪的技巧，这些技巧能让他们受用一生，并会成为防止将来抑郁症发作的重要保护工具。

在患中度至重度抑郁症的青少年中，药物治疗似乎成为了治疗计划的一个重要组成部分。这个数据不足以说明这个结论适用于幼童或者患轻度抑郁症的儿童。

药物之弊。2003年6月，再吸收抑制剂的使用增加了自杀行为，这一现象引发了社会的关注，英国卫生部（British Department of Health）在回应时警告医生避免给十八岁以下的抑郁症患者使用再吸收抑制剂。2004年10月，美国食品药品监督管理局要求制造商在该药物包装上使用黑框警告——类似于香烟盒上的警告，用以提醒公众服用再吸收抑制剂会增加自杀行为的风险。美国食品药品监督管理局的这一要求引发了专业人士的激烈争论，他们在这个问题的性质上产生了分化，但在问题的起因上处于统一战线：要保证孩子的安全。争议的一端认为黑框警告可能会导致孩子得不到可能拯救他们生命的药物治疗；而另一端则认为这些药物可能会威胁生命安全。

如果你和医生认为你的孩子需要服用再吸收抑制剂，美国食品药品监督管理局建议你的医生在孩子开始服用药物的第一个月内每周都对孩子进行一次评估，第一个月是非常关键的重要时期。在孩子开始使用药物或开始增加剂量时，脑部会进入一段不安分的阶段，容易产生自杀的念头。美国精神卫生研究所在一份声明中建议："应密切监督服用再吸收抑制剂的儿童和青少年是否出现抑郁症状加重的现象，是否出现自杀的想法或者行为，行为中是否出现异常变化，如失眠、躁动或放弃正常的社交活动。在治疗的前四个星期内密切的监督是非常重要的。"不幸的是,并没有人监督这些指导准则的执行。如果你的孩子开始进行药物治疗,请与你的医生讨论你关心的监督孩子症状的问题。

如果孩子在接受药物治疗而且疗效不错的话,就不应该停药,这是很重要的,而且绝对不能突然停药,因为突然停药的话可能会引起不良副作用或者导致抑郁复发。担心这些问题的家长应该与孩子的医生进行讨论。

建议向医生提出的关于药物治疗的问题:

- 药物治疗有什么直接的或者长期的副作用?
- 药物治疗现在已知的疗效如何?
- 多久之后我就应该可以看到症状得到改善了?
- 药物不良反应的特征是什么?
- 如果发生了紧急情况,我如何联系你?
- 药物治疗开始之后,我的孩子要多久来你这里看一次?
- 如果忘记服药了要如何处理?
- 这次药物治疗的标准剂量是多大?我的孩子什么时候开始使用这个剂量?
- 在开始药物治疗之前和期间要做什么样的化验项目?
- 这次治疗预期要分几个疗程?我的孩子要服药多久?

● 药物治疗、心理治疗,还是二者结合?

所有家长都希望为孩子做对的事情,尤其是在孩子遭受痛苦的时候。他们可能会认为药物治疗是孩子治疗程序中一个必要的组成部分。实际上，数百项研究已经证明认知行为疗法在治疗抑郁症方面和药物治疗的效果一样有效，而且在防止抑郁症状复发方面的效果是药物治疗的两倍。如果两种治疗方法都宣称能够对大脑产生影响，那么为什么其中一种在防止抑郁症复发方面有更好的效果？2004年，一些研究人员进行了一项研究，他们对使用药物治疗的患者和使用认知行为疗法的患者的大脑进行了扫描和对比。研究人员发现两种治疗方法针对的大脑区域是不同的。抗抑郁剂是通过抑制脑干（也就是大脑边缘系统）的活动而起效的，它抑制了我们对事物的情绪反应。抑郁症患者常背负难以承受的强烈情绪，而这种抑制作用对抵抗这种情绪来说非常必要。认知行为疗法则作用于大脑皮质，它掌管着更高级的推理功能，帮助我们用不同的方式思考和解决问题。这种区别似乎能够说明为什么认知行为疗法在降低抑郁症复发概率方面有更好的效果。如果消极情绪再次出现，已经学会如何处理的人就能够自行解读并处理它们了。

● 综合健康状况：备选方案

抑郁症的备选治疗方案或者综合治疗方案是什么？一些父母在了解到药物治疗有备选方案（服用维生素）的时候会松口气，也有些父母会质疑："维生素怎么可能能帮助我的孩子，我怎么知道维生素是不是安全呢？"研究人员已经开始发现一些关键物质，它们可能能够改善或者补偿与抑郁症有关的大脑功能受损状况。对研究人员来说，这是一个快速增长的兴趣领域，鉴于这个课题的范围过大而我们重点关注的是心理治疗，它远远超出了我们目前的研究范围，因此在这里无法呈现全面的论述，但是抑郁症综合治疗方案领域有两个很有希望的发现。和其他治疗方案一样，在开始治疗之前需要先咨询你的医生。

欧米伽 3 脂肪酸：过去的老方法又开始流行了。过去我们的父母不愿意喝可怕的鱼肝油，现在它杀回来了。不仅仅是因为它现在口感更好了，而且研究人员开始确定它对很多健康状况都有益，包括抑郁症。我们需要这种特殊类型的脂肪酸来构建脑细胞，促进认知功能的发育。我们可以服用鱼油或者食用富含欧米伽 3 的食物来摄取它，比如三文鱼、亚麻籽、核桃和大豆。健康专家建议的欧米伽 3 与欧米伽 6 的摄取比例为一比四，然而我们的饮食结构中富含饱和脂肪酸，我们对欧米伽 6 的摄取量是欧米伽 3 的 11～30 倍之多。实验研究发现：有抑郁倾向的动物身上富含欧米伽 6，研究人员建议多摄入欧米伽 3 或可降低欧米伽 6 的脂肪酸水平。有一项最新的研究发现，（6～12 岁的）儿童在服用至少一个月的欧米伽 3 脂肪酸之后，他们的抑郁症状得到了大大缓解。另外还有研究表明，成年人在抗抑郁药物治疗没有效果时，摄取欧米伽 3 有益于减轻抑郁症状。

维生素 B12：根据美国国家卫生研究所的资料，维生素 B12 能帮助维护神经系统的健康、促进神经系统发育并维护红细胞的健康。在其他诸如疲劳、虚弱和食欲不振等其他症状中，抑郁症也可能是一种伴随维生素 B12 缺乏的疾病。B 族维生素是运动、情绪、快乐感和认知功能所必须的物质。B 族维生素含量最高的食物是蚌类、动物肝脏、强化麦片和鱼类。芬兰的一项研究在跟进被试者六个月之后发现，体内维生素 B12 水平较高的抑郁症患者比该水平相对较低的患者治疗进展更好。由于维生素 B12 主要存在于肉类和鱼类中，因此素食儿童尤其可能会面临缺乏维生素 B12 的风险。

◆ **本章结语**

很多有消极思维的孩子并不会发展出抑郁症，但父母需要了解如何识别孩子的消极思维占了上风的第一个信号，这样他们才能马上进行干预，防止孩子滑向抑郁症的深渊。

第七章
输赢、失败和嫉妒
慈爱地陪孩子走过生命中的坎坷

失败是重新来过的机会,而重新来过的时候会变得更明智。

——亨利·福特(Henry Ford)

你总有想要但得不到的东西。

——滚石乐队(The Rouing Stones)

几年前,在我的大女儿五岁生日那天,生日派对结束后我在打扫卫生。此时,家里还有最后两个小客人坐在餐桌旁,激烈地争论。凯瑟琳是个一头卷发、无拘无束的小女孩,她当时开心地唱着滚石乐队的流行歌,歌词里有上面那句话,但是每次她唱到"你总有想要但得不到的东西"这句歌词的时候,严肃的五岁小女孩阿德里安娜就会愤怒地打断她:"能得到的,你能得到的!"二人因为不同的世界观而产生了冲突,她们就这样一来一往,反反复复地重复着，直到最后她们的父母不得不出面打断二人的争论。两个小姑娘道出了一个道理，虽然我们都像开心的凯瑟琳那样唱着那段歌词，但是当事态严重、无法按照我们的方式取得进展时，我们会和阿德里安娜一样感到愤怒。我们以为我们能够得到自己想要得到的东西，然而在那一刻，我们大错特错。如果连我们自己都无法安然挺过这些令人失望的时刻，我们又如何帮助孩子取得更好的进展呢？

幸运的是，我们想当好孩子的教练并不需要成为这些方面的专家，但是我们可能需要重新考虑我们的作战方案：不要急着劝孩子不要失望，或者阻止他们表达沮丧的情绪。相反，我们要做的是思维模式的变革，要意识到实际上适当的失望对孩子是有益的，就像接种疫苗一样。我们不要把它们视为孩子幸福之路上的障碍，当我们自己把它们看成是暂时的弯路时，我们可以为孩子营造恰当的气氛。当孩子最喜欢吃的麦片没有了的时候、班级旅行因为下雨取消的时候，或者因为生病而没能参加同学的生日派对的时候，他不仅会了解到这些小过失并非世界末日，还能学会如何处理他感觉这些过失就像是世界末日一样的这一事实。这就像是两个孩子在医生那里打针一样，他们的感受取决于他们对自己说了什么（"救命！救我出去！"还是"结束了吗？"），在遭遇失望的时候，孩子对自己所说的话要么缩短，要么延长痛苦的时间。经过一段时间之后，孩子会发现，把自己的全部幸福和理智都押在一件尚在进展中的事情上是有风险的，而且他们甚至会机智地把生活与规则结合起来，"即使事情不顺利，我也知道答案了。"首先，学习管理失望情绪这项功课可能并不讨人喜欢，但实际上，你会发现和孩子一起克服那些困难是一种非常难得的经历，它可以加深你们之间的信任和亲密感，因为他已经在自己最脆弱的时候让你进入了他的世界。

如果我们不加以干涉的话，生活会将这些难题自然地呈现在孩子的面前。警告：这会是一个难以应付的过程。我们不会期待孩子能够马上直面困难并面带微笑迎接它们。这个过程中会产生一些后果，他们会抱怨哭泣，但是有了你的帮助，他们就可以整理思绪、找出可以挽救的那部分，即使他们就那样侥幸逃过了一劫也没关系。那些坏了的玩具和被伤害的心灵能让孩子明白，他们总有想要但得不到的东西；同时也能了解，其实他们可以通过他人的帮助并鼓励自己努力做到，就能得到他们需要的东西。

◆困难重重：思维消极的孩子最需要学习的一课

对思维有消极倾向的孩子来说，生活如同是一场赌博，因为许多时候他们的心情取决于事情是否进展顺利。通常，在互动中，他们都押上了自己所有的筹码，所以如果他们输了，在他们看来就是一败涂地。如果他们哭着说他们玩游戏输了、随堂测验得了一个C的话，那么这件事并不是他们自我认识上浅浅的一道划痕，而是会给他们留下深刻的印象。他们输了的并不只是一件事，他们感觉好像是输了自己的身份一样。他们的反应和事实并不相符，但却与他们理解事实的观点相一致。鉴于失败对这些孩子毁灭般的打击，他们的父母像超人一样冲出来保护他们也是可以理解的。但是这就形成了一个恶性循环，当我们的任务是保护孩子不让他们感受到失败的痛苦时，孩子会在不经意间清晰地感觉到：失败是非常糟糕的。如果我们希望孩子面对失败时能更有韧性，我们就不能过度保护。若我们能在很长时期内让孩子看到他们迎难而上也能胜利，那么孩子将会从中受益颇多。否则，孩子会以超出预期的力量竭尽全力地避免失败，或者另一方面，他们不会展现自己的实力，这样他们永远也不必感受失败之痛：他们不会尝试，他们会放弃。如果孩子精心设计自己的生活、避免任何失败和损失，或者我们为他们做了精心设计，那么他们就会永远是失败新手而不会成功地成为失败专家。

适当的失败是没有破坏性的，通常正是适当的失败能让孩子从中恢复元气，而且还能让他们学到更多的东西。有时他们甚至在一开始认定要失败了，但后来转而认为并非如此。自相矛盾的是，孩子越是能够从容地走过失败和失望，他们成功的几率就越大。所以，我们要走近失败。

学完这些课程之后，你会有 X 光一般的锐利的眼睛，去理解孩子内心是如何分析消极事件的。有了这样的慧眼，你可以满怀信心地引导孩子走出失败的漩涡并建立新的港湾、新的目的地，那里需要很多的努力、会有成功有失败、会有学习过程的概念，当事情变得棘手的时候其他人也会有同样的感受。你的孩子不会因为他的想法而困在死胡同里，他已经缩小了失望的深度，他要做的就是预料到会有其他路能带他走出迷宫。

● **那些小题大做都去哪了？降低对期待的赌注**

"这次考试不能考砸了，不然我会死的。""这次打游戏我一定要赢了我朋友，如果赢不了，我就是个窝囊废。""我这次报告一定要完美才行，它占我分数的一半呢。"这些压力是从哪里来的？那些对成功持开放态度、对自己的过失也很坦然的家长对此困惑不已。那些甚至有点儿过于关注成功的家长也对此感到不可思议，他们害怕这是他们一手培养出来的，至于孩子为何迫切地要让一切都是正确、美好和完美的，他们也同样费解。显然"我必须……否则……"这个无理公式已经织入了孩子们的灵魂。阿尔伯特·艾利斯被称为认知行为疗法的创始人，他提出了十二种非理性信念，它们拥有把普通的失望夸张或者放大成大灾难的力量。艾利斯的非理性信念包括：

- 我必须特别能干，否则我就是个废物。
- 其他人必须体贴待我，否则他们绝对是大坏蛋。
- 这个世界应该一直给我快乐，否则我会死的。

这些想法可能听上去过于戏剧化，但是下次当你因为在工作上表现欠佳而失望或者因为同事的一句话而感到受伤时，你会发现这些非理性信念非常恰当地说出了当时的感受。

我们如何才能让孩子不小题大做呢？方法不是企图让孩子相信他们的损失并不大。在那一刻，对他们来说损失确实很大。相反，关键在于原路返回：找到他们在当下的期望、他们在头脑中想象的情景，这样他们才能开始更新那些捣乱的想法和期望，把它们变得更加符合实际。通常情况下，孩子之所以会摔得很痛，是因为他们的起点太高。如果孩子在想:"如果我解不开这个数学题,我就是世界上最笨的人。"那么他从那个高度跌下来的时候就会非常痛。相反,如果他的期望是"我才刚学几何,按照学习过程,想要熟悉的话会比较慢,但是最后还是会变简单。"那么在他遇到解不开的题时,就不会是世界末日。同时,也不必奇怪他的期望已经让他为可能出现的情形而不是绝对条件做好了准备。这里有一点很重要的地方需要注意,这种方法并不是在降低标准。它并不意味着我们的孩子应该"容易满足和不要在意"。这里是在降低赌注,是要他们正确地理解为什么事情的发展有时候会对他们有利而有时候不会,并对事情的真实后果进行评估(和他们想象中的悲观观点大有不同)。所以说,孩子想要把事情做好、希望大家都爱他、想要愉快地玩乐,这都是好的。这些初衷都是美好的,问题在于当这些初衷没有实现时,孩子会得出怎样的结论。不要让孩子树立起"否则"的悲观观点,我们可以教孩子懂得令人失望的结果只是暂时的、可以改变的。

轻轻跌倒了再重新爬起来:孩子可以解决问题中的哪部分?

作为家长,虽然我们的出发点是好的,但我们常常发现自己处于一个欺骗孩子的位置上——过度保护、过度放纵、过度补偿,或者为孩子过度代劳那些我们明白应该由他们自己做的事情。比如,我们晚上十点钟冲出去帮孩子买他做作业用的海报纸(排队的时候用"我懂你"的眼神瞥一眼其他心怀歉疚、睡眼惺忪的家长,或者遇上荒谬的差事,我们就会避免眼神接触),或者为了用九百块方糖搭一座阿拉斯加圆顶屋，结果一直干到深夜。我们可能会想："我们要因为他没有海报纸就任由他得个'良'吗，还是明知道他们不学着自己做事，还要帮他们买回来？"对于这些情形，我们都有自己的看法，因为我们不希望孩子失败。但是在内心深处我们明白，如果孩子连这种失败都算不上的压力都无法承受的话，那么他们在生活中就不可能成功。我们的自欺欺人也欺骗了他们。

有其他办法吗？你不必为了让孩子学会克服困难就要把孩子扔到狮子面前，你也不必让他远离动物园。你不必问自己："我是让他掉下去呢，还是抓好他呢？"你要问问自己："这件事情当中有哪部分是他能够处理的？我要怎么和他一起承担呢？"看看孩子的起点，也就是现在他对失望的反应如何，然后帮助他刚好延伸到他的舒适区外即可。下面的问题可以帮助你理清思路：

- 他是否可以尽力自己完成一些任务？
- 我是否能够和他共同分担任务？他能做哪些部分？我能做哪些部分？
- 他是否会从这次经历中成长，或者这对他来说太难了会导致他倒退？

● **感觉消退的速度：要快还是慢？**

我们将在下面看到，在以下每一种"生活中的假设"中，我们都有办法把孩子转移到一个更好的位置上。孩子首先需要的是发泄，如果10～15分钟之后发泄不仅没有让他们冷静下来反而让他们更气愤，那么你可能就得对他们进行引导了。如果想要知道你的孩子内心真正在意的是什么，有时候唯一的办法就是直接跳进深水里，不只是不痛不痒地在浅端拍水，讨论他们的沮丧、损失、嫉妒或者失望，而是让他们浸到水里，浑身湿透。你可以利用下面方框中的公式直指孩子问题的核心。

> 我想要　　　　　，但是我得到的是　　　　　，而我现在　　　　　，因为现在我不能　　　　　！

你的孩子在完成这些句子的时候，他会备好梳理刚发生的事情所需要的所有信息。接下来，在他填写下面方框里的空白后，他可以利用自己的能力去思考接下来他可以做什么，而不是把他的（还有你的）所有精力都放在已经说过和做过的事情上。

> 我可以解决或者控制的部分是　　　　　。我不能控制的部分是　　　　　。下次我可以　　　　　。

记住，你不要强迫他停止用错误的方式思考而开始改用正确的方式思考。相反，我们应该穿上他的鞋子，和他站在同一条路上。一个人痛苦时确实喜欢有同伴，如果能先了解对方的鞋子有多大，事情就容易多了，所以你可以和孩子分享你自己曾经觉得棘手的过失、失望和一败涂地的经历。你会惊讶地发现，说到别人的非理性信念时孩子就可以变得跟教科书一样理性。最终他可以把别人的经历和自己生活中的点点滴滴联系起来。

◆ 处理人生中麻烦的问题

● 失败：在成功之路上适当停下脚步

如果《哈利波特》系列丛书的创作者 J.K. 罗琳被失败阻挡了脚步，那我们永远也无法知道哈利和霍格华兹魔法学校的伙伴们一起冒险的故事。作为一个靠社会福利金度日的单身母亲，罗琳的第一份手稿是写在咖啡店的餐巾纸上面的，因为她买不起纸。这份手稿曾遭到了很多家出版商的拒绝，但它最后还是卖出去了。

另一位著名作家苏珊·艾罗依·辛顿（Susan Eloise Hinton）在十七岁时出版了自己的第一本小说《局外人》（The Outsider），这本小说的灵感来自她在家乡俄克拉荷马州塔尔萨遇到帮派行为时的反应。很多中学生都知道这本书，不过他们可能并不知道辛顿在起笔写这本书的那一年，她的创意写作课不及格。想象一下，如果她认定写作课不及格就意味着她不能写作：那么几代的孩子都无法从她的领悟中受益了。

在我们的文化中，我们并没有把失败当成生活中最基本的经历之一去接受它们。我们以败为耻，那是"窝囊废"的专利。而尝试是我们唯一能够在失败中控制的那一部分——比如在足球比赛、辩论赛、考试当中，它是让我们最终取得胜利所必需的共同因素。我们可以用心、负责地为孩子树立起一个新的概念：失败并不是"窝囊废"的专利,每个人都会有失败,因为在每一次巨大的成功背后都有很多失败的经验。

剖析失败:针尖上的平衡。过于关注失败的孩子通常都对成功有着非常明确的概念,但从概率上来讲,靶心越小、错过靶心的几率就越大。如果在孩子的观念里非黑即白的话,那么他会很容易感到沮丧、然后放弃。在他们的概念中取得成功是非常困难的,那么失败就非常容易,而且二者之间没有中间地带。由于他们对成功的定义比较狭隘,这就创造了很多你未曾预料到的失败。只要有可能,事情不论大小,他们都会把它们作为失败的证据。孩子在面对这种压力时会有两种应对方式,要么他们在压力之下失控,令父母很困惑为什么平时坚强的孩子会因为小小的失败如此丧气,要么他们会保护自己,告诉自己:"如果有可能会失败的话,那我就不努力了,我要退出。"

有一些孩子凭借自己的能力,常常在努力的过程中表现非常出色而且不会遭遇很多的失败,但也正是这些孩子会特别害怕失败。当事情脱离正常轨道时,他们的世界会分崩离析,因为过往的经验告诉他们,事情的进展应该会非常顺利。但当他们发现自己处于陌生地带时,就将后果极其夸大并贴上错误的标签,个别错误变成了普遍性特征。如果你能帮助他们客观看待错误,他们就能理解一次甚至几次不那么完美的分数并不会损坏他们好学生的名声。

目标:学习如何正确地面对"失败"

如何向孩子解释失败:提出问题,而不是给出答案。

当事情变得很困难的时候,困难的情况不会消失,孩子要学着放宽成功的标准。帮助孩子分析一下他为何认为自己失败了。引导他对自己的目标重新进行定义：他当时想从那次作业或者挑战中得到什么？和他一起重点关注整个事件中的优与劣，然后他就可以看到其中成功的部分，或者他会发现原本自己大惊小怪的事情并没有那么严重，并且在接下来的几个小时或者几天内都不会再那样看待这个问题了。没有了非黑即白的思维，再提醒一下他自己的目的，孩子就不会觉得自己过于受到外力控制了。这和孩子在花他们自己的钱时比花你的钱时要谨慎是一样的道理，如果孩子要评估的是自己的目标而不是别人的，那么他们就会有更多的动力去追求成功，而且可能会对整个过程更有满足感。

●接受与理解：你现在真的很难过。我知道你对这件事很失望。等你准备好想要聊聊的时候，我想知道你的心是怎么对你说的，还有这对你意味着什么。

●确定目标：你本来希望会发生什么？如果你的希望达成了，它对你来说意味着什么？

●确定失败的部分并从中学习：这次具体是什么地方失败了？是一切都很失败，还是只有一件事失败了？你现在有没有发现什么你以前不知道的事情？那么有没有什么事情是你想要用不同的方式去处理的？

●确定孩子在学习曲线中的位置：你什么时候开始学习这些内容的？你怎么才能知道自己掌握了这些内容？你现在学到什么程度了？让孩子画一条曲线，然后用 X 表示他现在在曲线上的位置。

●重新界定：还有一线希望吗？这次计划的变动有没有创造出

什么机会？在这次失败中有没有显示出你的什么长处？那些在标准化考试中不能得高分的孩子会明白，他能深入观察问题中的复杂状况，这是他的长处，在做判断题的时候这个长处帮不上他，但是在写作文的时候他就可以充分发挥这项长处了。

- 实际结果与想象中的结果：在这种情况下，你的消极大脑告诉你可能会出现的最糟糕的结果是什么？你内心真正相信的结果是什么？我们不能快进也不能提前看到结果，但是就像在看书或者看电影一样，我们真的不知道接下来会发生什么，不过这是件好事。

- 找到成功的部分：这其中好的一面是什么呢？那不好的一面呢？在这次经历中，除了不成功的地方，有没有成功的地方呢？

- 不要指责：在很难过的时候，孩子会给自己起各种代称指责、伤害自己，比如在他们犯错或者还不知道要怎么办的时候称自己是"笨蛋""混蛋"或者"蠢货"。你很难做到不为此烦恼，但是要记住，当他们把已经发生的小事件与他们整个人的身份混淆时，这是在以偏概全。你要就事论事地跟他们好好说：我知道你很难过，但是你骂自己笨也无济于事。我们犯错或者搞砸事情的时候，应该这样说"哎呀，我忘记了""我还不知道要怎么办"或者"这次行不通，就下次换一种方式再试试"。如果你真的很生气，要就事论事，不要针对人。

- 这其中哪部分是孩子负责的？他可以利用第五章中的中立机制进行调整，看看如果事情不全是他的错，那么哪些是他的错、哪些不是？问问孩子：你对整个事情的贡献有哪些？有没有什么事情你想在下次用其他方式来做？有没有什么事情让你感到满意，而你觉得那是你的功劳？

●为评审打分：你认可这个分数吗？哪些地方比较有趣或者比较困难？如果你是老师的话，有哪些地方你不会这么做呢？

●控制事态：现在还不是评论你整个人生的时候。你现在非常难过，但这是暂时的。你难过的时候不要对自己做出永久性的评价。

●公私分明：你希望人们对此有什么反应？你要如何引导他们这么做？如果孩子因为在运动、学习或者社交方面表现出色而成为校内小名人的话，他们会觉得事情如果搞砸了大家都会看着自己，所有人都会知道。你可以鼓励孩子，让他明白就算人们对事情有各自的看法，但终究这是他自己的事情：问题的性质完全取决于他自己要如何处理。如果孩子能正确地看待问题，那么别人怎么想真的不重要。

●给失败一个正确的定义：既然我们都明白这不算是真的失败，那么你想要把它叫作"偶然事件""雷达信号"，还是"学习机会"呢？

正确看待失败时遇到的障碍

完美主义：保证每一天都不会开心

有一年圣诞节，乔治娅和往年一样在无线电城音乐厅观看火箭女郎舞蹈团的表演，她十四岁的女儿就坐在她的右侧。她完全沉浸在喜悦当中，突然在看表演途中，她转向自己的女儿，问她喜不喜欢这个表演。她女儿看上去非常紧张，回答说："我只是在等有人出差错。"乔治娅不禁哑然失声，然后她问了坐在她左边的丈夫同样的问题，他看上去也很紧张："我知道会有人出差错。"对于乔治娅来说，表演只是一种引人入胜的娱乐节目,出差错是她脑海里最遥远的事情。她夹在两位完美主义者中间,对于他们而言,差错的预兆是如此明显,他们感觉到了可能会出差错的压力。火箭女郎舞蹈团在训练中学会了如何掩饰她们的差错,但是对乔治娅的丈夫和女儿来说,什么也逃不过他们的眼睛。

鉴于世事无常(有时会令人激动、令人向往),"一切都要准确无误"的观念会让失望和沮丧发生在生活中的每一天,完美主义者很容易被惹毛!一部分原因是因为所有的事情都一样非常重要。完美主义者总是一分一秒都不懈怠,他们认为所有不完美的事情都是在浪费时间。简而言之,做一名完美主义者如同在为一位非常糟糕的老板工作一样,他要你每天二十四小时工作而且让你永远也高兴不起来。幸好你是自己真正的老板,你可以重新教育那个"暴君",把关注点放在美德(比如为人正直)而不是完美上面。

对有些人来说,完美主义很讨厌而且让人很困扰,它来自住在心里那个永远也得不到满足的"完美先生"。孩子需要放弃自己的完美主义,制定自己的标准,要做的就是从"完美先生"那里夺回政权,与他辩论,说"谢谢了但不再需要他了",开始勇敢地制定自己的标准(虽然开始的时候可能感觉非常不好)。如果孩子的完美主义观念根深蒂固,他无法与之辩论,那么他就不会觉得完美主义有任何问题。面对这些孩子,你的目标是帮助他们培养应对事物的灵活性以及对事件重要程度和比例的概念。对于幼童,要注意用不同的速度进行处理:以龟速谨慎处理非常重要的事件,对于突发事件要用兔子的速度进行处理,而介于二者之间的事件则用小马的速度。对于年纪稍长的孩子，依据任务的重要程度为他们制定衡量标准或者设置截止日期：这周、这个月，还是一直要做这件事？父母可以以五星级饭店大厨用做十道菜的精力来做花生果酱三明治的比喻，让孩子明白做花生果酱三明治而已，并不需要如此大费周章。帮助孩子自己确定事情的重要程度，让他把它写下来或者画出来，如果他遇到了困难，你可以问他："你希望这件事有多严重或者多重要？你希望它这么发展下去是吗？"问问他："你希望在这件事上花多少时间？"

选择性关注：坏事雷达

对有些孩子来讲，失败如同圣诞树上的彩灯一样闪闪发亮。青蛙会自动对它们视线范围内的小黑点（苍蝇）做出反应，而思维消极的孩子会自动将注意力放在不成功的事情上面。成绩单上众多"优"当中的一个"良"会显得特别扎眼。孩子在做读书报告的时候有个同学看上去感觉很无聊，这会让他心烦意乱（即使这个同学在每个人的读书报告期间看上去都很无聊）。他会把众多赞扬中的一次中评放在心上。注意到"坏事"并非问题的所在，问题在于让这些坏事淹没了好的一面，因为这么做会完全扭曲事情的真实面貌。在你的孩子"清理坏事"之后，鼓励他重新接一串新的彩灯，重点关注实践中的其他方面，比如其中进展顺利的那部分、他感到满意的那部分以及让他学到最多东西的那部分。

● **竞争：栽大跟头的孩子**

失败者是如何进行分析的：非黑即白。"我拉窗帘比你快，你输了。""我先上楼的,你输了。"即使有些孩子在生活中的很多方面都不够机智,但是他们有一种可怕的本领,可以把任何一个普通的时刻都变成一场竞赛——如果他们赢了的话,那就是竞赛。

在我的职业生涯中,我有9000多次投篮没中,我输了近300场比赛。在26场比赛中,大家信任我,希望我能投中那关键的一球,让球队赢得比赛,但是我没有。在我的生命中,我一次又一次地失败。这就是我取得成功的原因。

——迈克尔·乔丹(Michael Jordan)

在我们失败的时候,也会有其他人失败。专业运动员就是最显而易见的例子,因为他们会遇到非常多关于输赢的极端实例(同时发生在一个人身上,而且通常都是在比赛期间):威尔特·张伯伦是有史以来最伟大的篮球运动员之一,但他始终无法掌握罚球。他的投中率是51%,而普通的专业球员则是75%左右。然而,张伯伦仍然是历史上唯一一位单场拿下100分的球员,他被选入美国篮球名人堂。在棒球方面,莱恩·霍华德是费城的一名垒手,2006年,他赢得了国家联盟最有价值球员奖。在2006年与2007年,他在本垒打(105支)和打点(285个)方面都超出了棒球大联盟中其他球员的表现,但2007年他的三振数仍然达到了199次——打破了棒球打击手的单季三振出局记录!在生活中很多其他竞技场上,有许多我们心中的英雄既是赢家也是输家,这样的例子还有很多。

当输了的时候,思维消极的孩子会受到极大的伤害。孩子面临失败时在众人面前崩溃或者大发脾气的时候,家长会很尴尬地低声道歉。同时,这些家长也很困惑,他们想知道他们的孩子只是不愿意输而已，还是在某种程度上来说孩子无法控制自己的反应。家长究竟是应该惩罚孩子还是理解孩子？如果孩子认为一旦输了就一无是处的话，他们在比赛时就会有这样的想法："如果我输了，我就是个废物；如果我没投中，说明我技术太烂。"这些想法有一个共同点：他们完全无法将特定时间里一个人的表现和他过去、现在和将来的价值分开看待。一切都取决于那个时刻。在孩子的心中，那次失败的重要性超过了他整个人的重要性。就像潮汐冲击海岸线的时候，留下的只有残渣碎片。

孩子可能"沉迷于"取得胜利，这并不一定是因为他们希望其他人输或者期待胜利带给他们的甜头。相反，沉迷于胜利是一种过度保护，以免他们失败的时候要面对他们感到自己无法承受的失望感。对有些孩子来说，胜利和失败仅有一线之隔，怎么保护都是不够的。如果事情发生时孩子做好了最坏的打算，那他就不会措手不及，但是这种方法会适得其反，因为要么孩子深信自己会输，所以他根本不会付出任何努力，导致这种想法成真；要么他因为会为失败难过而无精打采。更糟糕的是，当他发现自己没有输的时候，他已经精疲力尽、无力感受胜利的喜悦了：对胜利的沉迷已经毁掉了这一刻。

如何让孩子成为更理智的输家：与孩子讨论失败

- 理解孩子，与孩子分享你的经验：每个人都有输的时候，每一个人都是如此。但是这并不表示那种感觉很好，相反，那种感觉并不好。你可以感到难过，我输了的时候我也会难过。一开始感觉真的很难挨，但是这种感觉不会持续很久，之后你就可以再试试看。

在这种时候每个人都会有这种感觉,这是正常的。我们并不是一直在输,但我们输了的时候,就会感觉很糟糕而且好像永远都会是这样了,不过它会过去的,你会想清楚你接下来想要做什么。

• 期望与结果:不要告诉孩子那没关系,而是问他"那时候你心里是怎么想的?告诉我你在想什么,这对你来说意味着什么,你认为会发生什么,或者你认为现在不会发生什么?"如果孩子说这次输了就说明他不是最优秀的,你可以和他探讨一下这次输了是不是真的说明他不是最优秀的,他是不是只有做到最优秀了才能让自己开心。

• 找出成功和失败的部分:如果你希望孩子对自己的表现有一个客观的看法,那么你应该示范这种看法,并让孩子分别找出事情在进展中顺利的和不顺利的部分。

• 隐藏价值:重在参与。如果你们已经讨论了如何对输赢与否给予新的期望,如何处理失败,那就重新强调参与的目的。他在这次经历中的额外收获是什么?他的技术有没有得到提高,他是否开心,尝试新东西是否很辛苦,在赛季结束时他希望能完成什么目标?

• 如果你是唯一的赢家会出现怎样的状况?打开你的视野,和你的孩子换个角度看看:想一下,你每次都和你的朋友查理一起玩,每次都必须是他赢。他只玩他一定能赢的游戏,如果他输了,他就不玩了而且会生气。如果是这样的话,你怎么看?你想对查理说什么?试试看孩子能不能写下点儿什么,好在下次遇到竞争性状况时提醒自己。

●再次关注学习曲线：有时候，你从失败中吸取的经验会让你在下次遇到相同的状况时用不同的方法进行处理。看看奥林匹克运动员，除了他们在运动竞技场上得到的功绩以外，和这些功绩一样耀眼的是他们面对成功与失败时的冷静态度。不论他们是赢还是输，他们讨论的总是对策："唔，我注意力全都在板上面"或者"我要加强练习我的步法了"。地球上技术最娴熟、最有天赋的这些人谦逊地把话题转回到加强自己的技能上，这个事实说明这是解决问题的好办法。

●鼓励孩子培养良好的体育精神：如果孩子曾经因为输了比赛而大发脾气的话，你可以试试看他是否做好准备道歉并解释原因，"那天输了我真的很心痛。对不起，我都没有说过你那天'打得好'。"从此以后，你的孩子可以预备些在运动会上说的俏皮话（比如给同队运动员一些具体的赞扬、祝贺赢得比赛的一方等）。可以先在你身上练习几次，让他觉得自己可以真诚地说出来。为了达到这项训练的目的，问问孩子当他在某些事情上赢了的时候，他最在意的是什么样的赞美。同时看看他是否能有机会与其他人真诚地分享他的天赋。你可以帮助他预测一下他这样说出来的时候会有什么样的感觉。如果他觉得赞美别人是因为他在放弃某些东西的话，你可以帮助他从自己的经历去想想，如果别人对他报以微笑而且他明白那个微笑是因他而起的，那么成就别人的快乐也是非常值得的。

●找到机会，赢一半输一半。有时父母们以为要教会孩子处理失败就得让他们时刻练习。然而，如果他们面对的不是"公平的比赛"，而且孩子知道他们每次都会输，那么他们会放弃努力，并且放弃会成为对这种情况的适应性反应。如果你和自己年幼的孩子扳手腕，而且每次你都用全力，那么你每次都会赢，但是其中的乐趣在哪里？对于孩子应该赢多少次输多少次（如果你在和他们做游戏的话），并没有固定的公式可言，但是你可以观察他们的表情。和任何一个成长阶段一样，最好能够让孩子稳步前进，不要给孩子过大的压力。

得体处理失败时遇到的障碍：

赛前小会：心理准备

不论他们是准备玩大富翁还是玩摔跤比赛，如果孩子玩游戏的时候一心想着要赢，这不但会增加孩子的压力而且会让他们分心，无法达到最佳状态。看看奥运金牌得主足球运动员布兰蒂·查斯丹（Brandi Chastain）是如何集中自己的注意力的："我把队服从头顶套下来的时候，我就开始进入比赛状态，这是为了不让周围的任何事情分散我的注意力。"

和孩子聊聊他如何"进入比赛状态"，他想要集中精力做什么，他怎样把自己的竞争意识放到一边，对要求自己一定要赢得比赛而且让自己分心的念头说："现在不行！"孩子无法很准确地预测比赛结果，但是他能够控制的是自己付出的努力。让孩子找出他想在比赛中运用的自己的长处和战略。通过这种方式，有了他自己事前制定好的个人计划，无论比赛结果如何，孩子都能够看见他自己的个人目标是否实现。

赛后回顾：不要只是批评

如果在赛场上奔波了两个小时之后，孩子心里所关注的，他的教练或者父母所说的一切都是他所犯的错误（即使那是有意为之的建设性意见），那么孩子会对失败和比赛产生非常消极的看法。这是一种双重打击：你非但没有赢得比赛，而且你得到的"安慰奖"是听别人细数所有你犯过的错。十一岁的肯特害怕在棒球比赛后和他爸爸聊天，因为在回家的路上他爸爸一路都在告诉他如何提高自己的比赛技巧。肯特的爸爸本意是好的，而且对儿子的成功非常用心，但他选错了时机。肯特听着自己犯的所有错误，心情非常沮丧。相反，你应该指出孩子发挥不错的时候，如果能让他自己先指出来的话效果就更好了，谈话也会变得更愉快。你可以告诉他，你和他一样感到骄傲。在你们讨论过顺利的部分之后，问问孩子有没有什么地方他觉得可以用其他方法去处理的。如果他能自己发现这一点的话，这个问题会更加有意义，而且孩子的抵触情绪会没那么强烈。如果你还有其他问题，你可以在重点关注他的优秀表现之后再提出来。

十岁的萨莉第一次打网球比赛输了，从以下对话中，我们可以看到她爸爸用问题引导她进行自我探索的过程。

萨莉：他们太不公平了、他们太差劲了。应该是我赢！

爸爸：如果你真的觉得事实应该是那样的话，那现在的结果真的是很难接受。你想现在聊聊吗，这样你下次就会有准备了，还是你想休息一下？

萨莉：下次？没有下次了。就这样了，太不公平了。

爸爸：没能赢得比赛你真的很生气。我看你已经不想再试了，因为你觉得还会发生一模一样的事。

萨莉：好吧，也不是一模一样。我也不知道会发生什么。

爸爸：你说的太对了，事实就是这样。我们不知道到底会发生什么。我们可以有个大概的预测。那么，为了得到我们想要的结果，我们还可以做点儿什么呢？

萨莉：你说的是什么意思？

爸爸：嗯，我们没办法控制其他选手会怎么做，但是你可以控制的是哪一部分？

萨莉：那是什么意思？

爸爸：好吧，你觉得运动员比赛或者竞赛前要做什么样的准备呢？他们是希望达到最佳状态，还是认为自己的技术更重要？

萨莉：他们会练习，他们要多加练习自己需要提高的项目。

爸爸：好。那么在你看来这样的计划怎么样？有没有什么地方是你只要稍加练习就可以让这次比赛顺利一点的？还有没有什么方面的技术还有待提高？

萨莉：有。

爸爸：知道吗，我在想这其中有没有其他可以改进的地方。运动员认为，如果他们给自己太大要赢得比赛的压力的话，会让他们分心而且压力过大。我在做报告时给自己压力的话，我就会紧张，所以我会把自己的注意力放在我要做的事情上，而不是我要达到什么状态，这样的话我的注意力更集中，表现也会好很多。那么你想对下个星期的自己说什么呢？

萨莉：集中精力完成比赛，重点在集中精力！

爸爸：嘿，听上去真不错。你能解决这个问题，我真的很骄傲。

我知道你对今天的比赛感到失望了,但能让你继续好好比赛的不是你的奖杯数量,而是你处理失望的能力。

萨莉:是的,我现在感觉好多了。感觉没那么糟糕了。我今天的表现很不错,其他人也都很强。不过我要练习击球的力量,尤其是反手击球。我知道,我练习不够。

爸爸:嗯,对了,你能在比赛中发现自己需要更努力的地方,真的很棒,这也并不是造成比赛失败的全部原因。现在你知道要做什么了:那就是坚持。

● 失望:被期望摧毁

"一年当中最糟糕的一天就要来了。"圣诞节,有许许多多的孩子认为这一天是一年当中最开心的一天,有谁能想到十三岁的迈克尔说的也正是这一天?"圣诞节我从来没开心过,因为我确定那天我不会得到我想要的东西,就算我得到了,但是我已经为了它而心情非常忐忑,所以当我真正得到的时候,我并不会觉得开心。"迈克尔的妈妈听了这番话之后陷入对孩子的同情与深深的自责之中。如果听到迈克尔陷入这种似乎是自找苦吃的处境之后,你脑海里马上蹦出"忘恩负义""自私"和"宠坏了"这种字眼的话,这是很正常的第一反应。但是考虑到一个孩子不会故意让自己在圣诞节那天过得不开心,我们的第二个念头是肯定有什么特殊的理由!

我得时刻注意自己的言行。如果我随便提起任何事情,比如任何计划、要买的东西、什么想法,不论是什么东西,但是我没有做到,乔伊就会完全崩溃,说:"你保证过的。"我觉得他是真的相信是这样的，但是我不明白为什么。

——一个八岁小男孩的父亲

失望对于一个人的灵魂来说就像是暴风雨对于空气。

——德国诗人弗里德里希·席勒（Friedrich Schiller）

失望剖析：当生活无意中冒犯了你

不论是像迈克尔一样会提前感到失望，还是像乔伊一样在事后真的彻底崩溃，究竟是什么造成如此强烈的情绪？这些孩子天生倾向抓住一个想法就不再改变。他们对自己的想法、要求和期待都会有深刻的印象，这些想法和期待不是随便说说，而是全身心地投入。如果这些想法没能实现，对他们来说是很难接受的。想象一下，孩子全身上下所有的细胞分子都因为一个想法而聚集在一起，但这个想法突然消失了，那些细胞分子都四散开去，充满了能量却不知道要去哪里。除非这些被打散的分子能够重新凝聚，不然孩子会在这个阶段陷入非常崩溃、要求苛刻而且暴躁的局面，这个情形可不太妙。这里的目标并不是回避这个阶段，因为孩子需要发泄情绪，但与其找安全的方式去阻止它蔓延，不如有效地解决它，帮助孩子重新掌握控制权，因为在混乱中迷失的还有孩子的自控能力。

有些孩子如此害怕失望，他们会制造自己害怕去面对的那些情形。像迈克尔这样的孩子需要明白，在那些令人不适的情绪上火上浇油的正是他们在遇到那些情形时告诉自己的话，是他们的思维让事情变得更糟糕。没错，没有得到自己想要的礼物确实令人失望，但是当时情形下的台词："我从来都得不到我想要的！我永远都得不到我想要的礼物！"只能让事情更糟，而且让他感到更大的压力。如果迈克尔的母亲能运用第二章中的大脑训练进行训练的话，他们两个人都会明白，迈克尔最初的想法（"这是我唯一的机会。我会讨厌我收到的礼物。他们可能不会送我想要的礼物给我。我永远都得不到自己想要的。"）会把他推向消极轨道，产生愤怒、沮丧和恼怒的情绪。而在反方面，迈克尔会自己承认这种做法苛刻、是自己乱发脾气。接下来他们可以迈向正确的轨道：如果你的大脑是由你自己做主的话，你会怎么看待圣诞节？你可以重新写下你的计划。计划是怎样的？你真的觉得你还是会失望吗？即使你真的会，这真的是你一生中得到礼物的唯一机会吗？

心中有了新的期待和想法之后，迈克尔的压力开始降温，他会对假期持更轻松的态度，同时也开始享受假期的其他好处，而不是像参加一个他确定自己会输的考试一样去度过假期。

目标：控制事件的发展、继续前进

对有消极倾向的孩子来说，失望毁掉的不仅仅是当时的那件事情。他们会把这种情绪蔓延到所有事情上，并毁掉所有关联事件。帮助孩子学习更灵活地面对自己的期待，这样他们才能在遇到任何不测事件时更好地保护自己。

在向孩子解释处理失望情绪的基本概念时，父母可以找个平静的时间向孩子介绍"强烈期望"这个概念，以及为什么它有时会弊大于利。下面以人类最忠实的朋友狗为例来解释：

狗以为每一次出门都是要去遛狗公园。每当你去拿外套或者走到门口的时候，它们都会激动地大叫，心里想："喔，遛狗时间到，遛狗时间到！"它们为遛狗公园兴奋不已，如果你只是出门倒垃圾的话，它们可能会非常失望。我们可能会大笑，并想着："嘿，菲多，你不能老是去公园，而且你也没必要老去公园。"但是从某种程度上来说，我们可能会觉得我们也希望一直有好事情发生，而且我们有点儿期望太高，所以期望没有实现的时候我们就会失望。解决菲多的问题是不是要让它忘记去遛狗公园，而且认为"我永远也去不了遛狗公园"？这对它来说会更好吗？是的，他会告诉自己这个"坏"消息，然后心情不佳，这是它可以肯定的。如果它想道："我喜欢去遛狗公园，不过我也可以啃啃这根牛骨头，然后冲松鼠大叫，哪种都行。"虽然狗可能不会轻易想到这样的选择，但人类在这方面可是高手。当我们感到失望的时候，感觉就像是自己被永远地困在一个充满失望的房间里一样，但是我们要知道那里总是有一扇通向外界的门能让我们看到其他可能性。给自己一点儿恢复的时间。最快的解决办法不一定是对你最好的，然而当你做好准备的时候，你可以决定下一步要干什么。

和孩子共同练习的关键点：

- 问题有多严重？如果它感觉像是灾难来临，1 ~ 10 分之间，它的严重程度是几分？

- 其中对你来说最糟糕的是什么？你听到孩子的答案时可能会有点儿惊讶："我今天必须要拿到新玩具。如果我下周才带去学校的话，大家就不会在意了，那时候它已经过时了。"这能帮助你整理孩子的错误理解，并想出可行的办法。

- 这种失望情绪会持续多久？一天，还是一个星期？假如你很快就会好起来的话，你现在对这件事有多生气？

● 这其中有没有什么地方是你能够控制、改变或者改进的？

● 给发泄定一个时间限制，但责怪的是"失望先生"，而不是你的孩子：你会因为这件事而失望、难过多久？或者说，我们怎么能保证"失望先生"不会把你的其他事情也搞砸？如果孩子没有自然地冷静下来，反而更相信发生了不公平的事，那就先停下来：好吧，现在我们要做别的了。我想，我们越早开始备选计划，你就会越早好起来。

● 帮助孩子找到他要对自己说的其他的话，这样，警告信息在他的思维里经过时他就可以进行反击了。

孩子可以说的话：

● 我并不希望这样。变化对我来说是有点儿难，但是没关系。

● 这次变动很大，让我觉得不舒服。

● 给我一分钟时间重新整理一下。我知道这种感觉会过去的。

● 我要做个深呼吸，然后再重新考虑这个情况。

● 这不是我想要的，但是我能处理。

● 这种感觉不好，但它是暂时的，我很快就会好起来。

处理失望情绪时会遇到的障碍：卡在"非如此不可"的想法中

有一些孩子生来就对生活持着"非如此不可"的态度：这不是他们的错，也与完美主义或者控制欲无关，他们只是不想被惊吓到而已。有一些孩子会问很多的问题，他们需要准确地预知将要发生的事情，有谁会出现，事情的结局会是怎样的。也就是说，他们把自己所有的感情货币全部投资在头脑中想的那件事上了。对于这些孩子来说，一旦事情发生了变动，他们就一无所有了：一切都与最初的想法绑在了一起。为了扩大孩子的自主权，在讨论到当天的计划时，让他们给出自己的答案。他们就不会钻进"非如此不可"这种答案的死胡同里了。要想让他们的弹性思考的神经更灵活，就要让他们动脑筋想想计划会在什么样的地方出现"差错"（比如电影票售罄、餐厅满座、交通大拥堵，结果我们赶不及看那场比赛了），然后再让他们动脑筋想想如何"解决"，让他们想出用来解决问题的各种方案。

● 嫉妒：自己造成的不快

心存嫉妒的人其实是在自己的大餐中投毒后用餐。

——佚名

治愈嫉妒的根本方法就是要看清楚它是对自身的不满。

——琼迪·迪恩（Joan Didion）

在生活中爱挑剔而且爱关注失败的孩子也常常容易嫉妒。他们对自己的处境形成了扭曲且令他们痛苦的看法，而要他们看到其他人的成功却并不难。有嫉妒心的孩子认为问题和解决方案都出在那个人身上，是那个人使他们的生活阴郁不晴，如果那个人能不这么做的话，那么一切都会好起来。我们很明白，解决问题的钥匙确实都掌握在我们手里。我们可能没办法做到别人做到的事，但是认为那件事有多可怕、多不公平，这完全取决于我们自己如何看待它。

嫉妒心解析。嫉妒心的结构分为两个部分：第一个部分包括难过和因为无法获得你想拥有的东西而产生的不满足感；第二个部分是你对你嫉妒的那个人产生的怒气和敌意，仿佛是那个人故意给你施加了压力。孩子不仅会嫉妒其他孩子的成就，而且他把那个幸运的孩子视为他实现自己目标的障碍（这个障碍就是那个孩子的优势）。接下来他会把注意力放在那个孩子身上，而不是自己的目标上，因为他认为如果不找到什么办法打败那个孩子的话，他就无法实现自己的目标。在这方面，作为消极思维的对立面，可能性思维是很重要的。当孩子被困在一条他认为被堵死了的路上时，身处消极漩涡的孩子看不到通往罗马的其他路，而"罗马"或许是一个新玩具，一次高分或者和朋友约好的一次出游。开始的时候，让孩子简单、随意地发泄一下自己的嫉妒情绪（如果孩子大喊大叫的情况不减反增的话，你可以用温柔但是坚定的语气压一压这种情绪："好了，我觉得我们现在得去做其他事了。"）。如果孩子努力控制自己的时候变成了消极地大骂其他孩子的话，你仍然需要帮助孩子转向其他事情，但不要转向其他人。引导孩子在表达自己的愤怒或者沮丧时不要针对其他人。孩子迁怒于其他人的时间越久，解决这个问题所需要的时间也越久，因为这个问题的核心是孩子对他自己的感觉如何。

目标：让孩子的关注点重新回到他们需要的东西上面。如迪恩夫人所说，嫉妒的泥潭就是我们对自己的不满与我们对他人的怒气或者敌意掺杂在一起。这就像我们遇到了一大团纱线的时候一样，我们很难找到线头去理顺它。

和孩子一起度过嫉妒的煎熬。你可以把一张纸一分两半,然后让孩子分别写下:"我为什么生别人的气?""我为什么生自己的气?"让孩子分清楚哪些情绪是源于自己。下面这些问题也许可以帮助孩子理清自己的感觉和想法:

- 是你想要更多,还是你不希望别人得到它?
- 这其中对你最重要的是什么?
- 如果你真的得到它了,你觉得会发生什么?
- 你觉得那现实吗?
- 是否还有其他办法得到它?
- 它对完成你的目标来说有多重要?
- 它在很长一段时期内都很重要,还是只是在短期内很重要?是多短的时间内?你想在多久之后它就不再重要了呢?

有问题就要解决它,所以要加上第三栏:"要改变现状我得这么做。"一旦你通过以上问题帮助孩子重新找到了他的目标,那么你就可以和他一起好好想想,要怎么利用他的时间才最好:他想要生多久的气?他什么时候想采取下一步行动?如何向他的目标前进?

和孩子探讨嫉妒。当孩子情绪中夹杂着嫉妒时脾气会更大,所以如果能找到一种方式向孩子解释其中的原因,会对他有帮助。有时候,孩子感到越生气,他们就越觉得惹他们生气的源头是"真实的",但事实往往并非如此。当我们感到受到了威胁或者无法得到事关紧要的东西时,我们的情绪会迅速激化,但是要谨记我们在第三章中学到的:我们的感觉先到,而逻辑思维可能会赶不上感觉的步伐,直到晚些时候它才会出现。以下脚本能帮助你将嫉妒正常化并削弱嫉妒的强度。

适用于幼童的脚本：

当你想要别人拥有的东西或者希望能和别人做得一样好的时候，你会感觉有点儿难。你知道吗？每个人都会有这种经验。有时候，我很生气为什么爸爸很会画画，而我却不会。但是你知道更糟糕的是什么吗？就是我的"刻薄鬼"大脑让我觉得如果这件事我做不了的话，那我什么也做不了！它在用"一切都这样"和"一切都不这样"的小花招对付我：画画就是一切，如果我不会画画，那我就一切都不会。所以，我已经学会反击，教"刻薄鬼"先生这种"一件事不代表所有事"的观念：那只是一件事而已，我以前知道如何去做的事情我现在依然能够做。现在，我要说几件事情，看看"刻薄鬼"先生为什么是错的。如果我想要画得好一点儿的话，我可以做哪些事情，你能帮我想一些办法吗？

有时候我们感觉自己心里有一位"贪心鬼"，如果有人拥有一件我们想要的玩具的话，"贪心鬼"就会刻薄地说些"那是唯一一件好东西，你的玩具不好"之类的话。"贪心鬼"说得对吗？我们要对"贪心鬼"说些什么呢？

适用于年纪稍大孩子的脚本：

嫉妒的感觉真是让人不舒服。当你嫉妒别人的时候你感觉自己好像变成了另一个人。你可能对自己的某些地方不满意，还会认为别人的才是最好的，或者别人有而你没有。就像是有人侵占了你所有的贵重物品（你的优势、所有让你喜欢自己的东西），而你却无法使用它们。它们都被搁置了或者突然失去了价值,因为在那一刻,你感觉好像你想要的那个东西或者唯一重要的东西正是你没有的或者你无法拥有的。在你感觉一无所有的时候拿自己跟别人比较这不公平。打开你内心的保险柜看看,你可以随意使用的这些财产。你做这件事之前可能要先冷静下来,不过一旦你再次用你认为真的很重要的东西把保险柜填满,你就可以问问自己:"这个东西对我来说有多重要?我真的想要得到它吗?在几个月之后我还会想要它吗?我能不能做点儿什么事情让它在我自己的生活中实现?如果我站在那个人的角度来看,如果他们生我的气我会是什么感受?我会觉得那是公平的吗?我希望他们对我有什么感想——为我高兴,或者只是不喜不悲?有没有什么方式在这种情况下表达这样的感受?

管理嫉妒:清除家中培养嫉妒情绪的土壤。我们都不喜欢孩子用嫉妒的腔调说话,但是或许是我们的反应为孩子迷失在这些情绪中创造了成熟的条件。你可以以下面的检查表为起点进行一次"环保"清洁:在家里避免比较,怪罪和推卸责任。

- 小心自己的双重标准。你是不是因为嫉妒他人而让对你来说很重要的目标无法得以实现?注意留心这一点,孩子无时无刻都在听父母说话。

- 注意不要将自己的孩子和其他人作比较(即使是积极的比较)。比较会为嫉妒列车铺好路。相反,要欣赏孩子本身的能力和优点、根据他们自己的处境讨论他们的弱点。

- 给孩子树立一个大方做人的榜样:赞扬别人、体现出良好的体育精神、大声赞赏别人,用行动告诉孩子,这些做法不会削弱你的光芒,反而会让你更加闪亮。

- 共同发光:在家庭生活中,保证每一个家庭成员都有闪闪发亮的时刻。

◆当损失实实在在发生了的时候

和生活中日常遇到的小沮丧相比,类似父母离婚、疾病,甚至死亡之类的问题则要重大得多。对思维消极的孩子来说,他们要解决的问题已经很多了,而这些难题进一步增加了他们的困扰。将这些重大问题与日常生活中的小输赢相提并论也许有失偏颇,但是仔细想想处理这些问题的技巧确实是一样的,因为任何人在对它们的理解上都有可能出现偏差。最终,我们要尊重孩子所经历的一切——不论大小,同时也要帮助他们追求自由。在这一部分,我们会看到两个关于如何处理自己损失的事例:死亡与父母离婚。

● 面对死亡:没有什么是一成不变的

特洛伊是一位八岁的孩子,他开朗、热情。他对一年前失去了自己心爱的祖母一直难以释怀。因至亲离开伤心难过本来是很正常的事,但特洛伊对悲伤的事持有的想法和期望让事情变得异常复杂。每当他难过的时候,他就会开始想:"这种感觉永远都不会消失,我会一直都有这种感觉,我的心情永远都好不起来了。"然后他会很沮丧,因为他心情很难过、开心不起来。他不仅在为自己的祖母而伤心，也在为他过去的生活一去不返而难过。他并没有在自己需要安慰的时候安慰自己，他的思维反而将问题的范围成倍地复杂化。我们一起讨论了为何悲伤会全面涌向我们，即使当它袭来的时候感觉好像它永远都不会消失一样，但它会过去的，而你会继续向前行，直到下一次悲伤袭来。我们不应该提前想着尚未发生的事情并从中借取悲伤（"明天可能又被毁了，因为我可能会太难过了，做什么事都开心不起来"）。我们应该认识到：特洛伊不必自寻悲伤。当悲伤袭来的时候，他有能力处理它；当悲伤退去的时候，他能回头去做自己的事。我向特洛伊解释说悲伤对每一个人都是如此：它会来，它也会走，我们会把我们失去的那个人永远记在心里，同时我们会一点点地开始做我们自己的事，因为那是爱我们的人希望我们做到的。特洛伊从未想过他的祖母希望他能开心，这个想法让他大大地松了一口气。特洛伊在一张卡片上写下了自己的一些想法，并带在身上：

新的道路：

悲伤是生活的一部分。它很正常，它会来、也会走。它会改变一些东西，但并不会改变一切。我必须相信我不会一直有这样的感觉。我的祖母会希望我能开心起来，我喜欢和祖母在一起，但是我也可以和其他人分享我的才能。我会一天天好起来的，耐心一点儿吧。

我想这些想法终于卸下了特洛伊心头的大石头，因为他能够应付这个悲伤的过程了。他翻看了记录自己和祖母共度时光的纪念册，写了很多小纸条放在气球里放飞，还找其他人和他一起玩曾经和祖母玩过的游戏。特洛伊先前难以接受祖母已去世的事实，是因为他坚持希望事情仍然是他想要的样子，然而他无法改变一个事实：他的祖母已经去世了。但他可以决定自己是要坚持事情应该像他希望的那样，还是为了开心起来他不必要求所有事情都按照他希望的方式发展。随着时间一天天过去，特洛伊的情绪逐渐好了起来，他能再次掌握自己的生活，而不是每天都抓住那个问题不放，这让他感到充满了力量。

● **面对父母的离婚**

父母的离婚对十岁的康斯坦斯来说是毁灭性的打击。刚开始的时候，对任何一个孩子来说，父母离婚都是毁灭性的打击，但是康斯坦斯的压力日益增加，因为她认为父母离婚从某种程度上来说是她的错，或者说当初她有责任阻止他们离婚。"我是这个家里的修复剂，"她说，"我总是知道怎么做才能让事情好转。我会写小纸条、我会做好事、我会劝架,但是在这件事上我失败了,看看现在的结果。"康斯坦斯甚至没有想过要把自己的感受告诉父母，因为和往常一样，她不希望父母因为知道她这么难过而感到更伤心。

康斯坦斯和我一起来了一次大脑列车的旅程。她的想法，诸如"这是我的错，我很失败，我什么事都做不对"等，把她引向了难过的深渊，她不想和朋友们一起玩耍，甚至不想和父母在一起。她总是不断地想自己有多难过，这让她感觉更加难过了，甚至连她应该快乐的时候她都开心不起来。我对她说她是一个细心、友爱的人，也解释有些人就像她一样很会照顾人，觉得那是他们的工作。但事情不应该是这样的,她应该去做她喜欢的事情。大脑列车开上理智轨道后,她有了一些新的想法:"父母离婚是件很难让人接受的事情,但这不是任何人的错。我的责任是照顾好我自己。父母会支持我,我可以开心。事情会有所改变,但是改变不代表不好。"当她有了这些想法之后,她感到自己更平静更轻松了,即使有时候她还是会有点儿难过,但是她知道这种情绪没有错。从行为上来讲,这种新的想法让她能够抽时间和朋友相聚,因为现在她知道她可以这么做,这并不代表她对父母离婚这件事不再烦恼了,而是现在她明白自己的责任不是一直为这件事烦恼。

◆ **本章结语**

在这一章中,我们探讨了如何处理生活中遭遇的困境,那些我们能预见到会陷入的困境以及那些我们无法控制的困境,比如死亡与父母离婚。不论在什么样的情况下或者什么样的事件中,我们总是可以选择我们对这些事情的看法。我们的思维可以把原本已经不妙的时刻变得非常糟糕,或者我们也可以在面对困境的时候利用自己的思维恢复元气、振作起来再重新来过,用亨利·福特的话说就是"更明智"。走出困境是走向成功的秘诀之一。不要保护你的孩子免于受困,交给孩子自己去处理吧。

家庭活动

在第四章中我们提到了一些著名的失败案例。让你的孩子选择一位英雄，这位英雄可以在事情不顺利的时候鼓励他不屈不挠地坚持下去。你也可以选一位，把你选择的英雄的故事讲给孩子听，当你的孩子因为失望或者失败而非常难过的时候，让他想想他的英雄会对他说什么。比如说，有个孩子选择迈克尔·乔丹作为自己的英雄，不仅因为他有光辉灿烂的职业生涯，而且他明白失败乃成功之母，他面对压力和失望时会说："乔丹遇到这种情况的话会自己处理。"这样一来，他基本上就会愿意坚持下去，不放弃。

第八章
父母的角色
教导孩子处理消极情绪但不被卷入其中

> 养育孩子就像教会他们骑自行车一样困难。第一次上自行车骑得摇摇晃晃的孩子既需要稳定的支持,又需要放手的自由。当你明白这可能就是孩子一直会需要的东西之后,你会觉得终生受用。
>
> ——斯隆·威尔逊(Sloan Wilson)

任何一个富有同情心的人,在孩子难过的时刻,都会情难自禁。但是,任何一个对自己有爱心的人都会因为想要伸手帮助孩子的时候,得到的回报却是愤怒、指责或者崩溃,而情不自禁地感到沮丧。就好像我们面对着一个失灵的喷水器,在你慌乱地寻找开关时,已经被淋透了。只是喷在我们身上的不是水,而是孩子的愤怒、怪罪和崩溃的泪水。这时我们应该牢牢地记住:孩子不会永远那么消极,我们有多想解救他们出来,他们就有多渴望离开消极。

要想从消极中解脱出来，就意味着首先要将"消极性"从孩子的意愿中分离出来。孩子并不希望有这种感受，但由于天性如此或者习惯使然，他紧紧抓住了消极性，那是他能找到的第一反应（或者更恰当的说法应该是第一反应找到了他）。你可以把他的消极思维反应看成他所背负的重担，而不是故意和你作对的武器。这样孩子会把你当作盟友，而不是另外一个坏人。

◆困境：要轻松以对，还是严阵以待？

"你这不是在帮我！"你八岁的孩子哭着冲你嚷道，把她的作业扔到了地上。你花了一个小时努力背乘法表（也许你三十年前早就背得滚瓜烂熟了，但是你还是花了一个钟头奋战，想把女儿教会），汗水从脸颊上流下来，胸前也开始冒热气了。你镇定下来，咬紧牙关，或许还可以挤出个笑容说："你做得到的，你做得很好。"但实际上她做得不好，显然她做不到，至少现在不行。你的角色是什么？你是应该继续鼓励她、坚持声称她很聪明，而且一定可以做到，还是该大发雷霆然后一股脑说出自己的不满？或许可以试试严厉的爱，逼她听话就好了？暂时离开或许会有效，不过她可能会跟着你。这样一来，那未完成的数学作业或许仍然一塌糊涂，如果你不是很确定那个作业在孩子思维清晰的时候真的能做出来的话，或许做不完也没关系。

那我们要怎么办？我们大多数人会不自觉地用牛顿第三定律：每一个动作都会有大小相等、方向相反的反作用力。当孩子情绪低迷的时候，我们以程度相等、状态相反的反应去接近他们：我们表现得很积极，鼓励孩子，想让孩子安心，直到我们的尝试开始适得其反为止。从那一刻开始，根据物质守恒定律，孩子将消极情绪传给了家长，爸妈因为受不了而大爆发。于是，心情郁闷的人从一个变成了两个。

如果这种互动方式每天都在发生的话，它会伤害每一个人。家长感到困惑，他们是否应该宽容对待孩子，然后跑在孩子前面把出现的障碍全都清除掉，还是应该坚持自己的立场，让孩子咬牙渡过难关。实际上，关键并不在于我们是否宽容对待孩子，我们的角色是演示给他们看如何宽容对待他们自己。想象一下，如果下次孩子陷入了消极思维的黑洞里面，他们可以说："我不想这么想，但是我的消极思维老是骗我，让我觉得事情永远都会是这样的，这让我觉得这种感觉比事情本身还要糟糕。"这会是什么情形？如果我们能抗拒"只要让事情好转就行"的这种诱惑，我们就可以帮助孩子找出为什么自责、失望和难过的这些想法会困在网里面——就像第五章中提到的大脑捕捞网一样。这些想法被困得越久，孩子就会感觉它们越可信，但是它们并不会因为感觉"可信"就会变得更真实。鼓励孩子将问题缩小到它原来的大小，这样自然会让他们感觉好起来。当孩子被困在消极的漩涡里时，他们是在对头脑中的画面和他们内心的想法做出反应："这是不可能的。"如果我们只是让他们高兴起来，却没有帮助他们看到不同，看到更真实的画面的话，那我们就不是在教他们骑自行车，而是在说："不用担心，我会一直在后面扶住你的。"如果我们总是急急忙忙地去解救他们，就是在告诉孩子他们在挣扎的事情是让人难以承受的。父母应该传达的信息是：一定有什么不一样的（不要用"更好的"这个说法，除非你想看见另一次大爆发）解决方式，"从这个角度来看这件事：事情让人不舒服，但并没有让人难以承受，它是暂时的，是可以解决的。"

在这种情况下，放手让孩子自己解决问题的这种想法可能会让你觉得自己冷酷无情，但是任何一个人在教孩子骑自行车时体验过放手的那种难以言表的魔力后，都会明白这是在养育孩子的过程中得到的精美礼物和特权。用社会学家萨拉·劳伦斯-赖特福德（Sara Lawrence-Lightfoot）的话说："我喜欢看我的孩子走向世界的那个背影。"这位妈妈的话让我们想起，为人父母的根本就是教会孩子他们需要的技能，让他们能顺利地离开我们，这其中有苦有甜。所有与孩子的互动都是在追求支持与自由两者之间的平衡，只有这样，孩子才能到达他们要去的地方。

在支持和放手之间寻找平衡是任何一个父母的重要事业，如果孩子经常不开心，而且因为伤心、失望或者沮丧而苦恼的话，父母就会面临更大的挑战。当孩子因为阅读功课太难、朋友必须回家了，或者商店里只有蓝色的火柴盒汽车，没有红色的等原因在地板上打滚时，如果父母本可以帮忙却没有，而在教孩子如何面对痛苦，会不会有点儿残忍？当孩子因为这些麻烦而痛苦的时候，我们为什么不能直接帮助他们摆脱痛苦？首先，这种做法没有用。我们无法就这么直接地让他们摆脱痛苦，而且如果我们这样做的话，每当孩子遇到困难时，就会四处寻找我们，要我们把痛苦赶走。我们要清楚地认识到痛苦是可以解决的，孩子可能会经过一些考验才能学会解决自己的痛苦，而且他们会经得起那些考验，这样他们才能做得更好。我们需要给孩子经历的机会。我们心里很明白，这些考验对思维消极的孩子来说尤其困难，然而，如果我们要顺利地送这些孩子进入现实世界，他们就要比那些个性随和的同龄人付出更多努力。

◆父母对消极思维的反应和结果：跳进去、弹出来、稳住不动

我被瑞秋的情绪打败时感觉非常挫败，但是我觉得实在太尴尬了，我没办法跟我的朋友说起这件事。她和我的朋友在一起的时候还好好的，但是只要我们回家后一进门，她就开始数落哪些事情做错了，通常都是我的错。而我发现自己会用最难听的话还击她，这完全不是在帮助她，但是好像我们两个人都被心里的逆流推动，结果我们之间的交流变成了一团黑暗可怕的混乱。

——一位十五岁女孩的母亲

我得让孩子开心起来。我觉得自己像一只困兽。他不想尝试任何事情，每次我提出什么建议之后，我就成了坏人。

——一位七岁小男孩的母亲

在我儿子情绪消极的时候去跟他聊天？我才不要。如果我真的开始和他说话，我该如何脱身？

——一个十三岁男孩的父亲

如果孩子的心情和消极情绪只限于自己，就像被一个泡泡罩住，不会传染给别人就好了。然而当一个孩子情绪糟糕的时候，你想帮他恢复心情，他却可能把坏心情传给了你，你再把坏心情传给你的配偶或者其他孩子，就这样循环下去。所以如果按照孩子的想法发展的话，结果很有可能会像《戴帽子的猫》（The Cat in the Hat）里的剧情，粉红色的黏性污渍只是从这里转移到越来越多的地方而已（从澡盆到蛋糕、地毯、鞋子），但却清理不掉。

不想一起消极的办法就是让孩子远离消极：从"刻薄鬼"先生或者悲观主义那里把孩子拯救出来，让他看到那些观点不是特定的，那不是他必须高举的一面大旗。那种情况只是暂时的，他只不过是失足掉入了一个陷阱，他还可以选择另外一条路。你的孩子思维消极可能是天生的，可能是环境造成的，也可能只是在某个完美时刻大脑回路点亮了一条路，而这条路把很多不可能的点连接了起来。不是他想要这么想，他只是顺着路走罢了。消极思维是一种"线路问题"。孩子的线路连接造成他回应的方式带有某种特征，而这些方式可能令你感到沮丧，因为你的神经通路并不是这么工作的。但是在这里，我们会学到的是，用我女儿梅瑞迪斯的话说就是如何"避免和别人的线路搅和在一起"。不要急着插手是一个办法，不过能帮你稳住手脚的是要相信你的孩子有能力解决让他不愉快的事，这就意味着你的工作量减少了，而你不必努力否认或者回避那些不愉快的事。

我们不希望孩子走上消极、扭曲的道路。同样，我们自己也需要暂停、想一想，正确地理解孩子的抗议，这样我们才能在问题发生时做出回应，而不至于小题大做，仿佛那个问题会永远存在一样。我们要坚信孩子当下的反应是暂时的，即使这是一种特征性回应，它仍然可以改变，我们会帮助他们改变。如果我们认为孩子的世界观是永久性的（"他真是顽固不化！他永远都不会改变！"），我们就陷入了双重标准。当这样说时，我们已经不知不觉地接受消极思维的暴政统治，在乐观互动的谈判桌上已经站不住脚。同样重要的是，我们认为那些顽固不化的行为，在孩子看来，只是在表明一种姿态而已。孩子处在难过或者沮丧的情绪中，并不代表他不能或者不会去做别的事情，那只是消极思维的爆发而已。就像我遇到的两位家长一样，他们的孩子患有呕吐恐惧症，每当孩子觉得她可能要吐的时候，他们就会赶紧跑去拿桶过来。如果父母对沮丧情绪的第一反应比孩子的更为强烈的话，消极思维就会得寸进尺，慢慢地扎根进孩子的心里。

我们从下表中的情形中可以看到，与其专注在让孩子马上感觉好起来，不如暂时停顿一下，我们就能够帮助他们看到，为什么真正把问题解决了他们就能够做得更好。他们的情绪最后会好起来的。如果我们的大脑短路了，只是把解决情绪问题作为最终的目的，那么我们看重的是紧急、快速地达到暂时缓解的目的，而不是慎重地寻求一条通向长久幸福的途径。就像我们在第二章中看到的大脑列车图一样，情绪是由于我们对某个情形的理解而产生的，因此，我们可以理解孩子的情绪，同时也要了解孩子对那些引发他们这些情绪的情形是如何理解、解释或者评价的。当我们转向第二反应的时候，可能显得有点儿陌生甚至冷漠，但是这能让孩子知道：我们相信他们能够解决自己的问题。

表8-1 父母的第一反应与第二反应

当孩子说	父母的第一个反应	父母的第二反应
我讨厌她，她是个可怕的朋友，我受够她了。	呀，(a)我得说服他，她并不可怕，或者(b)那个朋友确实很可怕，我从来都没喜欢过她！	发生什么事了，他为什么这么激动？让他说这话的主要原因是什么？
这行不通的，你帮不了我，谁都帮不了我。	我得告诉他，这是行得通的，而且有些事可以帮助他。	是什么让他觉得行不通？他觉得出了什么问题？他觉得怎样才能行得通？
我做不了这件事，太难了！	我得告诉他，他能做到，这件事并不太难。	这其中他能做的是什么？他现在做好准备可以做了吗？让他告诉我他卡在什么地方了。

花点儿时间回想一下孩子那些类似本章开头因为不会数学乘法而崩溃的情节，你当时的想法是什么？仔细阅读每一部分，核对一下哪种想法比较适用。你会看到，每个情形的解决办法都不是说一句神奇的话就能让不快都消失的，而是需要帮助你的孩子改变对问题的看法，并让他明白，他本以为只有死胡同和死路的迷宫是有其他选择和通道的。支持孩子自己寻找答案，而不是扑灭他的热情、

替他找到答案。

● 过度呵护：超级父母救援队

父母可能会这么想：

• 我很担心他，这对他来说不好。

• 我希望他能开心，我们不要做这件事了，这对他来说太难了。

• 我做错什么了，让他这么不开心？

• 他压力太大了，这次我来帮他处理吧。

• 我知道这对我们两个来说都不好，但是我真的好累。我尽量满足他的要求，这样才比较快。

父母可能会这么说：

• 你不用担心，我会处理好的。

• 这件事并不重要，一切都很好。

• 你是最棒的，他们肯定是搞错了。

• 我会打电话给老师，把事情摆平。

出现的问题： 我们急着想要马上消除孩子的消极情绪，这种热情会让孩子感到害怕，他们可能会认为他们的消极情绪是不正常的、错误的或者危险的，而且他们应该避免这种情绪，而不是去学着解决问题。不要停留在认为孩子身上出了问题的观念里面，转而把孩子的烦恼看成是一个可以战胜的挑战来看待。有时候，过分热情会让事情看上去更糟糕，甚至对你的孩子来说也是如此。

当孩子出现了问题的时候，父母要暂停一下，在心里划下一条你和孩子之间的界线。如果直视孩子会让你非常生气的话，你可以稍稍移开你的视线,练习倾听,但不要急着解决问题。想想孩子的优点,比如他的坚韧和他的创造力,并把这些优点和你眼前正在发生的事情结合起来,二者都是真实存在的,不要因一时的愤怒而只看到孩子的负面表现。带着同理心问孩子一些问题,将主动权留给他:"这听上去真的很难哦。你觉得有没有什么其他办法呢?你接下来想怎么做?"这不仅会向孩子发出一种信息:你相信他有能力解决这些问题,同时也能保护他自己以免精疲力竭,而且能让孩子了解到虽然你会永远支持他,但是你不会替他解决问题,因为他可以自己解决。

解决方案:在一开始,父母首先要用爱来支持孩子的感觉:"我想,这确实会让人感觉在这次课题上大家的进度都很快"或者"我知道你为什么现在觉得自己什么事也做不了"。不过接下来要把重点放在将感觉和事实分开,就像第二章中提到的一样。将问题看成是一次消极大脑的攻击,帮助孩子找到让问题扭曲的源头。如果孩子年纪尚幼,那么是不是其他人,比如"爱放弃先生",把问题弄得看上去很糟糕?你可以对年纪稍大一点的孩子说:"从你大脑中的悲观主义部分来看的话,这确实说得通。你准备好换个角度、从另外一个方向来看待这件事了吗?"我们可以从下面的趣事中看到超级家长为什么会事与愿违。如果你的孩子一开始的时候只是想让你听他诉说而不是真的希望你帮助他,那会是怎样的呢?

我治疗的当事人中有这样一对父子,父亲叫米奇,对孩子非常尽心尽责,他非常渴望孩子能够成功,只要一有机会,他就会教孩子学习驾驭生活的各种技巧。有一天晚上,儿子杰西花了半个小时帮弟弟准备生日礼物，他对自己的画不是很自信，于是他对父亲说："我做得不怎么好。"虽然后来我们在仔细分析结果的时候了解到，其实那时杰西只是想得到赞扬而已，但是米奇认为："我得帮他，这样他才能对自己的作品满意。"米奇让杰西重新做了礼物，但是之后杰西对礼物的样子非常不满意，而且还冲他父亲大发脾气。而此时，父亲已经将自己的半个小时花在了这个礼物上，而礼物还不是他自己要送出的，他也变得很恼怒，于是"嘭"地把礼物摔坏，并生气地说："算了，你现在自己做。"错出在哪里？出在米奇想要把礼物做得更好的热情上，他自始至终没有问过杰西是否需要他帮忙，而杰西由于不是很有把握，所以从未想过拒绝。如果米奇利用超级家长的权力成为杰西的观察员，带他看清他的沮丧情绪，杰西就能自己解决那个问题，而米奇会为儿子学着靠自己的能力取得成功而感到骄傲。

● **愤怒、沮丧：父母无意间否定了孩子的情绪**

在我们感到沮丧的时候，孩子会将这种沮丧解读为对他们情绪的否定。孩子会觉得他们之所以会有那些消极的情绪一定是因为他们"太笨"，或者是因为他们"做错了什么"。

父母愤怒时，可能会这么想：

- 所有事都是我在做，凭什么？
- 我自己还有问题没解决呢！
- 如果我一直帮他解决问题的话，他永远也学不会！
- 他已经失控了，他需要自己停下来。

- 如果我在这件事上帮他的话，那我是娇惯他。

父母可能会这么说：

- 这太荒唐了！
- 你真的没有正确地看这件事，这没什么大不了的。
- 我受不了大吵大闹了，你必须停下来！

出现的问题： 孩子已经不开心了，如果又因为他不开心惹得父母不开心，他会觉得自己闯祸了或者是做了错事。如果此时父母再对孩子发脾气，会把一个问题变成两个。同时，因为父母不喜欢扮演坏人的角色，这样反而让自己感觉更不好了。

解决方案： 如果你因为孩子的不开心而自己生起气来，说明你已经被彻底地卷入了消极情绪的网。你要思考怎么才能把你和孩子两个人都从网里解救出来，但不用苛刻地说："你太消极了！"当孩子在无限跌入消极漩涡的时候，你的本能只是摆脱问题、回到原点。与其在孩子情绪激动时火上浇油，不如就事论事。就像孩子在森林里迷路了，你应该对他说："这里不对劲，我们得赶快离开，去好一点儿的地方。我们先休息几分钟，让头脑清醒一下，然后我们再考虑下一步要怎么办。"

● 开心过头：状况外的父母

看到孩子不开心的时候，你一定非常困扰，恨不得赶快按下"撤销"键。

父母可能会这么想：

- 他为什么不开心？这不正常。

- 消极是不好的。
- 这种心境不好。
- 我想要开开心心地过日子。
- 有很多事情值得开心啊。

父母可能会这么说：

- 你只是要态度好一点儿。
- 我们去玩吧，我今天想要开开心心的。
- 有很多事情值得开心啊，我们不要被这件事影响了心情。

出现的问题： 我们谁也不想成为《阳光小美女》（Little Miss Sunshine）里的老爸那样的人，他异常积极的态度迫使他阴郁的孩子更加沉默寡言。即使那位老爸有他独特的智慧，不幸的是他不是在和孩子交流，他只是在给孩子训话。用比较实际的说法来说，要孩子在不开心的时候开心起来，其实只是为了让父母安心，并不是真正为孩子着想。

解决方案： 如果你是那种天生个性开朗、整天笑嘻嘻的幸运儿，你可能无法理解孩子为什么对每件事的反应都这么奇怪。如果是这样，请你先将心比心，退一步想想，你和孩子是否有什么共通处。与其设定目标让孩子开心起来，不如认可他们现在的处境。以孩子的观点看问题，并理解他们的观点。放弃孩子得开心起来的这种想法，这对你们双方都大有好处。然后，你就能够听听孩子的体会，而他不会再因为不开心而觉得很糟糕，这样孩子才可以将精力用在帮助自己上，而不是一直和你唱反调。

就像我们在第三章中看到的，你的一部分角色是适应各种情绪，这样一来，你就可以接受以任何形式、状态或者程度出现的情绪。要记住你不能适应的情绪并努力适应。不要试着催促孩子、改变孩子或者羞辱孩子，而是应该接受并缓和他的情绪，这样才有可能发生改变。

同时，当你扮演教练角色时，要把每次经历都当成学习的机会，不要感到有压力。你可以问孩子，但不要假设孩子已经做好准备听你的话。孩子不必时时刻刻听你的。如果你表达出的信息始终都是一致的，他们会希望你的反应是接受他们的情绪、支持他们，但是你的教育要讲究策略，即使你的策略只是引导他们回头自己找到解决方案。

◆ 减少消极思维的循环

● 倾听：走进孩子内心世界的途径

我们在整体方案中已经讨论过要以同理心感受孩子的情绪，和孩子建立良好亲子关系，而不是急着说服孩子要改变想法或感受。仔细聆听并认可孩子所说的话，是我们继续前进迈出的第一步。

很多孩子都说过："你从来都不听我说！"如果我们不接受孩子的情绪（我们不支持、鼓励或者赞成这些情绪），那我们就和收费站里态度不好的收费员一样："只收纸币，我们不收硬币。"我们那是在告诉孩子，他们所表现出的情绪无法让人接受。然后，你的孩子就会被困在收费站里。如果不论孩子如何表达他们的情绪我们都能接受的话，那么他们就拿到了高速公路的通行卡，接下来互动的重点就会是他们要去往哪里，而不是陷入争吵。如果你想要孩子觉得你把他说的话听进去了，那就想想通行证吧。

● **等一等，先别告诉我答案：提出问题，而不是给出答案**

很多父母都会沮丧地意识到，明明很好的建议到了孩子那儿便行不通了，只是因为那个建议是爸爸妈妈提出来的，而非孩子自己说出来的。让孩子自己当提示员吧，与其反反复复地重复同样的规矩，不如让孩子自己来做这件事。记住，同一件事不要反复解释，可以问问孩子："你认为我会说什么？"即使这并不是你的孩子想要听到的，你也明白他们知道答案，如果他们猜对了你要说的是什么，记得赞美一下他们。

父母们反复说："去刷牙，洗脸，穿睡衣。"但他们感觉自己在跟一堵没有反应的墙说话。对刷牙有用的计划，对消极思维也会有效果。不用提醒他们刷牙，而是说："睡觉时间到了，你该做什么了？"当他们陷入消极的漩涡时，不要告诉他们不要再对自己太严格了，而是要说："现在事情变得真的有点儿困难了，你要做点儿什么呢？"只需要一个简单的问题，就可以改变平常让两个人都很沮丧的局面，这给孩子一种当家做主的感觉，也给孩子一种他们最终能够自己解决问题的期望。这其中附带的好处就是你不必再听自己疲乏的声音了。

● **不要问"为什么"**

孩子总是无端地变得焦虑困扰，就像钻进一个肥皂泡里，肥皂泡很快破了，里面似乎什么也没有，这让家长常常感到困惑不已。

家长通常会试着问孩子："你为什么会对这件事这么生气？"不幸的是，这种情况下问"为什么"就像在伤口上撒盐。当孩子以一个虚构的角度对自己、对未来以及对整个世界都持悲观沮丧的态度时，让他来解释为什么他会有这种感觉只是在增加他的负担而已。记住，我们如何解释事情发生的原因决定着我们如何看待它们：下雨了，比赛无法进行，如果我觉得是因为我总是很倒霉而不是因为暖锋遇到冷锋的话，我会觉得非常绝望。不仅仅是因为这次比赛，还因为担心以后生活中会出现的所有比赛，我肯定还会倒霉，所以我非常痛苦，因为这种痛苦是针对未来所有可能会发生的事情。让我们把问题的目标对准事情的情节而不是情绪。你的孩子数学考试考了81分的时候，他无法原谅自己而且认为他不值得你帮他，这时不要把时间浪费在和孩子的争论上。与其试着了解繁琐的整个大局面，不如把问题缩小，问问孩子："你是一个令人讨厌的、不负责任的人吗？还是只是一个普通人而已？"

● 孩子的情绪：孩子的脸，六月的天

上一分钟，父母还在慌乱地用安全网打捞着自己的孩子。下一分钟，孩子完全没事了，要父母带自己去商场玩。怎么说呢？孩子就是孩子，翻脸比翻书还要快。成人的步调则要慢一些：说话慢、吃饭慢、思考慢，而且大部分时候我们从自己的情绪中恢复的速度也比较慢。总体而言，孩子转换心情很快而且很彻底，这是好事情。如果他们不可避免地需要和另外一个人有个交代，比如说道歉，那是一定要的。如果你唯一的担心是孩子任意转换情绪会对你造成冲

击，那就这样想：你越有他会随时转弯的心理准备，你受到冲击的机会就越小。

● **痛苦是暂时的：不舒服不等于不能承受**

孩子的痛苦不会持续不变，如果父母们能将这一点谨记在心的话，他们就能帮上孩子大忙。他们就不会因为想着要付出任何代价让孩子摆脱痛苦而卷入绝望之地。在解决这个问题时，不要有压力，用心倾听、深呼吸即可。不要让孩子的痛苦升级，你要冷静，借此告诉孩子这种情况是可以处理的。给自己一个新的咒语："我不需要知道答案，问问题更好。"

● **将策略当工具而不是武器**

巴特·辛普森：今天是我这辈子最糟糕的一天。

荷马·辛普森：到目前为止，这是你一生中最糟糕的一天。

——《辛普森一家》电影版

荷马·辛普森的名字不会出现在任何年度最佳父亲的候选名单上，但在上面的例子中他用"具体化"这个工具明确地指出了孩子思考上的疏漏。但是，当一个"认知错误警察"对谁都没有好处，我们的目的是藉由指出更多的选择，让孩子由不同的角度解读他脑中的那些让他们感觉很糟糕、不公平或者很绝望的情形，协助孩子从消极思维中解脱出来。如果只是指出孩子思考的错误，我们并没有让他们看到自己可以跳脱出来的路径，这样只会给孩子另外一个停滞不前、关闭心灵的理由。相反的,父母应该和孩子站在同一条战线上来面对消极情绪与思维,就好像那是一个独立的个体,要大声说出心中的疑虑:"那个听上去像是'以偏概全将军'在讲话,你觉得呢?你不觉得这有点夸张吗?"

● **家庭总动员:在家里遵守这些原则**

在家庭互动中和孩子一起实地演练你对孩子的言教,让孩子亲眼看到父母有时也会有消极的想法。但是,我们会找到具体问题所在,会把问题看成是暂时的,也会把成功归功于持续性因素而不是偶然的运气好。这样一来,全家都能处于双赢地位,将较多时间花在正面的事情上,比较少被消极情绪拖累,你会发现家里是个很好的训练场。这个练习要在孩子心情好的时候进行,而且要透过一定距离看别人操练效果会比较好。如果你不希望孩子因为他的消极想法把自己全盘否定了("我太蠢了,我不会做这道数学题"),你就要保证自己不会对他有全面否定的观点("你太不负责任了,你忘记把自己的同意书拿回家了")。

● **发现孩子积极的一面**

如果我们把注意力只放在希望孩子改变的行为上面的话,那我们教孩子遇到事情时要看到好的一面时,其实我们自己并没有做到这一点。父母们必须要同时注意到两件事:一是要拆除消极思维的电路;第二件事同样重要,那就是捕捉到孩子"好"的一面,他们思维清晰没有被消极情绪绑架。注意,在孩子自己寻找"最佳方案"

的时候，你应该感到高兴并尽情地享受这一刻。

当年我还在研究所读书时，有一个儿童行为纠正计划叫"捕捉孩子好的一面"，是"惩罚"式纠正措施的矫正计划。这个计划要我们不把时间和精力都花在跟踪、指控和记录孩子的问题上，而是关注"你冲某某某笑了"或"你对某某说了谢谢"这类事情上。就像越常做的事就越擅长一样，凡是我们越关注的事，孩子就越想去做。有时候，要发现好的一面你得深呼吸、得进行创新性反思，不过这都是值得的，而且这与你同时教导孩子并不冲突，事实上孩子会更专心听你说话。

◆**本章结语**

我们自己的期望和信念会干扰我们帮助孩子从消极思维中解放出来。最重要的是不要害怕孩子的思维消极，而是做好心理准备它会造访，并弄明白为什么会这样。这是生活中一个正常的部分。对有些孩子来讲，消极思维出现得太频繁就容易陷入进去，他们需要我们教他们怎么爬出来，但是如果我们认为这是我们要赶走的东西或者认为它不应该出现，那么我们不是在教孩子怎么正面面对它或者不要受到它的限制。相反，我们和孩子们一样是在逃避。

温馨提示

在下周,注意你面对孩子的痛苦时是什么反应。你会生他的气,还是选择直接帮助他,亦或鼓励他自己面对?同时,要注意你的呼吸,告诉你自己不要着急,然后在呼气的时候放松脸部和肩部。当你怜悯地看着你对面的孩子时,回想一下他的能力,想想他最能干的时候,相信他有解决这个问题的能力。你会发现当你把事情的紧急程度降低的时候,情绪温度也会降下来,而你的孩子(和你)可以在最佳状态下发挥自己的能力。

Part 3
开启更多的可能性

第九章
培养弹性、保持开朗
从挫折中恢复，开发积极态度

不就是不。

——欧美乐队 They Might Be Giants

"是"是一个世界，所有其他的世界都住在"是"的世界中。

——美国诗人 康明斯（Cummings）《爱是个地方》

这两则引言里所表述的世界真是天差地别，它们之间的距离似乎是无限远的。当你想要把你的孩子从一个世界拉到另一个世界，而此时你的晚餐在炉子上快要烧糊了，这种感觉尤为明显。

前不久，我和朱迪进行了一次面谈，她有个十岁的儿子叫泽西。几年来，为了让泽西能够完成学业，朱迪一直在想方设法帮助泽西，希望能帮他推平失望之山，把他拉出沮丧和悲观之沼，现在她已经精疲力尽了，感觉无能为力了。这让我想起了希腊神话中的西西弗斯，他注定要每天将一块巨石推到一个陡峭的山顶上去,到了第二天一早,他会发现那块石头又躺在山脚下(就这样永远循环往复)。其实,我们都有过那种经验:我们拽着又踢又叫的孩子前去我们要去的地方,那个时候我们的身体可能说:"拉!"但我们脑子里可能在想:"为什么所有的事情都是我一个人做?"

培养弹性思考力的关键并不是要你帮孩子推平哪座困难大山或者让他说"是",而是在他感到被困住的时候能让他继续"前进"。如果你给他提供一些用来创造选择的工具,他就能够缩短消极和积极之间的表观距离,这时那个"是"就有可能会出现,甚至不会再说"不",而这都是孩子自己的功劳。

我们在第五章中看到了整体方案中如何让孩子从最初拒绝配合到后来行动起来解决问题。如果我们把整体方案看作一顿丰盛的套餐的话,那我们可以把本章中这些例子当作是开胃菜,或者说是"开场白",能够让你在餐桌前坐下来看看普遍存在的问题:受到批评、接触新事物或者和朋友交往,它们都会引发悲观主义孩子的消极反应。不要在孩子拒绝配合的时候保持沉默,而是要从这些简单的对话实例当中找到技巧,在孩子被困住的时候让他行动起来,如果能让他主动解决问题那就更好了。阻碍孩子行动的并不是问题本身,而是他对问题的严重程度的认识。不要告诉他为什么他错了,而是问他一些问题,把问题缩小到原来的大小。这时他看见的不再是路障,而是具体的问题和很多的解决办法。本章的第二部分是要把积极性带到孩子的生活中去,给孩子良好的支持,以便在孩子的日常生活中精心安排更多的积极性训练。

◆振作起来：快速走出生活中的磕磕绊绊

● 整体方案回顾

•**同理孩子**：和孩子同行，接受并反映他的感受。

•**将问题具体化**：找出问题的症结所在，帮助孩子将问题缩回到原本的大小。

•**找出最佳方案**：帮助孩子从不同的角度去看待当时的状况，并选择其中对他最有利的观点。如果要让孩子改变观点，你就必须找出孩子思考有漏洞的证据给他看。

•**采取行动**：鼓励孩子整理思绪、动动脑筋。不要老想着问题本身，帮助他行动起来解决问题。

● 上路了：向上看，不要东张西望——创造选项

在下面的每段小故事中，我们的主角都是决定关闭心灵，不愿继续尝试的孩子。他们的决定并非源于理性思考，而是情绪性的，他们会认为不是他们自己说"不玩了"，而是被整个形势排挤在外，让他们玩不下去了。这时，父母的目标不是用和他辩论、安抚他、羞辱他、给他保证的方式或者其他你认为对的柔性对策把这种情绪赶走，而是要帮助孩子看到主动权在他自己手上。不要试着证明他为什么不会成功，这会让他失去耐心；而是应该帮助他找出在当时的情形下他在害怕什么或者他当时预料到的是什么结果，并提出质疑。然后他会告诉自己，他还有其他选择。

● **先发制人：孩子说"我做不到"，其实是"我不想做"**

出现的问题：你的孩子拒绝尝试做一件事。 如果你的孩子说："我讨厌这件事！一点儿都不好玩！做这件事太蠢了！无聊死了！"父母们可能会条件反射似的马上为那件事进行辩护，不管它实际的价值如何，希望借此挡住孩子的消极想法。当我们很努力地一定要孩子改变心意，孩子可能会更坚持己见，因为你坚持让他做你希望他做的事情，他拒绝配合是在用他自己的方式告诉你这对他来说有多难。如果你用过于乐观的姿态表明："你一定行的！"你得到的会是更彻底的拒绝。我们最不愿意做的事情就是制造一些情形让孩子觉得有必要宣示自主权。我们有必要让他们知道，我们和他们是同一阵线上的。

计划： 帮助孩子梳理一下，找出他的抗议中哪一部分是因为恐惧或是因为对情势过度悲观，哪一部分是退出的正当理由，比如因为无趣。你能和孩子这样讨论问题可能会让孩子觉得很惊讶，这样做也能够让他明白深入的检视是安全可行的，你不用再和他争吵到他接受为止。一旦孩子发现了他预料到的困难，你可以问他："你能做哪些部分？""有看上去对你有利的地方吗？"这样一来，他可以否定事情的某些方面，但肯定其他方面。对年幼的孩子，邀请"多试试先生"去教"刻薄大脑"或者"完美先生"，告诉他们谁都不会一开始就能熟门熟路：每个人在一开始的时候都需要练习，需要帮助的时候就应该说出来。下面是行动计划的大纲：

• **同理孩子**：告诉我你觉得最难的地方是什么。这可能真的很糟糕，如果你去了的话可能会很惨。

- **将问题具体化**：你现在脑中能想象到的最糟糕的情况是什么样的？如果情况不好的话，你怎么会知道呢？会发生什么事？你觉得什么地方会出错？所以说，糟糕的是没有人和你说话？

- **找出最佳方案**：我们一起来看看，如果这件事真的发生了的话，你能做点什么呢？这件事会有什么不同的发展方向呢？最有可能出现什么情形？如果事情确实进展顺利的话，那会是什么样子？会有人和你坐在一起，你会玩得很开心。你怎么才能做到这件事呢？

- **采取行动**：那么，你知道你要邀请别人和你一起走，然后你想早点儿到那里？这个计划听上去不错。

● 自我批评：预备、瞄准、反作用力

出现的问题：你的孩子情绪沮丧、生气、难过或者失望的时候，他天生的反应就是把情绪丢给离自己最近的人，那个人往往是他自己。通常情况下，相对于一开始引发孩子消极反应的具体事件而言，他对自己言辞激烈的批评会在短时间内造成更大更多的伤害。他对自己要求苛刻而使得他大发雷霆，并为此精疲力竭，而最初引发这一切的问题却在混乱中被淹没了。切记，对自己严苛完全没有好处。

计划：帮助孩子将他感受到的激烈情绪和事实情况区分开。不论感觉有多糟糕都不表示他对事实的理解是正确的，但是将情绪和事实混淆在一起确实能让他无法正确处理手上的问题。

如果你的孩子说："我是班上最笨的人，大家都比我聪明。"你可以用下面的方式做出回应：

- **同理孩子**：不知道怎么做那道数学题，这确实让你感觉很糟糕。

●**将问题具体化**：其他人都会做了吗？你确定吗？还是因为你很烦恼，所以看上去好像是这样的？你觉得自己为什么不会做那道题？这是因为你自己，还是因为那道题？哦，你前一天请了病假，所以其他人都已经学过这道题了？其他人都做得比你快？等一下，会做的话就等于聪明吗？史密斯老师只给那些答题快的同学打高分吗？没错，做得快可能是挺好的，但这并不代表答案一定是正确的。

●**找出最佳方案**：那么，我们一起来从另外一个角度来看看这件事，你就事论事地谈论一下这件事到底是怎样的。噢，你没上课的那天老师教了一个很重要的知识，你不会做。没上课不代表不聪明，对吗？即使你上了课，你也不一定会做，那表示你不聪明吗？啊，既然同学们都应该什么都懂的话，那么为什么需要老师呢？那么，你的"理性大脑"能不能跟你的"消极大脑"解释一下到底发生了什么事？

●**采取行动**：既然你现在知道问题出在哪里了，也就是说你要赶上你错过的课，那你想做点儿什么呢？好的，你和老师谈谈吧，听上去不错。那么下次你不明白的时候要怎么办呢？不要说"我不聪明"，你可以说什么呢？"我还不明白"或者"我需要帮助"。很好，想法不错。

● **面对挫败：坚持还是放弃？**

出现的问题：很多事情大部分孩子都不能马上理解或者掌握，他们必须通过不断练习才能熟练。挫败是学习曲线中的一部分，是很自然的一件事情，但是思维消极的孩子刚开始有挫败感的时候，

第九章
培养弹性、保持开朗：从挫折中恢复，开发积极态度

他们会觉得似乎自己永远也跨不过这个坎了。他们不会为这个眼下能够处理的挫败感而调整自己的反应，而是会笃定这种挫败感永远不会消失，然后放弃努力。他们会因为一堂课没听懂或者一个音符弹不好就觉得自己"真差劲"。其实，可能只是他们在对自己的耐心方面挺"差劲"，但在他们所追求的事情上面并非如此。

计划：如果你的孩子说："我钢琴弹得好糟糕！我很差劲！我不想学了！"那你的目标就是让他当一回"小侦探"，把这个问题缩小到事情发生变化或者情况变糟糕的那个具体时刻。找出真相并把它与情绪区分开，这时孩子就能够做出理性判断，决定什么做法对他来说是最好的，而不是因为觉得难以坚持就要全身而退。

- **同理孩子**：我知道，弹钢琴并没有你原以为的那么容易，这是挺让人泄气的。

- **将问题具体化**：发生了什么事情让你有这种感觉？最后让你感到泄气的是什么事？你的老师没有微笑？那对你来说意味着什么？他觉得你差劲？你能不能想想老师没有对你微笑会不会有别的原因？

- **找出最佳方案**：也就是说，透过消极镜头来看的话，你很差劲而且你的老师也这么想，但是上周他微笑的时候，你觉得你的钢琴弹得怎么样？"休息"一周会不会改变你的能力？选择微笑或不微笑是你的事，还是他的事？我们把"批评家"的话筒先拿走，让"就事论事先生"来说说看。你觉得成就一位优秀钢琴演奏家的是什么？才华和练习？你有没有发现你根本没练习？所以说，一方面可能你的老师身体不舒服，另一方面是因为你没有练习。

- **采取行动**：好了。你现在有什么选择？你的老师生病了，这是不得已的事情。你想不想在其他什么事情上面更努力一点儿，或者你想就保持现状？你想要每天练习十五分钟？那么，现在你觉得钢琴弹得不好而且要放弃学钢琴合理吗？还是你要等等再做决定，再给自己一次机会，像钢琴弹得好的人一样勤加练习？

● 表扬：拒绝比接受好？

出现的问题：思维消极的孩子不易接受表扬。他们的积极体验较少，所以我们会希望他们能随时迎接积极的反馈意见。但事实可能并非如此，因为他们的一切都是不完美的，受到表扬时他们感觉并不真实。由于非黑即白的观念在他们的大脑中作祟，他们要么是完美的，要么是糟糕的，没有中间地带。受到表扬对他们来说并非是件值得高兴的事，反而有可能进一步引起他们的自我批评，因为他们不得不证明对方是错的。

计划：如果你的孩子说"我不相信她说的话，她只是说说而已"或者"那不是真的，我不擅长那个"，这时不要强迫他接受表扬。相反，你要帮助孩子找到他为什么一定要拒绝别人表扬的逻辑问题。

- **同理孩子**：别人说好话的时候会让你感觉怪怪的或者不太舒服。你是不是不想让人感觉你在吹牛，还是有其他原因？

- **将问题具体化**：你觉得这里面什么地方让你觉得最难？如果别人对你抱有很高的期望，而你如果做错一件事就会毁了他们的期望，然后他们就不会再对你有好的评价了，你是在害怕这个吗？就像如果你告诉我，你喜欢我做的菜，我会有种压力，我得每次都要做好吃的菜，但是也许你只是想要表示感谢而已。还是你自己心里觉得你不值得别人表扬你，除非你是完美的，是这样吗？想想看为什么会出现这个问题？如果大家只有在所有事情都很顺利的时候才值得受到表扬的话，那么大家还会一直努力吗？你对自己的朋友或者老师们也是这样的看法吗？表扬的主体是具体的小事情，它是要一直努力成长为闪光点，还是就那样等着就会变成闪光点？

• **找出最佳方案**：这么说，你受到表扬后的反应是"啊噢，我得保护好自己"。我们想想会不会有别的反应。你觉得希望你接受表扬的那个人怎么样？你的偶像罗斯福会怎么说呢？接受它，尤其是你感到害怕的时候。你最好的朋友会怎么说呢？你觉得他的大脑会怎么看待别人的表扬？如果我们暂时把你觉得害怕的那部分放在一边会怎么样。这其中有没有你感到骄傲或者让你欣赏的地方，哪怕就一小会儿？你的世界是非黑即白的吗？找出一片"灰色"地带怎么样："有些事情在有些时候我做得非常棒。"

• **采取行动**：那么，或许你可以试着习惯别人的表扬，一次只接受一点点。下次别人表扬你的时候，你想对自己说什么俏皮话呢？"试试看吧，你不必一直记着它，不过至少现在试试看是什么感觉。"

● **消极反馈：理解它，还是被它打败？**

出现的问题：你的孩子可能把任何一句批评都看成是对他成就的否定。在接受表扬的反面，如果孩子收到哪怕是一句消极的反馈或者指正时，他不但会推翻之前收到的所有表扬，而且还会把他的形象重新定位为一个彻头彻尾的失败者。他的伤心难过来自他内心想象自己失去的领土，这和这种反馈的实际作用相反（这种反馈信息实际上是要指导他如何改进，而不是要指责他的不是）。

计划：不要企图说服你的孩子，让他认为自己的理解是错误的。相反，你要帮助他识别其中真正的含义，然后把这个含义分离出来放回到他收到的反馈内容中去看。看着吧，孩子的反应会从刚开始的"我踢足球最差劲了，我应该退出"变成"教练今天纠正了我的头球姿式"。

- **同理孩子**：你现在真的很难过，事情越演越烈，我们缓一下吧。
- **将问题具体化**：你的教练跟你说了什么？这对你来说是什么意思？你觉得教练是想说你踢球最差劲了，你应该退出，是吗？他想要你知道的是什么？
- **找出最佳方案**：我们来看看其他看法，从"完美先生"的角度来看的话，好像你是应该退出，但是我们来看看今天发生了什么，然后再通过中立机制（见第五章）来试试看。如果纠正你的时候用冷静的声音说出来的话，你的感觉会如何？如果换作你的消极思维把它吼出来，它就变得很严重而且很可怕，但是你的理智思维会明白"纠正我的动作是他的工作"。你认为专业运动员也会得到那样的负面反馈信息吗？他们会怎么做？贝克汉姆天生就会像那样踢球吗？还是你觉得他的教练也帮他纠正过？如果你的教练觉得你没有那个潜力的话，他还会那么麻烦去纠正你的动作吗？
- **采取行动**：教练觉得你是个很不错的运动员，但是他希望你能练习一下头球，这样的话你会成为一个更棒的运动员，他需要你！你想要怎么练习？你想要教练多指导一下你？好主意。

● 过于敏感：太在意不需要在意的事

出现的问题：你的孩子可能会认为大家总是对他指手画脚的。有消极思维倾向的孩子会注意其他人在行为上的细微差别，包括动作举止、面部表情，还有眼神接触时的具体含义等，他们对这方面非常在行。但这些孩子在正确理解自己观察到的事物方面并不熟练。他们接收的有些信息甚至不是关于他们的。比如说，一位老师因为头痛所以有一小会儿看向了别处，而孩子的理解是老师在生他的气或者不喜欢他，他把消极的含义和巧合事件或者中性事件结合在一起，对自己产生了新的看法。

计划：帮孩子理清楚哪些是针对他个人的，哪些不是，不要和他争论，要运用他的思维技巧。把他理解的"我做报告的时候苏西笑出声了，所以我的报告不好"，当成是一个问题或者一种假设，而不是一个严密的结论。比如，你可以说："或许苏西笑出来的其中一个原因是你的报告不够好。但这个是对这件事最恰当的解释吗？她笑出声会不会有其他原因？"

- **同理孩子**：这个报告让你很不开心。我们来看看发生了什么事。

- **将问题具体化**：让你最生气的是什么？是你看到有人笑出来了吗？

- **找出最佳方案**：还记得放大镜／缩小镜（见第二章）吗？是镜子在捉弄你吗？你觉得这里有什么是被放大了？我们来想想看苏西笑出来的其他原因吧。噢，她经常嘲笑别人？她平时都没注意到这一点？嗯，那么这是针对你的，还是巧合呢？感觉像是巧合，不过我们就当苏西是在笑话你吧。这真的表示你的报告不好吗？这么说的话像是苏西说了算。是她说了算吗？有什么是被缩小了？其他人的反应如何呢？包括你自己？我们就把苏西当成一个影响这件事的因素。她是最重要的那个因素吗？还是最让人不舒服的那个？如果我们把苏西的意见放在一边，你能不能自己评估一下什么地方做得好、什么地方没做好？你能不能回想一下你的老师是什么反应？

• **采取行动**：既然现在你已经明白怎么把别人的反应和你自己的分开，那我们能不能想出一句提醒自己的话记在心里，这种事情再次发生的时候就可以用上了。比如，"我无法控制别人的反应，我只能控制自己的反应"或"并不是所有事情都和我有关，有时候只是巧合而已"。

● 友谊：一振出局

出现的问题：你的孩子可能很容易因为朋友的行为而感到自己被拒绝了。对思维比较消极的孩子而言，经营友谊像行走在雷区一样。首先，这其中有不可预测性和孩子日益增长的、适当的自我中心意识（他们不会想到你在等着和她坐在一起，他们在想："啊！那家自助餐厅今天供应冰激凌！我要去那儿！"）。再加上孩子倾向于把非针对性的事情和不重要的社交片段看成是针对性的（"她去玩轮胎秋千了，我讨厌轮胎秋千，她不想和我做朋友了"），结果常常在感情上受到伤害。不论是拒绝朋友，还是感觉被朋友拒绝了，这个一振出局的规则都有效，而且几乎可以不用证据。

计划：当你气呼呼的孩子认为这些事情显然不是这样的时候。你的目标是帮助他明白他可以做一些事情去改变现状，或者让他了

第九章
培养弹性、保持开朗：从挫折中恢复，开发积极态度

解，只要他就事论事，其实一开始的时候事情并没有那么糟糕。

如果你的女儿说："我讨厌她，她好讨厌，她是个坏朋友！"你可以作出以下反应：

- **同理孩子**：你现在真的很激动，我知道你感到受到伤害了、生气了或者很沮丧，或者这些感觉都有？当我们被朋友伤害的时候真的很难过。我们会希望他不是伤害我们的那个人，不过，我想大家都是普通人，每个人都有情绪不好的时候。

- **将问题具体化**：发生什么了？是什么让你失控的？她不听你讨论这部电影还埋怨你？你是怎么想的？她不在乎你，而且她算不上是个好朋友？她怎么会算不上是好朋友呢？我们能不能说得更具体一点。好吧，你想和她一起去看电影的时候，她和其他人一起去了。所以说，你觉得她不在乎你。

- **找出最佳方案**：你绝对可以这么看待这件事。我们再从别的角度来看看吧。她常常打破计划吗，还是只是"有时"会？在你的友谊曲线上，这种事情常常会有，还是只是偶尔发生？这是不是误会？她知不知道和她一起去看电影对你来说是很重要的事？你觉得如果你告诉她这件事对你来说确实很重要的话，她会是什么反应？如果你带上"我们都是普通人"的眼镜来看这件事的话，会怎么样？你会看到什么？你是否能理解你为什么失望和她为什么做错了？我们想象一下，假如你就这样放弃这段友情了。你觉得一周或者一个月以后你会有什么样的感觉？试着维持这段友谊是不是值得的？我们来看看事实与情绪的比重差异，你生气的程度是100%，但是你觉得她不是个好朋友的成分只占了10%。这之间的区别是非常重要

的。生气只是暂时的，而友谊却还在持续。你真的想清楚了这件事，很棒！

●**采取行动**：你现在准备好和她说话了吗？还是你想等你感觉好一点儿了再去？你怎么判断你们的谈话是否顺利？如果真是那样的话，你会怎么办？你想练习练习吗？你先扮演你自己，然后我们再对换角色由你来扮演她，怎么样？

这些例子的目的在于用爱和理解来对待孩子的情绪反应，并将这些反应视为可以理解的，事实就是如孩子所想的一般，而不是以为这是孩子假设的。父母要做的是对孩子多一些了解，增加对话的空间，考虑其他的可能，让孩子由"不"的领土中迁出。由于变化会发生得很慢，所以在我们帮助孩子走出消极的时候，我们要看看如何让积极的事情每天都发生在孩子身边。

◆把积极性带到他们身边

我已经听过无数父母用各种方式表示："如果我能让他开心起来就好了。""如果他能在坐进车里之后说哪怕一件积极向上的事情也好！"父母因为孩子的消极思维而心力憔悴，这可以理解，但是我们要谨记，对于这些孩子来说，学着让人"感觉不错"就如同学习二位数以上的除法一样不易。这并不是自然而然就可以的事情，他们得不断努力练习。在下一章中，我们会讨论如何在家庭中制造乐观的氛围，但是现在我们要具体讨论如何在孩子的日常生活中进行一些事半功倍的练习，即使可能孩子的脸上没有露出笑容，但他们的内心却可以轻松很多。

● 精心策划每一天的美好

我们一遍又一遍地强调,大脑会擅长于反反复复在做的事情。因此,如果你的孩子总是看到不好的一面,那么在日常生活中培养习惯,让神经元转向注意美好的事物,能够帮助孩子改变他的大脑思维,使它越来越习惯于注意美好的事物而无需"刻意"如此。你可以将以下内容循序渐进地带入孩子或者整个家庭的生活中去。最好你能够以身作则,所以你也应该打算好将这些改变融入自己的生活,接下来你可以和孩子对计划的效果交换一下自己的看法。如果在生活中创造更多积极的体验会让孩子厌恶,那么或许开展这个计划最好的办法就是安排一些让孩子远离压力、安静下来的短期休假。不要逼迫孩子上"幸福学校",还让他做作业,和孩子讨论讨论以下话题:早上的例行程序、活动、游戏,等等。在向孩子提出具体建议之前,先邀请孩子说说看他是怎么看待在日常生活中加入积极的例行事务这件事的。欢迎孩子发表意见,同时要保持耐心并鼓励他。不要认为你的孩子应该在一周内开始整个计划。你的目标是建立生活中的良好习惯,它们会随着时间慢慢显现的。

睡醒后的第一个画面。如果你刚睡醒,你希望第一眼看到的是什么,一堆要洗的衣服、梳妆台上的一叠纸、还是你和你表哥在大峡谷拍的照片?杂物整理专家提出一个特定区域叫"中央指挥部",就是你家里放钥匙、电话、购物清单这些生活基本用品的地方。为了让每一天都有个美好的开端,我们可以为自己能够控制的事情(比如我们早上醒来,睁开眼睛后看到的第一件事),创造一个"积极发射台"。邀请你的孩子在床头柜、梳妆台或者床边的墙上放一个小黑板。他可以在上面画一幅漂亮的画、写下他最喜欢的箴言或者每次都会让他大笑的笑话（会经常换！）、贴一张和他喜欢的人一起度过欢乐时光的照片、假期的快照、代表着令他骄傲的成就的奖品或者照片，或者一张虽然他从来没去过但是他看到时很开心的某地的照片，如雄伟的珠穆朗玛峰、蓝色的大海深处……可以是任何他们选择的地方。不论接下来结果如何，每天和自己的情绪"中央指挥部"保持联系，就已经为自己一天的情绪定好了基调。

深呼吸：瞬间精神抖擞。电脑长时间工作后，操作起来就会不太流畅。如果电脑中打开了很多窗口，加上很多天以前的搜索记录还有已经完成但没有放进相应文件夹的程序等，那它就会运行得很慢，这时就应该关机或者重启了。我们的身体和思维也是如此。试试"离线"工作状态，即使只是四次深呼吸，也会有很好的效果。孩子在消极思维中举步维艰，做几次深呼吸可以帮助他们改善由此带来的压力，使身体放松，产生一种舒服的感觉，并呼入他们需要的氧气，呼出不需要的二氧化碳。孩子不需要其他任何工具，他们只要闭上双眼，然后深深地用腹部吸气呼气。如果是年幼的孩子，你可以鼓励他像晒着太阳的慵懒小猫伸懒腰时那样，或者像海豹在水面上玩耍时那样放松。对于年纪大的孩子，可以让他想象一个平静的情景，再利用他们的呼吸给这个情景加上颜色，让情景生动起来。深呼吸之后的微笑会向身体的压力中心发送强烈的"彻底清除"信号，加深放松感。

要孩子想一个提醒自己深呼吸的方法。让他回想一下午餐时间能让他深呼吸并微笑的一个场景：他打开餐盒的时候、在餐厅排队的时候，或者结束午餐之前的最后一口食物。没有人会注意到，但是只要让他的压力释放五秒钟，就能帮助他更新自己的压力水平。坚持进行了这项练习之后，他会体会到那种差别。

玩游戏！ 另外一个"离线"但让人充满活力的途径就是玩几分钟游戏。"玩游戏"的其中一个定义就是"在有限空间内自由活动或者玩耍"。听上去这正是我们的孩子需要的处方，因为不论空间有多大，他们都很少能自由地玩耍。研究人员发现，尽管我们觉得玩游戏就是在浪费时间，但其实是在创新、享受中度过快乐时光。根据最近《纽约时报》上刊登的一篇文章，游戏可能还有一些成长效益："最有希望获胜的那一类人都相信各种可能性的存在，比如乐观主义者、有创新思维的人和有权利欲望、控制欲望的人。想象游戏可以创造出这样的一个人。"我们的孩子可能认为玩游戏需要屏幕和键盘，不过那项研究所说的可不是这样的游戏。目前非电子类游戏复苏了。在《不插电的亲子游戏》（Unplugged Play：No Batteries, No Plugs, Pure Fun）一书中，作者波比·康纳（Bobbi Conner）写道："电子游戏中设计的回应方式都是有限的，它们限制了人们的想象力。会涂、会画、会搭积木、会创造的孩子们有着无限的创造力。要明白，孩子有能力创造自己的世界，不论是自己的，还是和其他人一起的，他有自信要成长为一个能够解决问题、有创造力的成年人。"让你的孩子列一张表，写下十种非电子游戏，然后把它贴在冰箱上。回想一下，在你的童年时代，最让你开心的是什么游戏？

活力与运动。让孩子行动起来并不只是要他们忙起来而已，运动这种方式已经被证实对改善情绪有很好的效果。我们知道，坚持运动能预防过度肥胖和高血压、减小压力并改善睡眠质量，但是研究人员还发现有规律的运动在缓解抑郁症状方面有着和抗抑郁药物一样的效果。美国杜克大学的一项研究发现，在缓解抑郁症状方面，每周运动三次、每次半个小时和服用舍曲林（Zoloft）有一样的疗效，而且运动组的人十个月内病情复发的几率比药物组的人要低。

对于大部分人来说，每天的生活已经让我们很累了，所以每天挤时间带孩子到健身房去运动不太现实，比较容易的是在日常生活中增加他的运动量。比如，把车停在离目的地稍远的地方然后步行过去，不乘电梯改走楼梯，在花园工作或者扫树叶的时候叫上孩子，和狗一起跑步，晚餐后放些孩子喜欢的音乐一起跳舞，玩十五分钟的传球游戏或者在门后的篮球框投篮也行。选一些走路或者骑车去做的事，而不用开车或者坐公交车去。你的孩子可以一周定三个这样的目标，然后记在家庭日历上进行跟踪。

结果好，万事好。有时候，我们会觉得自己最高兴的事就是那一天终于结束了！这没关系。但是大多数时候，我们会在心里"搜索"一下进展顺利的事、令人满意的事、有趣的事或者让人惊讶的事，还有一些我们心存感激的事情。晚餐或者睡觉时间，我们会加速搜索行动。接下来我们会交换意见，和别人分享自己的发现会再次增加我们的愉悦感。如果孩子年纪尚幼，你可以把搜索与分享这件事打造成一个"寻宝游戏"，让他找到一天中的美妙时刻：有一些"宝藏"可能要比其他"宝藏"藏得更隐蔽。对于大一些的孩子，你可以把它变成没有任何压力的开放式谈话。你可以告诉孩子你在工作时观察到的一件进展顺利的小事，如果孩子愿意的话可以发表自己的意见。即使他们不发表意见也没关系，你在加强"看见美好就会感到美好"的这个观念。

本着灵活变通的精神，不要把这个练习当成一项每天必须完成的任务，这一点很重要。虽然你刚开始培养这个习惯，不过如果你能在前三个星期里，坚持每个星期都进行几次的话，这个习惯就会"跟"着你了。培养一个新的习惯基本上都要花这么久的时间。

不太隐蔽的宝藏。就像我们总是会在下雨天找不到能用的伞一样，我们最需要美好的回忆或者美妙时刻时却总是想不起来。思维消极的孩子会把他们所有的错误都记在心里：他们能随时把尴尬事件拉一张表出来。然而说到积极事件，他们可能会快速地挖掘但却想不出来，一般是因为他们最需要积极事件的时候，他们根本没心情去想。让你的孩子做一个藏宝盒或者建立一个文件夹用来保存黄金时刻。当他的足球教练说："我们今天真的很需要你，是你让这个球队诞生了。"他的英语老师说："我看了你写的诗觉得好感动，我会读给全家人听。"或者一个朋友说："你正是我希望在高中遇到的那种朋友。"让孩子为这些收藏或那个文件夹"命名"。在孩子情绪低落的时候，你可以温柔但明确地问他那时候是不是打开宝藏盒的好机会。

◆ **本章结语**

感觉上，好像让孩子摆脱痛苦这这件事完全是父母的责任，不过你可以向孩子提出问题，而不是急于用正确答案劝说孩子。这样能帮助孩子对眼下的处境产生新的看法，让他

> 能够从另外一个角度来看待问题。要在孩子的日常生活中形成处理积极体验的习惯,就需要在开始的时候有意地进行策划,不过鉴于其中的好处,根据孩子接受新事物的可能性,它会变成一项稳定的活动。

亲子活动

在餐桌上或者和祖父母在一起的时候,让孩子询问其他人:"有没有那么一天你觉得所有事情都很糟糕,每件事都不顺利,而且你觉得好像你的生活永远都会这样继续下去?那么,这种时候你是如何处理的?"这时,你的孩子可能在吸取经验:比如不要太在意,把自己的心情写成一首诗、一支歌或者画成一幅画,或者找到合适的方法去看看事情的另外一面是什么样子,如进展顺利的事。结束之后,你可以和孩子讨论一下他学到了什么新方法、他观察到了什么,比如,"哇,我不知道奶奶有时心情也会那么糟糕,她总是很开心的样子。"

接下来,让孩子做第二项调查,自己进行幸福感的研究:"你生活中最让你开心的是什么?你怎么才能保证自己每天都开心?"让孩子用自己能够做到的方式整理一下结果:幼童只要说说他们学到了什么就可以了,中学生可以用图表把数据整理出来给全家人看。

第十章
乐观每一天
为持续稳定的家庭生活播下快乐的种子

幸福……是什么？它既不是美德，也不是快乐或者这样那样的东西，它就是成长而已。我们成长的时候就会感到幸福。

——约翰·巴特勒·叶芝（John Butler Yeats）

幸福的家庭都是相似的，但不幸的家庭却各有各的不幸。

——列夫·托尔斯泰（Leo Tolsoy）《安娜·卡列尼娜》

我们花了很大篇幅重点讨论有效的"除草计划"：如何识别不必要的消极思维并防止它们生根。这只是任务的一半而已，另外一半是关于如何播种的，有意地安排一些活动让孩子茁壮成长，借此播下长久幸福的种子。

哈佛大学心理学家泰勒·本·沙哈尔（Tal Ben-Shahar）是积极心理学领域的领军人物，著有《幸福的方法——哈佛大学最受欢迎的幸福课》(Happier: Learn the Secrets to Daily Joy and Lasting Fulfillment)一书,他利用一个经济模型来解释幸福:积极体验是"收入",因为它们会给你带来好处,而消极体验是"支出",因为它们耗用了我们的资源。从这个意义上来讲,思维消极的孩子常常入不敷出。他们的支出超出了存款数目,你从他们脸上的表情就能看到这一点了。当家人的注意力和资源都用在了出错的事情上面,而注意不到顺利的事情时,他们也会入不敷出。幸福,较为乐观的家庭会采用古老的投资方法——"积少成多",在日常生活中自动增加孩子的情感存款。这些训练不但能够缓解日常压力,而且能够为你的孩子、你自己以及你的家庭建立起日后的情绪净值。

在这一章中,我们将看到的是建立乐观家庭的基本准则:把它看成是翻修住家,只是少了灰尘和赶工的压力。我们为什么要在家里营造更乐观的氛围?研究发现,思维乐观的人健康状况更好、对疾病的免疫力更强、患抑郁症的几率更低、对生活的满意度更好、更长寿而且更幸福。我从最近的乐观主义研究和预防抑郁症的研究中筛选了一些结论,在这里我们会看到一些乐观生活的准则和大脑中掌管乐观情绪部分的训练技巧。如果我们希望孩子在他们的生活中走向积极的港湾,那我们就得建造这样的港湾。不论你们家餐桌上的谈话有多简单,它都是最理想的建筑场所。

◆乐观的家庭是什么样的?

去拜访琼·克利弗的乐观家庭时,给我们开门的不是笑盈盈的主人,家里没有闪闪发亮、一尘不染,也没有飘出刚烤的苹果派的香味，这让我们感到有点儿惊讶。其实，在一个乐观的家庭，大家的相处方式并不是欢乐如田园诗一样的。可能在这个家里，每天都是洗洗刷刷，要急急忙忙赶公交，还有相互吵架的孩子，以及忙忙碌碌头痛的父母。这种生活是乱七八糟的，相互毫无保留。但最重要的是，这种乱七八糟的生活并没有被认为是破碎的生活，而是一种生机勃勃的生活。父母们不会因为生活的不完美而焦头烂额，因为他们知道那是生命中的一部分。因此，孩子们非常自由。显然家庭结构很重要，但对孩子养育的灵活多变性同样重要。

将这些概念引入生活后，有可能忙忙碌碌的家里会欢迎这样的活动，也有可能会让已经疲惫不堪的家庭难堪重负，这取决于你在自己生活中的位置。如果你遇到的是后面这种状况，那就请继续看下去吧。你可能会觉得你必须做完所有这些事情、都要做得很好、要坚持做下去。换句话说就是，你想在适应乐观主义这件事上面做到完美，但其实你并不需要如此。看完之后，你可以从中选出你希望在生活中使用的一项训练，然后每个星期花一点点时间来总结一下你这一周收到的效果如何，或许你可以在一周结束时的星期天晚上洗碗的时候来做这件事。或许过几周以后，你可以再选一项。种子是这样一种东西，你一旦把它种了下去，它们就会自己生根发芽。因此，你最开始的时候要关注它们，然后你就会发现这些概念和练习开始像真正的种子一样在不经意间冒了出来，在你意想不到的地方出现。你五岁的孩子本不是你的目标观众，不过他会提醒每个人暂停一小会，你十几岁的孩子会说出"感谢"这个词，家里的中学生会礼貌地问你他能不能自己处理某些事情，因为他觉得那是他的责任，这些都会让你大为感动。经过一段时间之后，你会看到这些概念已经在你的家庭中生根发芽了。

● **力量、行动**

在电影《小猪宝贝》中，睿智的老牛告诉幼稚的小猪，万事都有其规律，他要接受这一点。然而，如果事情的规律在你的孩子看来显然是不公平或者没用的，那会怎样呢？我们不想培养出老牛的被动性。马丁·塞利格曼博士将被动状态、放弃和不做努力描述为"习得性无助"：如果一个人经历了一系列困难，而他认为自己不能影响事情的发展，所以他放弃自己、不再做任何努力，于是他习得了这种思维模式。

对此，其中一个办法是创造一些让你的孩子能够发挥他自己的能力并产生影响的事情，并且要加以强调让孩子认为："我知道怎么办！我自己能做！"除了这种立即生效的加强作用以外，孩子开始通过最基本的途径参与进来并能够回应："我能解决这些事，我会弄明白的。"一些让孩子们惊喜的时刻也能强化这个途径。知道自己能够解决问题并能产生效果能够树立孩子的自信心，这比任何真诚的赞美之词都更为有效。

抑郁症研究已经证实习得性无助是引发抑郁症的重要原因，因此，在家中，我们希望给孩子一种力量感：让他们为自己的事情负责，知道他们的行为会产生影响，也了解如果他们能用礼貌的方式说出自己的想法就会被听到。当我们征求并听取他们的意见时，比如认真听取他们在如何更公平地分配家务或者如何降低公交车的噪音方面提出的建议,这时我们教给孩子的就是我所说的"习得性力量"。我们在帮助他们明白,他们可以为自己宣传,为自己做事,他们没有被困住。

这其中有几个关键的定理:首先,最重要的是鼓励孩子说出自己的想法并倾听他们的心声,但不能马上保证他们会得到他们想要得到的。会说"好吧,那为什么还要努力?"的孩子最需要这些练习。他得明白,你会认真对待他的问题,虽然你可能不会支持他的某个具体的要求,但是他要学着说出他自己的想法。第二个定理是,"言论自由"不表示他可以没有礼貌、哼哼唧唧或者伤人。鼓励自己的孩子表达要得体,如果你的孩子哼哼唧唧地说话就让他用"正常的声音"说话,如果孩子说话没有礼貌就请他"重新说"。

如果有了力量,但在一些事情中存在着不公平,孩子会想知道:"我一个人能做什么呢?"在家里放一张"一个人能做什么"的清单,列出哪些人将新的想法付诸实行,继而对世界产生影响的范例。名单上可以包括救助小鸟的人,发起校内环保行动者,或者为流浪人士收集大衣、罐头食品的本地杰出人士,或者那些登上了报纸头条的新闻人物。举几个例子:罗莎·帕克斯(Rosa Parks)拒绝因为自己是黑人就得坐到公交车后面,后来她发起了民权运动。亚历山德拉·斯考特(Alexandra Scott)虽然去世时只有八岁,但她设立的"艾莉丝的柠檬水摊位"基金会(Alex's Lemonade Stand)筹得了一千六百多万美金的基金用于癌症研究。绰号"魔术师约翰逊"(Magic Johnson)是篮球界的传奇人物,在发现自己携带艾滋病病毒之后,他马上成立了"魔术师约翰逊基金会"用于推广艾滋病教育和医疗研究，该基金会已经募集了几百万美金用于艾滋病教育和医疗服务。在这些名人事例中，他们都把想法付诸于行动了。鼓励你的每一位家庭成员写下三件能让世界变得更美好而且他们自己能够做到的事情，并经常查看进度。这么做的重点并不在于事的大小或者最终结果如何，而是在于行动的过程，就像巴克敏斯特·富勒（Buckminster Fuller）所说的："做那件只有你能做的事。"

●自主权和责任：能给他多少就给他多少

直升机型父母，该下机了！如果我们总是在孩子头上盘旋，时刻准备好冲过去满足孩子的需求，那么我们就无法让他们有机会看到自己能够为自己做什么。孩子吃什么、穿什么、做什么家庭作业，甚至他们该有什么样的未来，是不是都是你在为他们做决定？把话语权交回给他们自己吧。即使是幼童也能做出自己的选择。做出每一个选择的时候，他们也会体会到为自己负责是什么样的感觉。随着孩子一天天长大，他们最终都要离开家，自力更生，这就是成长中必经的一个阶段。要记住，最有效的教养方式是权威型的，家里的规矩很明确，但是孩子拥有在规矩范围内最大的自主权。

因此，当我们找到一种让事情变得更轻松的方式时（比如把零食放在比较矮的柜子上，这样的话，孩子可以自己够到，教孩子怎么做他最爱的烤乳酪三明治，他想吃的时候就可以自己做了，或者教他怎么自己系鞋带），我们给了孩子更多的自主权。

植物向光生长，而孩子自然是越来越独立的，如果我们肯让他们这么做的话。在健身房，你得慢慢增重才能练出肌肉来，而孩子们需要越来越多的自主权或者越来越多的责任，否则他们的能力就会退化。（注意，这期间会发生一些比较矛盾的事情：你青春期的女儿想要用穿鼻环来宣誓独立权，因为她说那就是她的风格，但是她还是想要在没有人的时候你能经常拥抱她。）你要记住，我们并不希望孩子突然好像"离开家了"一样。如果他们能不断地按照他们自己的方式行事的话，等到他们真正要离开的那一天来临的时候，他们会更顺利地离开。需要注意的另外一点是误差量：你给孩子的自主权有可能太多了。你可能会让青春期的孩子到自己的房间写家庭作业，结果却发现他在网上跟朋友聊了两个小时。当这些误差出现，而且还会继续出现时，让你的孩子向你解释看看为什么你在生他的气，让他说说看他这么做可能会产生什么样的结果，该如何弥补或者该如何修改当前的计划。我们在前面讨论到"力量"时说到，听取孩子的意见并不保证你得采纳或者支持他们的计划，但是他们在培养良好的判断力（晚做总比不做强），而你也可能从中获得灵感，想出一些好主意。

　　培养孩子的自主权，同时要给孩子保留一些空间，能让他们在需要帮助的时候求助于你，这样的话孩子会慢慢形成一种观念：需要帮助时向他人求助并不是软弱的表现，从而培养孩子的能力、树立孩子的自信心。问问孩子需不需要帮忙，不要自己猜测。在孩子周围忙自己的事，这样一来，孩子需要帮助的时候就可以向你求助。他们真的求助的时候，要乐意接受他们的要求，但回应的时候要表示出你的同理心并问一些有实际帮助的问题："你卡在哪里了？你都试过什么方法？"你的目的不是保留自己的意见。相反，他们对如何解决问题有自己的看法时，你要尊重他们的看法。

●内在价值与满足感：要自得，不要完美

里昂是一位非常聪明又开朗的少年，他希望（而且确实如此）自己在各个方面都很优秀：音乐、运动、表演、学业，甚至是厨艺。他告诉我，最近他对自己做的每一次课题、参与的每一次表演和得到的每一次考试成绩"都不满意"，因为他总是希望做得更好。一方面，我们要称赞里昂的上进心和对完美的不懈追求，然而另外一方面，我们很快就发现他就要面对身心俱损的局面了。里昂必须回避"薯片"式的命运——作为成绩特别优异的学生被大学录取，但当他们付出太多努力才考进大学之后就不幸地累倒了。里昂这样的孩子不应该追求难以实现的完美，而是应该学着停下来，好好欣赏他们已经得到的成就。有很多原因可以说明这个方向的正确性：寿命以及自信心。本·沙哈尔博士强调，我们的目标不能只盯着在将来某个时候得到的幸福，他称之为"实现型谬误"："虽然我上高级版的课程很郁闷，但是它们能帮我考上我想上的大学，那时候我就开心了"，接下来"我找到我想要的工作就会开心了"，然后又是"到我晋升高位的时候我就开心了"。解决的办法就是引导孩子在内心除了对美好未来的计划和努力有满足感以外，还要对他们当下所做的事也产生满足感。

再来说说我的朋友里昂。我问他，如果现在你可以停下脚步欣赏自己目前的成就的话，会怎么样？他说他怕自己会变弱，可能会失败、自满或者更糟糕的是失去野心。和其他未知的恐惧一样，这

种力量并没有得到正确的使用,但没有被放下过。里昂这样的孩子需要慢慢地逐步思考并重视自己的成就,包括他从中学到了什么、他是否享受这些成就,这样才能让他不再等待那个难以实现的大日子,而是认真体会那个日子到来之前的每一天。

父母要怎样帮助孩子从当下及将来的生活中获得满足感呢?首先,不要伤害孩子。注意自己和孩子说话的方式。你只是把孩子的成就拉了个清单,还是真正地想了解孩子的体会和看法?不要只顾着评价他们做得如何。要做更深入的了解:"你觉得这次作业怎么样?如果你是老师的话,你会怎么改?你从中学到了什么?这个学期最有趣的作业是什么?你觉得它们怎么样?"倘若我们想要让孩子培养长期的学习习惯,我们要在和孩子的互动中强调这一点。

● **为犯错误正名:错误是学习的机会**

我的女儿读一年级的时候,有一天我走进了她的教室,教室里有个叫作"错误拼写"的公告栏,我看到它时不由得为之一振。牌子上包括我女儿写的"心理学家",她写成了"心里学加"。其他孩子有写成"挖诀机""油乐场"的,甚至还有"多毛毛"(躲猫猫)。我想起我上大学的时候,有一位教授鼓励我们每周出去冒险并说点儿"反常"的话。

我女儿的老师和我的大学教授都明白了一件事:犯错是学习的方式。我记得大概在安然丑闻发生之前的十年左右,《纽约时报》里有一幅漫画,里面描述的是一群公司高层紧张地坐在会议桌周围,其中一位说："我觉得最好的办法就是让监守自盗这件事名正言顺。"虽然这个比喻不是很恰当，毕竟监守自盗是违法的，而犯错并不违法，但其中让某些事情名正言顺的这个想法却是刚刚好。在商业运行中认为不可避免的事情则可能让人生厌，不过想想看，如果作为一种文化氛围，我们坐在桌子前面对犯错也得出了同样的结论，尤其是孩子犯的错，那会是怎样的情形？我们会少了多少烦恼？而对于那些敢于尝试的孩子，我们会解放他们身上多少潜力？

我想起心理学家卡罗尔·德韦克的研究，他发现对于智慧有固定思维模式的孩子（不允许自己犯错）不愿意冒险，也不利用自己的潜力，而是只在安全范围内行动。我们可以想象孩子的潜力和他们的完美主义在拔河，但不知道为什么他们的完美主义总是胜出，限制了他们的成长。为什么孩子们如此害怕犯错或者承担风险？如果你觉得你把自己全部的名声都押上了，你不会学习新招数，你也会打安全牌。思维消极的孩子认为他们的智慧是暂时性的，甚至是不稳定的，他们需要一直证明自己的智慧而且自己的智慧很容易被推翻，而他们犯错是持续性的，他们能记住每一个错误。我们很有必要在孩子年纪还小的时候告诉他们，反过来才是事实真相。在孩子犯错的时候，就事论事，不要针对他们的性格，我们可以说："那样做不好。""你选择那样做，我有点儿失望。"或者简单点儿说："数学考试怎么考砸了？"而不是概括地说："你太坏了。""你老是对人没礼貌。""你一做家庭作业就懒洋洋的。"处理错误的模式应该是："有些事情会发生改变，但有些却不会。"帮助你的孩子明白什么是暂时性的，比如当时他们的判断失误，而什么是持续性的，比如他们积极的、持续性的人格品质。

通常情况下，如果孩子思维消极，父母们会很惊讶为什么孩子犯了错或者他们的错误被纠正时他们会对自己如此苛刻。最近，十二岁的麦克告诉我："我妈妈纠正我的错误时，感觉好像我有一个好置物桶和一个坏置物桶，好置物桶里面是空的，但是坏置物桶里面却塞满了'我是个坏孩子、我没礼貌、我好蠢'之类的东西。并不是我妈妈这么说了，是我自己有这种感觉。"麦克的模式提醒了我：对于消极思维的孩子来讲，"坏"置物桶永远都无法清空。他们做错的事情没有截止日期、没有失效时限，所以新的错误只是让置物桶溢出来而已。同时，"好"置物桶上似乎有洞，赞美直接从里面溜走了。告诉孩子，该溜走的应该是错误，因为我们不会总是犯同样的错误，我们会吃一堑长一智，所以积极的经验会跟着我们。

切记，你教孩子如何对待错误时自己也要以身作则。作为孩子的榜样，如果你企图假装自己不会犯错或者不会责怪他人，那么你的孩子就不会光明正大地犯错。相反，如果你能鼓起勇气，真诚甚至是幽默地说："是我不好"或者"是我的过错"。或者简简单单地说："我是个傻瓜。"你的孩子就会知道犯错没有危险。你以行动告诉了他，即使是聪明的、善良的、有责任心的人也会犯错。

● **困难来临时：让他们去克服**

帕特里克是一位大学生，他患抑郁症多年了，最近他意识到自己的父母总是在替他处理所有的事——高中时父母出手才让他没被划伤脖子、还帮他填大学志愿、帮他预约医生、出面到学校和老师交涉，甚至连汽车里的油都帮他加好。帕特里克对这一切都很享受，而他的朋友们也都觉得他的生活好舒适，直到有一天帕特里克的父母退出了这个出发点很好的"终身代客泊车"服务，不然他真的看不到自己能够独立在这个世界上生活。让他觉悟到这一点的是有一次帕特里克开车时发生了小刮擦，当时车上的后视镜被撞掉了。他的爸爸说："儿子，这次我要让你自己来处理这件事。"这个被撞掉的后视镜后来成为了帕特里克生活中出现的最美妙的事情之一。用他的话来讲，他从自己修理后视镜的这次事件中认识到"如果父母怕孩子掉下床去，就总是在下面放好枕头的话，孩子就永远会以为即使自己掉下去了也不会有事。就像换轮胎一样：如果有人总是帮你换，你就不会换，但是如果有人教你怎么换的话，你这辈子都会记住怎么换轮胎。"帕特里克自己学会了一个古老的道理："授人以鱼不如授人以渔。"儿童心理学方面的专家经常使用这句格言。这时，我马上就想到了温迪·蒙格尔（Wendy Mogul）的《放下孩子——犹太人的家教制胜之道》（The Blessed of a Skinned Knee），书中鼓励父母们不要再像超级父母一样将孩子成长道路上的每一块小石子都清理掉，这不仅是不可能做到的，而且这种做法会培养出一代脆弱的孩子，他们不懂得如何跌倒、如何失败、如何挣扎、如何坚持乃至最后如何克服苦难。不要做"困难就意味着失败"的样板，我们可以把那些"磕破的膝盖"、坏掉的玩具、破碎的心、忘记做的家庭作业和遭到的拒绝当作是在心里建立模型的机会：困境意味着力量和成长。

我们没有把自己亲子教育的导航系统中的目的地设置为"被过度保护的依赖性孩子"，但是我们发现自己凭着对孩子的怜悯之心和

"不要让他们落后"的文化氛围就朝着那个方向前进了,尤其是当所有其他孩子的父母都在为孩子过度代劳的时候。我们必须得足够勇敢才能利用自己的信念让我们的孩子克服困难(就像我们希望他们明白他们能做到那样),即使我们知道只要认输或者我们接手,在短期内其实比较容易解决问题。

我的同事艾琳·弗兰纳根(Eileen Flanagan)是一位作家,她在自己的博客(www.imperfectserenity.com)中将宁静祷文中的最后一句话作为一条准则。父母们需要有"辨别事物差别的智慧",去区分"因为缺乏同情心而任孩子在失望或困难中挣扎"与"出于真正的同情心而给孩子必要的空间去挣扎并克服困难"之间的区别,他们也要明白,没有了这些经历,孩子就无法做好独自生活的准备。你将帮助他们了解,他们跌倒时不必崩溃,相反,他们可以重新打起精神,甚至可以用比以前更好的状态去前进。

警告:虽然你知道自己并没有放任他们不管,但有时他们会这么理解。如果你对设定界限真的很矛盾的话,你可能会恼怒于孩子将你置于这个必须对他说"不"但却让你左右为难的境地。这么做并不理智,不过这是意料之中的事情。好(勇敢的)父母在设定界限时,会感到"自己不像是好父母"的压力,即使是最有怜悯之心的父母,像"这次你必须得自己处理这件事""这是你自己选择的,我不会帮你解决,这是你自己的问题"这种话也会脱口而出。此时你要表现出理解,而不是带着同情心划清界限:"我知道这对你来说不容易,但是我可以听你说。""如果你能想明白这件事,我很乐意听听你是怎么想明白的。"儿童精神病学家唐纳德·温尼科特(Donald

Winnicott）是这么形容"足够好的父母"的：他们会满足孩子的需要但并不是每一次，因为父母与子女间最理想的关系是给孩子保留一定的空间，让他们培养自己的弹性，能够面对出现在自己的需求与得到满足之间的烦恼。

　　智取而不要强攻，想象你手中有一个遥控器，而你按下消音键将问题四周的情绪都消音，那剩下的就只有解决问题这件事了：找到问题，开动脑筋想出可行的解决方案，选择解决方案并付诸行动。所以在你的孩子情绪激动时，不论是幼童在生气拿错花生酱了，还是青春期的孩子把数学课本落在柜子里了，不要急冲冲忙着帮他解决问题，而是先暂停下来问问孩子。比如，"你想要怎么办？"或者"你觉得我们要怎么做呢？"让孩子参与进来一起努力，他就会学会如何解决问题。如果你希望孩子能够承受挫折，就让他从小事情开始练习。有时候，给某种情况起个名号你就可以容忍它，并且这个名号会提醒你，即使你觉得这种情况非常难以应付，但是它却被归类为"可以解决的麻烦"。可以邀请你的家人一起为这个类型的情况起个名号。我们很多人在二十世纪九十年代养育孩子的时候都会在年幼的孩子即将崩溃的时候制造点小小的喜剧效果让他们放松下来，我们用快转眼球乐队（R.E.M）的"就像我们所知道的世界末日一样"或者滚石乐队的"这是我第十九次神经崩溃了"来称呼这种情况。平静的时刻，孩子可能会自己给它们取名字。有一个孩子把这种类型的情况称为"让人非常不舒服但只是暂时发生的事情"，这样的称呼能够让孩子预料到这种情况很快就会结束，而且让他对这种情况能够更加包容。这样的名字也会反驳那种认为这些情况不应该发生的情绪,反而说明所有人都会遇到这样的情况。

● 家务:为共同利益作贡献

让孩子们满腹牢骚还翻白眼的事儿,有没有可能是决定孩子在今后的人生中能否获得成功的一个重要因素?你不用告诉他们这样的数据,但是你应该知道如果按照正确的时间和难度安排家务劳动的话,做家务能让孩子借机树立自己的职业道德,并从圆满完成的家务中获得一种成就感。先从小事开始。如果孩子目前没有做家务的习惯,那就想想看他们可能会喜欢的事(年幼的孩子喜欢掺和)或者可能能够做到的事(青春期的孩子会拒绝,而且不一定会有礼貌)。要年幼的孩子收拾自己的玩具时,可以和他做做游戏:"你想要把哪块积木拿走呢,是红色还是蓝色?"学龄前的孩子可以把自己的脏衣服放进洗衣篮,也可以帮忙摆桌子(或者装饰桌子)。学龄儿童可以清空垃圾桶、收信、收碗碟等。你可能会惊喜地发现,一旦孩子在某个方面有了当家做主的感觉,他就会非常坚定地守护它(尤其是这个领域能让他有机会教别人如何去做的时候)。例如,如果孩子在值日,他会将所有落在他管辖范围内的东西都保管起来,或者如果他负责把光碟放回柜子里面,在你忘记的时候他会自己做完这件事。如果他负责给植物浇水的话,他就会非常在意植物什么时候缺水。

记得帮助孩子选择的家务要能够利用他的长处。就像在第四章中提到的,如果孩子非常擅于整理,那就"雇"他帮你整理书籍、光盘或者你收藏的杂志。如果你的孩子是个技术小能手,那就让他在电脑上打一份 DVD 播放机说明书或者电脑操作说明出来。当然，如果孩子动手能力不佳的话，让他叠衣服简直就会是一场灾难，所以不要这么干。不是所有的家务都能够正好迎合孩子的喜好，所以你应该知道孩子会有所抱怨，但是不要在意，尽量表现得幽默一点儿："如果边做家务边吹口哨，你也不会觉得开心一点儿，那边做家务边听随身听怎么样？"

● 规矩是为了学习

孩子们会时不时地逃避一些事情，大部分家长都知道这是孩子必经的成长阶段。看看平常的晚饭时间，如果餐桌上没有按时摆上饭菜会是什么情形，他们会非常生气："喂，这是怎么回事？晚饭呢？"如果孩子知道做事的底线在哪里，他们就能预料到外界的规则，这样他们能从内部调整他们的行为。如果没有规则限制，他们或许会觉得自己被忽视了，他们的所作所为也不够重要（这可能会引发更多的消极行为，直到最后你关注他们为止），或者孩子也有可能只是觉得自己没有条理、效率不高甚至失去平衡。规矩是家里得以维持健康机制的制衡制度。它的目的并非羞辱、惩罚孩子或者让孩子难堪，而是将孩子召回到正常的家庭秩序当中。

当孩子选择失误、不守规矩或者伤害了某一位家人，如果你真正的目的是保证孩子用更好的方式吸取教训，那么你不必为此在他面前长篇大论。父母要谨记"要智取不要强攻"这个策略，可以问问他："你觉得我现在会怎么说？"或者"你觉得我们应该怎么做？"可能那时他已经吸取了教训，而且能够回应你的提示了，这样一来就有了一个双赢的结果：你知道你的孩子确实懂得其中的规则，而你的孩子因为了解规则而得到了你的认可。只要有机会，不要惩罚，而是补偿（比如你十几岁的孩子扔快餐盒的时候把家里的车弄脏了，那就让他清洗这辆车，通过做积极的事情重新树立自己的好形象）。有些时候，取消特权也是个好方法，但其目的不是惩罚，而在于你的孩子还没有做好独立使用这些特权的准备。

方法用对了，规矩会让糟糕的情况好转，而且我们讨论过的很多概念都能从中体现出来：接受错误、鼓励有弹性的处理逆境的力量，你的孩子有机会参与这个成果。如果你对孩子的行为感到有点失望，觉得他应该已经更明白怎么做了才对，那就把你的感受告诉他，但是态度要客观（这样你的孩子也能客观看待），这个行为错了，即使他得为了这次的行为而重新赢得你的信任与尊重。作为一名家庭成员和你爱着的人，就他的状态而言他不必回到起点重新开始。但是你的表达要明确："虽然我现在非常生气，但我依然爱你。我知道你得在犯错中学习，我也知道你以后可能还会犯错，但是你不会再犯同样的错误。"

● **细细品味：让积极经历翻番**

我们都知道对未来事件进行消极、灾难性的揣测意味着什么。如果我们把这种预测类型称为"提前借苦"的话，那它的对立面，即预想性享受，就可以被称为"提前享乐"。这个术语是美国心理学家弗莱德·布莱恩德（Fred Bryant）创造的，他认为我们可以用积极的方式向前看，要享受未来，而不是害怕未来。他和他的同事约瑟夫·维洛夫（Joseph Veroff）提出了享乐的三种时间形式：预想型、当下型和回忆型。孩子们非常了解如何享受大日子，比如圣诞节、暑假和自己的生日，他们会提前想象那些日子有多美妙，他们让那些积极事件的影响力翻了番。你可以在日常生活中培养孩子享受并关注积极的事情，即使不是在日历上做了记号的那些日子里也可以。难处在于你要建立寻找美好的坐标系，即使在稀松平常的日子里，你也得寻找，用诗人威廉·布莱克（William Blake）的话说就是，"每一天当中恶魔不会找来的那些时刻。"这个练习可以让每一个人都能在生活中受益，同时，最至关重要的作用就是把积极面放到走向消极的孩子的精神地图里面。指导这项练习最好的办法就是你亲身实践后和全家人分享你的感受。你可以把这里的"享乐"定义为"捕捉到某个快乐时刻"，你可以提前享受未来（"我在想象你明年春天毕业时站在那个讲台上的样子，不禁笑了起来"），回头想想非常美妙的往事（"我在回忆母亲节，那时候你帮我做了好多煎饼"），或者捕捉到事情正在发生而你正好觉得享受的那个时刻（"我喜欢看你打棒球，这时候你惬意于一心一意地打球"）。这些叙述对幼童和成年人都适用：选择一个情景，然后沉浸其中。装作那个情景现在正在发生。是什么让你感到开心？是什么让你笑了起来？

进行享乐练习的时候，你可以先从大日子开始，比如出游约定、和祖父母见面的日子或者毕业舞会，不过在不太重要的场合中，如果你很期待的话也能够非常享受其中。对十二岁的本杰明来说，在他的生活中似乎发现黑暗面要比发现光明面容易。我问他今天有没有发生过让他觉得享受的事情。他回答道："一天里有什么好享受的，

第十章
乐观每一天：为持续稳定的家庭生活播下快乐的种子

它不就和其他日子都一样？"我问他："人们为什么会喜欢日出和日落？""因为它们很美。"他毫不犹豫地回答我。"正是如此，"我说，"它们确实很美，但它们仍然每天都在发生，而且是以同样的方式。太阳不会突然有一天从西边升起。但是即使是很平常的事情，我们也会有不平常的体会。再回想一下你的生活、你的同学、午餐、休息，想想有哪些时刻发生了让你希望能再多停留一会儿的事情。""好吧，我想午餐的时候确实有那么一小会儿非常美妙，当时我的朋友都在笑一本书，是我们的课本，但是我们都只是在说些搞笑的话而已，而我当时感觉这就像是在玩球一样，我们把球相互传来传去的，大家都非常棒，不过根本就没有球，我们是在用语言相互传递，不管怎样，那时候感觉棒极了。""是挺不错的，这么听来你很享受和那些孩子们的交流。"我说。"还有我们的玩笑！"本杰明补充道。

享受往事会增加它在我们生活中的存在感，就像买一赠一一样。享受未来也可以有这样的效果。罗伊早上不愿意去上学。他先设想那一整天会是怎样度过，然后会感到压力非常大，好像他做不到这些事一样。除了让他冷静下来每次只想一节课以外，我们还让他每天早上重点想想他最期待的那一个时刻，不只是放学铃声。然后每天晚上他都要和他的爸爸聊聊天，看看当天的那一个时刻是不是真的光明点，还是发生了其他让他开心的事情。虽然这看上去是件小事，但随着时间的变化，把我们的关注点和注意力都集中在这些积极的感受（比如喜悦、友谊、爱意、幽默）上，能让我们更容易体会到它们。不必让孩子刻意寻找积极事情去进行享乐练习，这些体会能够走上孩子已经准备好的中立高速公路，毫不费力地走进孩子的生活中。

● 感恩与同情

和平、爱情和理解有什么好笑的？几十年前，英国歌手尼克·罗威用同是英国歌手的艾维斯·卡斯提洛的声音提出了这个问题。科学家发现在日常生活中会表现出感谢与同情情绪的人更健康、更幸福、积极情绪更多而且也更充实，更不用说他们带给周围其他人的好处了。在交流中获得的积极情绪会与消极情绪产生竞争，让人感觉更舒服的那一种情绪会胜出。以下练习将帮助你逐步地将这些概念融入到你的家庭生活中去。请保持耐心：就像真诚道歉比被迫道歉更有价值一样，你最好能等待孩子自然而然地表达出真心实意的感谢和关心，而不是让孩子绞尽脑汁当场编出来。

感恩。我们都在电视上、自己的脑海里或者嘴里听到过这句讽刺的话："你应该感谢我！"尤其是会和对比性的话一起说出来："我小时候从来都没有新玩具玩，但我心里很感谢我的父母！"或者夸张地说："我们住在纸箱里，但是我心里还是心存感激。"强硬要求孩子的感激之情得不到你想要的效果，除非我们的目的是让他们感到内疚，而我们因为听上去和自己的父母一样而自责。心存感激完全是另外一回事，它夺取不来，但会自然降临。它能够让你心胸开阔，而不是让你羞愧、内疚或者愤怒。研究人员发现，在我们的身体处于放松状态而不是紧紧抓住某事不放时，真正的"离线"对我们的情绪和健康都有非常大的好处。心存感激不仅会让人春风满面。它能让心存感激的人增加快乐情绪、提高幸福感，而且它还能加速创伤的愈合速度。加州大学戴维斯分校的罗伯特·埃蒙斯（Robert Emmons）在他的《愈感恩，愈富足》（Thanks! How the New Science of Gratitude Can Make You Happier）一书中写道："我们的创新研究显示,心怀感激的人积极情绪水平会更高,比如愉悦、热情、爱情、幸福和乐观,同时,将懂得感恩作为自己的处世法则能够保护一个人避免产生消极的冲动情绪,如嫉妒、憎恨、贪婪和敌意。"

在一项研究中,心理学家埃蒙斯和他的同事迈克尔·麦卡洛（Michael McCullough）对普通人（无宗教背景人士）何时开始养成感激他人的习惯进行了研究。这项研究把几百人分成了三组。研究人员要求第一组将当天发生的事情记录下来；第二组记录令他们不愉快的事情；而第三组列出每一天当中让他们心怀感激的事情。结果显示,记录感激的这一组人在机警、热情、坚定、乐观及活力方面的水平都更高,他们不容易抑郁和感受到压力。除了感激他人以外,他们比其他人更乐于助人。如果你真的总是心存感激,那种感觉会非常美妙,这就是感激他人的另外一个好处,大概正是由于这个原因,欧普拉·温弗里（Oprah Winfrey）鼓励她的观众写感谢信和感恩日记,这种"感恩的态度"很快就流行了起来。

我们可能会注重如何神圣地表达自己的感激之情,同时即使是最不起眼的感恩的行为举止也值得鼓励。如果我们劝阻孩子不要做出不合大流的行为举止,那么这个训练很可能会就此结束。比如说,之前提到的本杰明很难找到生活中让他觉得应该感恩的事情。今天和以前的每一天都一样,接下去的每一天也都一样。我建议他："仔细想想。有没有什么意外的惊喜,比如有人对你很友好,借了铅笔给你,如果没有人借给你的话,事情就有点儿尴尬了？""好吧,我想今天的体育课没能上,因为老师生病了。这挺好的,因为我不喜欢体育。""本杰明，你知道吗？这是个很好的开始。"我对他说。

研究人员发现被迫感恩不会产生积极的效果，或许这个结果是预料之内的。加州大学的索尼娅·柳博米尔斯基（Sonja Lyubomirsky）博士发现，每周写一次感恩日记的人比每周写三次的人更幸福。把它当成一种习惯而不是一种负担，二者产生的效果是有区别的。

你可以分别向你的家人表达自己的感恩之情，而作为一个家庭，你可以在家人共进晚餐的时候，随意提起你对生活中重要的人的感谢，比如老师和邻居，并和家人分享你非常感恩的事情。鼓励孩子写表达感谢或者欣赏的小字条给他们并不是很熟悉的人，同时你要亲身示范，帮助孩子想象和体会当他用这种大方的姿态对待他人时，别人会是什么样的感受。一些研究结果表示，寄感谢信并无必要，但写信时会增加写信人的信心，当然分享这种快乐会让效果加倍。

同情心：你付出了什么，就得到什么

对别人抱以同情并关心他人的真正受益者就是我们自己。我们可能会有这样的感觉：同情他人的主要受益者是得到同情的那个人，而同情他人只与关心他人的人有关，与不关心他人的人不沾边，因为它的主要好处归于他人。这是一种误解。同情行为最直接的好处实际上归于施以同情的那个人。

——佛学中解释《觉悟之路》时如是说

一些孩子能给予他人广泛而深层的同情心，他们总是第一个伸出援手的人，甚至能预见别人的需要，但到了他们自己需要同情的时候,这个电路断了,他们反而批评和指责自己。对另一些孩子来说，消极思维和不满让人如此心烦意乱、难以自拔，他们似乎忘记了其他人的需要，以至于你第一次在自己的养育数据库里同时搜索关键词"你的孩子"和"同情心"时根本找不到答案。只有你坚持用高级搜索时才能找到一些，你得发掘孩子走出自己的情绪并关心他人的时刻。不管怎样，有趣的是似乎关心他人的本能就是这样的：虽然在不同的个人身上或多或少有着不同的表现，但它是一种生而有之、不可撤销、不可转移的本能。美国国立卫生研究院（NIH）的研究人员已经利用大脑扫描技术发现，受试者想有关利他的事（如向慈善机构捐款等）激活了大脑中的一个原始部位，此部位一般会激发对基本需要的回应，比如食物。这项里程碑式的研究表明，同情心是一种内在的基本需要，满足这种需要时我们会感觉很好。

但是我们要怎样说服常常闷闷不乐的孩子对其他人抱以同情心呢？你当然可以跟任何年龄段的孩子解释说道歉、助人为乐，或者只是对别人有好的看法都能让我们有好心情。中学生或者青春期的孩子可能有兴趣了解刚才提到的那项研究。同情心练习可以从赞美别人、在比赛时发挥良好的体育精神或者为其他人拉住门等一些事情开始。你可以在晚餐的时候让孩子随便举一些他们在自己周围亲眼见到的一些"善良行为"的例子。

影响我们同情心的其中一个因素是我们对彼此的偏见。一个人是不可能做到批评的同时又理解别人的。不过，换另一种方式来看这个让人左右为难的情况吧，对别人带有偏见会陷入一个恶性循环，而同情心则会打破这个循环。因此，孩子的第一反应或许是对别人品头论足——你的孩子可能会抱怨说学校有个人非常刻薄，但我们还可以帮助孩子培养第二反应，尽力想象那个人那么做的原因（而且所有事情确实都是事出有因的）。如果我们用自己的偏见去看待这个问题的话，比如，"你真刻薄，那个男生的父母刚离婚！"那我们在树立榜样方面真是搬起石头砸自己的脚。这么做的话，我们是在让孩子停止思考，让他们带着愧疚、愤怒，或者先是愧疚，接下来又感到愤怒，不再发表意见。相反，你应该客观而好奇（这样有助于培养他自己的习惯）地向孩子发问："我知道这件事真的伤害了你。是我的话，我也会有这种感觉。那么，你觉得为什么会有人做这种事？"如果孩子的回答是"因为他很小气"的话，记得要用魔法词汇"其他"，然后回答孩子："是的，有可能是这样，但是你能不能想一下他这么做的其他的原因？"和其他技巧一样，言行一致有很好的模范作用，而且要诚心诚意这么做。给出你的答案，不要附带任何其他条件。不要纠结你想让孩子怎么做，要从孩子自身的起点开始。

● **愉快的决定：如何做出"刚刚好"的决定**

在我们的文化中，做决定是一件让人惶恐的事情。作为成年人，我们光是买个新手机或者家电都会拖拖拉拉，因为它们众多的功能和功能组合让我们目瞪口呆，感到难以抉择。思维倾向消极的孩子可能在做决定时觉得特别困难，因为对他们来说失望还好过一点，参与决策后他们会后悔自己所做的决定、为自己所做的错误选择感到伤心，而这种可能性发生的几率一直都非常高。孩子们可能会花上几个小时的时间去想他们看电影时是不是约对了人，报名参加的运动项目是不是适合自己，在学校报的选修课适不适合自己，连选材料时也会有一样的问题。在我接触过的孩子当中，有很多人因为质疑自己是不是买对了游戏软件备受折磨。这种选择要比你是要买佳洁士还是高露洁牙膏一类的问题重要多了。如果我们意识到儿童面对的市场化程度要比其他年龄阶段的都要高，那就不奇怪孩子们为什么会压力很大了。最近，十四岁的麦克告诉我："我们这一代人不听话。我们也没办法。我们并不想要表现得毫无感恩之心或者自私，但是我们买了某样东西之后，两个月之后就有人买了比我们更好的东西，所以当时看着很棒的东西就变得没那么好了，然后我们就会非常生气，也想要那个新东西。"撇开麦克这种不太恰当的评价不说，实际上孩子面对前所未有的众多选择感到很烦恼，却没有工具帮助他们进行选择。

研究人员发现，决策时的选择越少越好。在《无从选择：为何多即是少》（The Paradox of Choice Why More Is Less）一书中，作者巴里·施瓦兹（Barry Schwartz）阐述了为什么做出选择比我们要怎么做更难。他用了"尽善尽美"（maximizer）这个词来形容为了做出"完美"选择而对凡事进行仔细对比的那些人。而"知足常乐"（satisificer）的人则能够很快做出自己的选择，认为自己的选择"足够好"，在就某事做好决定并完成后有充实感。

你可以帮助孩子学着早早做决定，先从小事情开始，但是不要给他们过多的选项。研究人员在果酱购买研究中发现，如果消费者在购买果酱时，他们面对的选择分别是六种口味和二十四种口味，那么消费者在前一种情况下掏钱购买的几率是后者的十倍。这项研究已经被广为引用。因此，孩子练习中的第一步需要"限制果酱的种类"，或者说是减少选项的数量。接下来，问问孩子这个"果酱"

是个永远都不会改变的决定还是只是暂时的决定。这里要得到的结论就是，不要以为会有哪一个完美或者正确的选择是能够让我们永远都快乐的（实际一点儿来讲，就是任何一个决定带来的快乐的保质期都是有限的），而且大错特错的选择会让我们很郁闷，但我们收不回自己的选择。

在商业方面，帕金森定律认为工作量的增加是为了打发可利用的时间。在做决定方面也是同样的道理，孩子在做决定时花的时间越久，他感到痛苦的时间就越长。给孩子一个时间限制，或者问问孩子他需要多长时间来选择，他想要什么时候开始采取行动，然后开始享受这个决定带来的结果，这样的话就更好了。

帮助孩子调整他的思维方式并降低他的赌注。首先，问问他："这是你一辈子当中最重要的选择吗？还是只是个小小的选择？如果后来的结果并不是很好，你觉得它会对你产生多久的影响？"如果孩子能正确认识选择的影响，那么这个决定就会突然变得没那么让人气馁了。如果他觉得只有一个选项是正确的，而其他的都是错误的（而不是觉得有足够好的选项），他就会陷入郁闷的情绪中。当我们凡事都要尽善尽美的时候，我们的幸福感就会打折。不论怎样，那些煞费苦心做出的决定一般并不会让我们心情愉快，因为我们在做决定的时候已经品尝了煎熬的滋味。所以也难怪施瓦兹会发现做事力求尽善尽美的人患抑郁症和抱有完美主义态度的几率很高，而且他们也更容易深深后悔自己的选择，并把自己和其他人进行消极对比。

第二步是仔细考虑选项，但是要限制"果酱"的数量。第三步，问问"专家"意见（比如你想要决定买什么样的照相机，你可以去问问自己做摄影师的朋友）或者列一张表，列出所有的利弊。第四步，把选择缩小到最后几个选项之后，做一个"足够好"的选择即可。如果孩子卡在了最后一步，你可以把选项写在纸条上放在帽子里面，让孩子从中选一个出来。很有趣的是，拿走孩子的选择权、让他们凭运气赌一把的时候，似乎很多孩子都会了解到自己真正想要的是什么，然后他们会说："太好了，我抽到我想要的那个了。"如果从那个帽子中抽到的选项不是他们想要的那个，他们会无视这个结果，说："不对。我想要另外一个。"不论是哪种情况，问题都解决了：孩子做好决定了！

● 每个人都有话语权

曾经，在孩子还不会表达的时候，我们只需要看着他们成长。后来，局面反转了，家里以孩子为中心，父母们对孩子挑剔的胃口和他们对电子屏幕的极大兴趣束手无策。现在，我们可能会发现自己开车时听的是儿歌，而孩子根本不在车里，因为我们根本不知道我们自己要听的音乐在哪里（或者是什么）。出于好意，我们做家长的都想要妥协。遇事征求孩子的意见，能让孩子参与并发表自己的看法（并养成明确提出意见和需求的习惯），但是这并不表示他们可以随意掌控你的家庭生活。在家庭活动中给孩子一些话语权：一家人的散步路线、家庭假期旅行的目的地、每周晚餐菜单上的新菜色、花园里要种什么颜色的花或者种什么蔬菜。所以说，"每个人都有话语权"包括让孩子也参与家庭议程，还有就是让家里的每一位成员都时不时地参与孩子的生活。比如说，走进青春期孩子的世界，要他让你也听听他最近喜欢的音乐（他可能会非常惊讶，你没有要他把音乐关掉）。坐下来打上一局你一直让上中学的孩子戒掉的电玩游戏。如果孩子刚上小学，喜欢画画和做拼贴画，那你可以拿起剪刀和胶水也来一起玩。你会享受这种难得的进入孩子世界的机会，而孩子也会享受做向导的这种机会，而不是在别人的旅程中搭顺风车的那种感觉。

● 合理风险

在翻新我们第一套房子的时候，我们打算换一个带窗户的外门，希望能让前屋更舒适一点。我丈夫自己换好之后我非常惊讶，因为他做得非常漂亮，我问他："你什么时候学会做这个的？""我没学过，"他回答说，"我自己琢磨出来的。"虽然我并没有想到会是这样的答案，但是结果好，一切都好。有一句话，改编自一个古老的爱尔兰谚语："把帽子扔过墙，你就得翻墙拿回来。"尝试，即使你并不了解墙的另外一侧有什么，这正是卡罗尔·德韦克对具有成长型思维模式的儿童展开研究后得出的公式。一般情况下，具有消极思维模式的孩子并不想尝试任何事情，除非他们百分百确信自己能够做到。完全陷入非黑即白式思维的孩子们则认为遇到困难就说明他们不聪明，所以他们最不想做的事情就是继续参与这种注定会失败的活动。他们从来都不想看到自己不懂得如何去做，他们不会试试看，而是会情绪崩溃或者拒绝尝试。

你可以在家里尝试一种新的菜谱，或自己着手进行一项工程，通过以身示范，教孩子怎样承担一些合理的风险，让他看见父母在尝试新事物时的勇气。那么，接下来孩子在约会女生、参与学校的才艺表演或者尝试新事物的时候也会有勇气。在家里培养这种观念能够为孩子铺平道路，让他们既可以尝试他们想做又不敢做的事，也可以做他真的需要做到但不知道到底如何才能做到的事情，这样就能避免孩子常常灰心丧气的局面。

● 时刻准备好享受喜悦和幸福

最后一个要点是，在你的生活中留一点空间给你自己喜欢做的事情，但是不要靠碰运气。安排好自己的生活，让自己能够经常做这些事情。尤其是，有消极思维倾向的孩子可能都过着水深火热的生活，让他们开心、快乐和满意的事情得在你触手可及的范围之内，因为他们可能不会自己发现这些事。要记住，并不是有消极思维倾向的孩子不想开心起来，是他们的思维让他们开心不起来。如果他们的周围到处都是幽默和率性，基本上他们就会被拉到积极的漩涡这一边来。这种情况就像孩子跟蔬菜之间的关系一样：虽然孩子从来不会要求吃蔬菜，但是如果把蔬菜放在他们面前的话他们就会痛快吃掉，甚至自己都不会发觉。一开始，你可以问问孩子他们喜欢在家干什么——玩游戏、听音乐、摇头晃脑地跳舞、做饭、看电影、讲笑话、读诗歌还是做瑜伽。然后再一起看看怎样把这些活动安排到日常生活中去。以下活动也可以用于安排家庭游戏夜：在餐桌上放上拼字游戏或者扑克牌；在厨房放一本笑话书或者字谜书，放浴室也可以；在车里面放上家里人都喜欢的喜剧演员的CD，在上下学、回家的时候大家可以一起大笑。指定一个篮子（或者冰箱上的某个位置），让每一位家庭成员放一个东西进去，每几个星期更换一次。

这些东西可以是笑话、个人的想法、有趣的照片、新奇的玩具或者卡通片。把篮子拿到家庭活动室，看看孩子们（或者你的另一半）拿起某样东西时会有什么反应，不用费力、没有压力，也没有任何人抱以期待，他们自己会换上好心情。

> ◆ **本章结语**
>
> 当你把这些小事都融入到日常习惯中的时候，你的孩子不会意识到他正在学习新的东西，但是每个人都会发现这个家庭中有了更大的弹性。所有这些策略中所隐含的共同观念就是要和你的家人、朋友和社交群体共同行动起来，因为我们在自己的所作所为中感受和发现意义的能力就是预言和维护我们幸福生活的重要因素。

温馨提示

让你的孩子（或者你自己）在字条上分别写上每个策略的术语（比如自主权、感恩、做决定）。把字条放在一个篮子里。让家人从篮子里抽一个或者两个字条出来，然后按照上面的提示谈谈最近的经历，然后让他们设立一个目标，找到一种方式要把那个策略积极地运用到生活当中。这是一项万能活动，任何年龄阶段的孩子和父母都可以用自己的方式参与，可以重复进行。

第十一章
点亮未来
让孩子行走在正确的轨道上

爱莉现在可以在生气的时候看到自己在生气,不会让自己一直"栽大跟头"。她摔了一跤,能自己站起来。以前,只要发生了什么事情让她不愉快,她就会一直生气,我说什么都没用。而现在感觉好像她一只脚踏进了装载事实和希望的屋子。她现在的情绪更平衡一些,她情绪越来越好,也越来越能接受我的帮助。现在我们是一对好搭档。

——一位十二岁女孩的母亲

有一天,我正在结算我的支票存款户头,我低声说了一句:"为什么老是这样?我永远都弄不好了。"这时候我六岁的儿子扭头问我:"妈妈,我觉得现在'刻薄鬼'在袭击你!"我忍不住大笑了起来,心里深深地舒了一口气。如果他能发现我头脑中出现了消极思维,我觉得将来有很大希望他能发现自己的这种想法,而他就不再总是需要我在旁边劝说他放轻松了。

——一位六岁小男孩的母亲

生大材，不遇其时，其势定衰。生平庸，不化其势，其性定弱。

——老子

◆ 用心去寻找，就会找到

如果孩子思维消极，家长们都想知道："我怎么做才能让他停下来，不要这么消极呢？"我们在前文中已经看到，答案并不是要让他停止消极思维，而是通过调整他对消极性思维的关注来停止消极思维对他的控制。后退一步听听他内心的声音，为走向更光明的道路而打开了一扇门并源源不断地输送着新能量。我们的孩子不会再被困在那个问题很大而答案很难找到的世界当中，他们会在我们的引导下反转这个局面，并进行具体化（把问题缩小到实际的严重程度）和优化（抛开消极思维，创造出各种可能性）。孩子们练习选择将什么样的想法吸收进来，什么样的想法则要选择放弃，他们通过这种方式来调整自己的大脑。即使是思维中最小的变化也能让这些孩子发生改变，而且是很大的改变。他们只需要调整他们的思考方式和内心的想法就能够改变他们的情绪。突然，他们发现了爬出这个深渊的办法，而不是再继续挖下去。

◆ 弹性思考：听见改变的声音，赶走绝对化

当我们发现孩子能控制自己的消极情绪时候，哪怕有时只是发

现了他自己的消极思维，我们都会感到安心，因为我们预见了孩子正走向拥有长久幸福生活的大道。更让人感到安心的则是看到他们能"客观"地把问题看成是可以解决的事情。原本让他愤怒的问题："这学期的论文不可能写得出来！"变成了具体的问题："好吧，这看上去是很难，但我还是得写，我不可能到一百岁都写不出来吧！"有时这种混乱的状态中甚至会出现点儿小幽默，比如有个孩子夸张地说她"永远也不会再相信她的朋友了，因为他们老是让她失望。"她妈妈回答说："哇！这种解释很不错啊！"然后她女儿笑着回答："谢谢！我自己想到的！"当孩子能够识别消极漩涡的入口时，他们也就能够绕路过去，有时甚至会很坚定、很勇敢。我们来听个故事吧，这个故事是个很典型的事例。十九岁的女生蕾当时正在解释她为什么不要选报某个大学课程，她说因为自己可能得不到优，然后她就会觉得自己不够聪明，然后突然发生了一件非同寻常的事情。她说着说着停了下来，然后说："哇！我思想可真够'死板'的！先是想着自己会失败，然后又觉得得不到优就说明我不聪明。这听上去不是很傻吗？"她又接着说："我应该选自己真正感兴趣的课而不是简单又无聊的课，难道不是吗？"突然，蕾在这件事情发生期间听到了自己熟悉的思维模式，知道了它们在如何限制她的想法。在那个令人惊讶的时刻，她自己意识到这一切之后能够整理自己的思维并走向另外一条路，这是不论多少人来劝说都达不到的效果。

一位母亲说她十五岁的女儿艾玛有一阵子因为课业的压力，每天晚上都会发脾气，抱怨功课太多，她的日子很难过。但是，经过几个星期的弹性思考训练后，有一天她在发脾时刹住了车，她突然不再滔滔不绝地发脾气了,她停了下来稳定了一下情绪,说道:"不行,我不要这样。我来试试用积极一点儿的方式来说。"然后她重新组词,表示她必须得做的那些作业都是可以解决的。虽然大发脾气成了她的第二本能,但是她讨厌发脾气和因此产生的情绪,她意识到要把自己从忧郁的深坑里挖出来所需要的并不是跳进去之后暂时的发泄。

洁姬是个九岁的小女孩,谈吐非常好而且非常真诚。她紧张不安地坐在我的旁边,我让她从这周的日记中把精彩的和低潮的部分读给我听。她详细地叙述了所有她犯过的错误、没有达到她内心标准的那些分数,还有在某个特殊的时刻将自己和班上一位身材比较好的同学进行选择性的比较。我问洁姬是否注意到她自己观察到的事情有没有什么规律,她回答说:"我总是关注别人做对的事情和我做错的事情。我觉得我需要关注的是……"我屏住呼吸想要看看她会不会就这么说了出来——"好的我,不好的他们"或者意识到她自己的思维需要关注周围美好的一面。到最后,她这么说道:"没错,我得关注我们双方做对的事情。"她不仅仅明白她要为自己做出什么样的改变,而且也已经意识到,不论对她自己还是对别人抱着消极的看法都不会对任何人有好处。发现美好,让自己生活在美好周围,就会让那个星期更充满满足感,而且以后任何一个星期都会如此。

对其他孩子来说,改变的声音听上去更像是平静的声音,就像在他们真正遇到了难题时,没有争吵、没有愤怒、没有绝望。父母们一直在倾听孩子的声音,现在对自己需要做的事情已经很熟悉了,他们会解决问题,而不是和孩子发生争执。

一位母亲说:"我意识到我没有必要去解决安娜的苦恼,她应该自己解决苦恼。认识到这一点真的让我长长地舒了一口气，我觉得非常轻松。我不再觉得自己冷酷无情了，我看到的是她在成长。她为自己做了更多事情，我们两个都比以前开心多了。"

其实，这种改变你可以从空气中非常微妙的氛围中就能体会到，十四岁的乔伊有一次在学校做了口头演讲，内容是关于全球变暖问题的，他在这次演讲上花了很多心血。他妈妈描述了他在那次演讲之后的反应。

他进门之后，我马上就知道那次演讲不顺利了。他脸上的表情就很受伤，肩膀下垂，而且他一直没有看我。我准备迎接他的崩溃或者大发脾气，或者两者一起来的时刻，同时我绞尽脑汁想要找到避免大灾难发生的办法，我想大家都好起来，不要让他崩溃，也不想让自己也被拖下水。

但接下来发生了一件奇怪的事情。就那么一瞬间，但好像我们都是在慢动作播放一样。我不知道是谁先发出了信号，究竟是我还是他，好像我们两个人都觉得这次要轻松一点儿对待这件事。事情发生了变化，我没有再为他感到恐慌了。相反，我发现自己开始慢慢地深呼吸，我感到有一股冷静的气流笼罩了我。我闭上眼睛，点了点头，然后对自己说："他会没事的。"与此同时，他没有像我料想的那样开始大肆抱怨，乔伊看着我说："我要一个人待一会儿，我会没事的。"他把自己关在房间，打开了他喜欢的音乐，然后在自己的壳里躲了起来。到了晚饭时间，他出来和家人一起吃饭，谈论他那些朋友们做的可笑的事。晚餐过后，他走过来拥抱了我，并对我说："谢谢。"我没有问是为什么。我知道他是在谢谢我没有拦住他，谢谢我相信他能处理好而不是追着帮他解决问题。那一刻，我比下午的时候更感到深深的宽慰。就是那时候，我知道了他在他自己生活的位置。他不必再攻击他自己，我不必再经常安慰他或者经常和他争论事情有多糟糕。相反，他只需要接受它，然后以另一幅面貌出现。

那天，我看见生活向他敞开了大门，虽然我知道他还是会遇到困难，但是我能看到他走进社会而不用让我时刻陪伴左右。他出发了，他能处理好自己的事情了，这让我有一种深深的满足感。

◆影响一生的乐观主义：让孩子和你都从消极思维中解脱

我们从乔伊和他妈妈的互动中看到的是，他的妈妈需要保持镇定，而不是陷入自己的悲观（"这种事情总是在他身上发生，他太脆弱了，他永远都想不通。"）或者自己的焦虑（"如果他受不了别人批评或者拒绝他的话，他上了大学怎么办？他什么时候才会处理？"）当中。她克制住自己的冲动，这有助于给乔伊自己处理问题的空间，而不用在他妈妈表示出担心并妄下结论时为自己辩解，不必被她的思维牵绊，他自己就能解决问题。事情往往会是这样的，下次我们的孩子遇事不顺时，我们想要（而且也确实会这么做）救他、担心他、失去耐心，或者各种情绪都有，我们会原谅自己的这种第一反应，同时我们需要培养自己的第二反应：退居二线，用爱支持孩子，让我们的孩子越来越自由地寻找自己的解决方式。

时至今日，孩子和父母都背负着要获得成功的压力。乔伊在那一天需要一些独处的时间，他妈妈勇敢地跨出这一步让孩子自己处理，这么做其实并不容易，父母需要很大的勇气。我们有无数个应该马上伸手援助孩子的理由，但实际上打败这些理由的原因有一个就够了：如果我们永远不让自己的孩子在水里挣扎，他们就学不会游泳，他们也学不会发出自己的光芒。当我们要孩子自己解决问题的时候——当然是在合理的情况下，他们会学着相信自己，而我们可以看着这正在发生的奇迹，享受见证孩子成长带给我们的这种最美妙的幸福感。

乐观需要两个人的努力，如果你认为这并不能说服你，那我们来看看一个无意间选择了在互动中表现悲观的家庭吧，看看他们家发生了什么。我们在前面提到过十二岁的本杰明是因为受到焦虑和消极情绪的困扰而找到我的。他是个非常开朗的小男孩，而且表达能力很好。他自己认为他的才能得到了成年人的认可与肯定，但是那些喜欢在卫生间开玩笑的同龄人则不然。生活给了本杰明沉重的一击。只要他在学校和其他孩子一起运动时出现了任何失误，他最糟糕的那一刻就会变得非常醒目，而那件事会像电视屏幕下方的滚动新闻一样，一遍又一遍地重复播放："本杰明好逊。他踢足球的时候有一个球没接到。他有一道地理题不知道答案。午餐的时候他讲了个笑话，结果没有一个人笑得出来。"尽管日子难过，但他还是希望能有所改善。发生了糗事就会被传播出去、会被大家都知道这是"永远"不会改变的，而事情"总是"不顺利，他明白这样的想法只会让他感觉更加糟糕。他知道那些人就像是在"炒作"新闻一样，把他生活中发生的不愉快，但能够解决的事情夸大其词。

我们接触了几个月之后，有一次会面时，本杰明和他的妈妈讨论到他在准备学校的考试。本杰明的妈妈是一位非常活泼的女士，但有时她自己也会变得消极起来。这时她有点儿焦虑，不知道本杰明学到的知识是否足以应付考试，然后她说："你也知道，这已经不是小学了，这些考试都很重要的，你得认真对待。如果你不会安排自己的时间的话，你怎么上得了大学，怎么坚持上下去？"本杰明的妈妈这时脑海里正在演恐怖大片呢。我想告诉她，我理解她的担心，但是她要明白这个大片不是现在要发生的事情，而且现在这样根本帮不上本杰明，我在心里用心准备如何使用措辞，没有说话。就在我开口之前，本杰明自己插话进来，他表达得非常清楚："妈妈，你太看重这些东西了，我知道你这是在给我施加压力让我更用功读书。但是吓唬我没有用的，你难道不明白吗？有时我觉得，如果我功课不是很好的话，我会变成无家可归的人，但这正是我想要改变的想法。"正是如此，本杰明不必用"音响"去听害怕和悲观的声音，他正努力在自己的头脑中降低"扬声器"的音量。本着共同学习的精神，本杰明的妈妈看着他笑了，说道："你说得非常对。"本杰明喜欢自己是对的，他点了点头，也露出了非常开心的笑容，脸上充满了骄傲。他不仅找到了自己的出路，而且有时他的妈妈也跟随着他的步伐。

在这样的时刻，父母们感到满怀信心，因为按照本书中提出的建议与孩子互动期间，孩子们有了很多方式能让自己走向一个新的方向。他们会在家里听到很多新词，比如有时、还没有、暂时的、偶尔、一部分，而他们听到旧的词汇时——总是、从来不、不可能、灾难，这些词大部分都是用来说他们父母的。父母们被自己的孩子纠正，还有什么事比这还让我们感到欣慰的吗？他们了解了什么才是正确的，这让我们感到深深的欣慰，而且他们能有勇气说出来，这也让我们非常安心。

其他时候，父母们可能会见证孩子自然而然地、真诚地与自己分享这些已经成为孩子第二本能的事情，而这都是出于他们的同情心。十岁的波比就是这样的一个孩子。有一次，他偶然间听到妈妈又在质疑她多年以前做的一个决定，于是他说："妈妈，我觉得你在从错的一扇门往里走。那扇门是通往消极的。我觉得你应该试试另外一扇门。"波比曾经做过一个练习，是通过很多形象化的门去了解事情，这个练习让他的消极情绪得到了缓解——不再害怕，而是把事情看成是可以解决的问题，只需要暂停，然后再重新思考就行。他能看到站在他妈妈面前的那一系列可能性，而他会帮妈妈打开通往新方向的那扇门。

当孩子非常确信他对自己的了解和对自己的同情心时，健康是会传染的：他们能自由地成长、能同情他人。一旦在新方向进行弹性思维训练的初期工作完成了，那么他们的行为举止就变成无意识的了，几乎不用费力。这样一来，我们不仅能防止孩子从消极思维的这一头滑向抑郁症那一头，而且我们还为孩子提供了一个在他们的最佳活动范围内生活的机会，在这个范围内有无数的受益者。这些孩子不再是有抑郁风险的孩子了，他们已经成为了一群亲善大使，不是日常生活中的那种亲善大使，而是心灵上的亲善大使，将他们自己、他们的朋友以及他们的家人都引向一个充满可能性的新里程。

◆眼光要放长远

千里之行始于足下。每次当你亲眼看着自己的孩子痛苦挣扎时，都很难过。也正是如此，当孩子能够安然无恙地扛过消极大浪，然后面带笑容出现时，你能欣然地坐在前排欣赏孩子做了所有努力之后收获甜美果实。所有家长都希望他们和自己的孩子在路上共同面对过的那些坎坷只是小小的弯路而已，而它们最终会通向顺利之路。当孩子自己的思维模式成为一种障碍的时候，我们不应该跑到前面把它搬走，他们会变聪明、会自己翻越障碍。抚养思维消极的孩子就意味着你要明白，困难会出现，它们是生活方程式中的已知函数，而这些问题为什么会发生在我们身上、他们为什么能解决或不能解决、我们对这些问题的解释都是变量。我们的孩子还给生活方程式带来了其他已知函数：他们的优势、他们的知识、他们想要交流的欲望和他们想要开心起来的渴望。有了这些函数在手，我们有信心，他们已经能够找到自己真正需要的答案了。

图书在版编目(CIP)数据

弹性思考力：远离消极，提升孩子挫折容忍的心理指导课 / (美) 琼斯基著；孙金红译.
-- 武汉：长江少年儿童出版社, 2017.11
书名原文: Freeing Your Child from Negative Thinking
ISBN 978-7-5560-4191-6

Ⅰ.①弹… Ⅱ.①琼… ②孙… Ⅲ.①挫折教育—家庭教育 Ⅳ.①B848.4②G78

中国版本图书馆CIP数据核字(2016)第031095号
著作权合同登记号：图字17-2014-329

FREEING YOUR CHILD FROM NEGATIVE THINKING
by Tamar E. Chansky, Ph.D.
Copyright © 2008 by Tamar E. Chansky
Simplified Chinese translation copyright © 2017 by Dolphin Media Co., Ltd.
This edition published by arrangement with Da Capo Press, an imprint of Perseus Books, LLC,
a subsidiary of Hachette Book Group, Inc., New York, New York, USA.
through Bardon-Chinese Media Agency
博达著作权代理有限公司
ALL RIGHTS RESERVED
本书中文简体字版权经美国Perseus Books授予海豚传媒股份有限公司，
由长江少年儿童出版社独家出版发行。
版权所有，侵权必究。

弹性思考力：远离消极，提升孩子挫折容忍的心理指导课

[美]塔玛·琼斯基／著　孙金红／译
责任编辑／傅一新　佟一　兰芳
装帧设计／黄珂　美术编辑／胡金娥　内芯绘画／杨欣怡
出版发行／长江少年儿童出版社
经销／全国新华书店
印刷／江西华奥印务有限责任公司
开本／787×1092　1／16　19.5印张
版次／2017年11月第1版第1次印刷
书号／ISBN 978-7-5560-4191-6
定价／55.00元

策划／海豚传媒股份有限公司
网址／www.dolphinmedia.cn　邮箱／dolphinmedia@vip.163.com
阅读咨询热线／027-87391723　销售热线／027-87396822
海豚传媒常年法律顾问／湖北珞珈律师事务所　王清　027-68754966-227